Katja Iken, geboren 1972, ist Absolventin der Axel-Springer-Journalistenschule. Seit 2007 ist sie Redakteurin bei SPIEGEL ONLINE. Sie studierte Geschichte und Romanistik und promovierte anschließend in Rom über Feminismus im Ersten Weltkrieg.

Uwe Klussmann, geboren 1961, ist seit 1990 Redakteur des SPIEGEL. Zu den Schwerpunkten des Historikers gehören die deutsche, russische und sowjetische Geschichte. Zuletzt hat er die Werke »Die Weimarer Republik« (2015) und »Das Kaiserreich« (2014) herausgegeben.

Eva-Maria Schnurr, geboren 1974, ist seit 2013 Redakteurin beim SPIEGEL und verantwortet seit 2017 die Heftreihen SPIEGEL GESCHICHTE und SPIEGEL WISSEN. Zuvor arbeitete die promovierte Historikerin als freie Journalistin, u. a. für »DIE ZEIT« und »stern«.

Besuchen Sie uns auf www.penguin-verlag.de und Facebook.

Katja Iken, Uwe Klußmann,
Eva-Maria Schnurr (Hg.)

# Als Deutschland
# sich neu erfand

Die Nachkriegszeit 1945 – 1949

Ein SPIEGEL-Buch

PENGUIN VERLAG

Ein Teil der Texte dieses Buchs ist erstmals in dem Heft »Die Nachkriegszeit.
Als Deutschland sich neu erfand« aus der Reihe SPIEGEL GESCHICHTE
(Ausgabe 1/2018) und im Ressort »einestages« bei SPIEGEL ONLINE
erschienen. Sie wurden für diese Ausgabe durchgesehen und aktualisiert.

Sollte diese Publikation Links auf Webseiten Dritter enthalten,
so übernehmen wir für deren Inhalte keine Haftung,
da wir uns diese nicht zu eigen machen, sondern lediglich auf
deren Stand zum Zeitpunkt der Erstveröffentlichung verweisen.

Penguin Random House Verlagsgruppe FSC® N001967

4. Auflage
Copyright © 2019 Penguin Verlag, München,
in der Penguin Random House Verlagsgruppe GmbH,
Neumarkter Str. 28, 81673 München,
und SPIEGEL-Verlag, Ericusspitze 1, 20457 Hamburg
Covergestaltung: Hafen Werbeagentur, Hamburg
Covermotiv: David Seymour/Magnum Photos/Agentur Focus
Satz: Uhl + Massopust, Aalen
Druck und Bindung: GGP Media GmbH, Pößneck
Printed in Germany
ISBN 978-3-328-10441-4

www.penguin-verlag.de

# Inhalt

## KAPITEL II: Unter Besatzung

## ANHANG

# Vorwort

Nach dem Krieg kommt – Frieden. Doch unter welchen Bedingungen? Das war die große Frage, die im Raume stand, nachdem Deutschland 1945 den Krieg verloren hatte, kapituliert hatte vor den Alliierten. Es waren Amerikaner, Engländer, Polen, Franzosen, Russen, Belgier und Männer aus vielen anderen Nationen, die die Welt vom Nationalsozialismus befreiten. Für viele Deutsche jedoch fühlte es sich anfangs nicht nach Erlösung an. Auf beiden Seiten forderten noch die letzten Kriegsmonate unzählige Opfer, die Städte lagen in Trümmern, die Zukunft war ungewiss.

Es war eine unruhige, raue Zeit, in der wenig sicher und vieles möglich war. Neues wuchs nur langsam. Vieles war zunächst improvisiert, aus der Not geboren. Das zerstörte Land musste sich neu erfinden, es galt zu entscheiden, wie Deutschland wieder aufgebaut werden sollte, mit welchen Werten, welcher politischen Ordnung. Es brauchte neue Regeln, neue Werte, neue Köpfe. Würde der Wiederaufbau gelingen?

In den ersten Jahren nach Kriegsende bestimmten die Besatzungsmächte über die Zukunft des Landes mit. So entstanden zwei konkurrierende deutsche Staaten, die in Politik, Wirtschaft und Gesellschaft gegensätzliche Wege gingen – mit Folgen bis heute, 70 Jahre später.

Die Weichen dafür wurden in der Zeit zwischen 1945 und 1949 gestellt, zwischen der deutschen Kapitulation und der Gründung der beiden deutschen Staaten. Die Texte in diesem Band erzählen von den politischen und gesellschaftlichen Entwicklungen in diesen entscheidenden Jahren. SPIEGEL-Autoren und Historiker beschreiben, welche unterschiedlichen Vorstellungen die Allliierten von der Zukunft Deutschlands hatten, wie das Land entnazifiziert werden sollte (und warum das nur teilweise klappte), wie sich Parteien unter Aufsicht neu gründeten und wie mühsam sich die Wirtschaft wieder belebte; sie erzählen aber auch von Schicksalen wie dem der Besatzungskinder oder der Frauen, die sexuelle Gewalt erfuhren und zeigen, wie die Besatzungszeit in einigen Regionen bis heute ihre Spuren hinterlassen hat.

Ergänzt werden die journalistischen Texte durch Erinnerungen von Zeitzeugen. Sie haben sich auf einen Aufruf auf SPIEGEL ONLINE hin gemeldet und in Briefen und anhand von Dokumenten ihre Erfahrungen geschildert. Nicht selten beschäftigen die oft traumatischen Erfahrungen von damals Familien noch immer. Und so soll dieser Band auch eine Anregung sein, die noch Lebenden zu befragen, neugierig und kritisch, wie das denn war damals, um vielleicht daraus Schlüsse zu ziehen für die Gegenwart. Es sind solche Auseinandersetzungen, die Geschichte lebendig halten. Unser großer Dank gilt allen Zeitzeugen, die uns ihre Erinnerungen anvertraut haben und uns erlaubten, sie hier einem breiteren Publikum zugänglich zu machen.

Hamburg im Januar 2019
Katja Iken, Uwe Klußmann,
Eva-Maria Schnurr

# KAPITEL I

# In Trümmern

Am 8. Mai 1945 ist der Krieg vorbei. Zwölf Jahre Nazi-diktatur, davon sechs Jahre Krieg, haben Trümmerfelder hinterlassen: Mehr als 30 Großstädte sind fast vollständig zerstört, 13 Millionen Menschen obdachlos, Familien auseinandergerissen, auf der Flucht. Viele empfinden das Kriegsende als »Stunde null«, einen Moment, in dem alles, was bisher gewiss war, nicht mehr gilt. Von Aufbruch, von Neubeginn ist anfangs wenig zu spüren.

## »Schwer beschädigt, aber es lebt«

*Der Krieg war vorbei, die Städte lagen in Schutt und Asche. Wie sollte es weitergehen? Tagebuchaufzeichnungen, Zeitungsberichte und Erinnerungen vermitteln die Stimmung der unmittelbaren Nachkriegszeit.*

»Wenn wir im Treppenhaus in den dritten Stock kamen, gab es darüber kein Dach mehr. An verregneten Tagen mussten wir einen Regenschirm aufspannen, um trocken zu unserer Tür zu kommen. In unserer Wohnung gab es keine Fenster, keinen

15

Ofen und kein Badezimmer, noch nicht einmal Fensterrahmen. In der Wohnung gegenüber reichte ein Bombenkrater von der dritten Etage bis in das Erdgeschoss, genau in den Wohnzimmern der Familien. Ich fand das sehr sensationell. Sie mussten einen Zaun um das Loch bauen, sodass keiner herunterfallen konnte.«

Erinnerung von Margot Heller, Jg. 1938, damals Berlin

»Dieses Haus lebt; es ist schwer beschädigt und stützt sich auf Krücken, aber es lebt. Das ist symbolisch – wie alles in Deutschland. Alles spricht die starke Sprache der Symbole. Jeder Deutsche ist ein Symbol für den Niedergang, den Verfall, die Hoffnungslosigkeit seines Landes.«

Peter Weiss, Reportage aus dem Sommer 1947

»Ich muss mir ein bisschen oft sagen: Du bist jetzt im Paradiese, verglichen mit dem vergangenen Zustand. Es ist so, aber ich merke es allzu selten. Es wächst ein bisschen allzu viel Unkraut im Paradiesgarten.«

Victor Klemperer, Tagebuch, Dresden, 20. Juli 1945

»Ein Tag Ende Mai 1945: In meinem Wartezimmer reißt ein Schrei die Köpfe der dicht gedrängt sitzenden Patienten hoch. Als ich durch den Türspalt hineingucke, wirft sich mir eine Frau mit einem Wickelbündel entgegen. ›Es atmet gar nicht mehr – Blut läuft ihm aus der Nase! Helfen Sie rasch, Herr Doktor.‹

Ich ziehe die jammernde Frau ins Sprechzimmer, führe sie zu einem Stuhl und nehme ihr den Säugling ab. Nach kurzer Untersuchung sage ich leise: ›Ihr Kind ist tot.‹ – ›Das ist ja unmöglich. Vor zehn Minuten hat Dieter noch eine Brotsuppe gegessen.‹ Ich kann nur nicken. Mir ist alles klar. Das Kind zeigt deutliche Merkmale des Hungertodes – trotz Brotsuppe.«

Aufzeichnungen von Otto Müllereisert,
Berliner Facharzt für Inneres, Mai 1945

»Überall stehen russische Posten, die Russen treiben das Vieh fort, es herrscht Hunger, schon hört man: Unter Hitler habe jeder wenigstens bekommen, was auf den Marken versprochen war! Ich sehe die Situation sehr düster. Man macht alle früheren Fehler wieder und in verstärktem Maß. Man beschimpft die Gegner und lässt sie in manchem Besitz. Man predigt einseitigsten Pazifismus inmitten der gegnerischen Machtentfaltung. Und bei alledem wird täglich mehr gehungert. Man rühmt stündlich im Radio die großen Fortschritte, man rühmt die Güte der Alliierten, und beides stimmt doch nur teilweise, und jeder fühlt dies ›nur teilweise‹. – Und das Volk ist so rettungslos dumm und gedächtnislos. Es denkt jetzt nur: ›Vorher haben wir weniger gehungert‹, und alles andere ist vergessen. Es wird bald denken: All diese Hitler-Gräuel sind erfundene Propaganda.«

Victor Klemperer, Tagebuch, Dresden, 20. Juli 1945

»Wenige Monate nach Kriegsende fuhr ich von Niebüll/Schleswig nach Hannover. Bis Hamburg auf der offenen Ladefläche eines Lkw-Anhängers, von dort mit der Reichsbahn in einem offenen Kohlen-Güterwagen, stehend. Auf dem Weg nach Süden kommt die Strecke nahe am Hamburger Hafen vorbei. Da lag nun der deutsche Glockenfriedhof: Auf einer ausgedehnten Betonfläche zum Wasser hin lagerten die zusammengekarrten Kirchenglocken, Glocke an Glocke als Rohmaterial für die Führungsringe von Artilleriegranaten.«

*Erinnerungen eines Mannes, Jg. 1930*

»Furchtbares ist schon vor dem Kriege in Deutschland und während des Krieges durch Deutsche in den besetzten Ländern geschehen. Wir beklagen es zutiefst: Viele Deutsche, auch aus unseren Reihen, haben sich von den falschen Lehren des Nationalsozialismus betören lassen, sind bei den Verbrechen gegen menschliche Freiheit und menschliche Würde gleichgültig geblieben; viele leisteten durch ihre Haltung den Verbrechen Vorschub, viele sind selber Verbrecher geworden.«

*Schuldbekenntnis der Katholischen Bischofskonferenz vom 23. August 1945*

»Der Hitler-Krieg und dessen Totalkatastrophe erfolgten, nachdem Deutschland in seiner Vergangenheit eine glanzvolle Kulturhöhe erreicht und eine große Arbeiterbewegung herausgebildet, nachdem Deutschland solche Genies wie Goethe, Hegel, Engels und Marx hervorgebracht hatte und nachdem bereits in der Sowjetunion eine neue, freiheitliche Menschenordnung geschaffen worden war. Weltanschauliches, politisches Neubeginnen, geistiger Neuaufbau verlangen, dass wir die geschichtliche Grundlage, das ideologische Fundament genauestens untersuchen. Wir können uns bei diesem hohen Beginnen auf die großen Genien unseres Volkes berufen, die uns ein reiches humanistisches Erbe hinterlassen haben. Dieses reiche Erbe des Humanismus, der Klassik, das reiche Erbe der Arbeiterbewegung müssen wir nunmehr in der politisch-moralischen Haltung unseres Volkes eindeutig, kraftvoll, überzeugend, leuchtend zum Ausdruck bringen. Deutschland wird ein freiheitliches, demokratisches Deutschland sein – oder politisch-moralisches Trümmerland, geschichtliches Niemandsland.«

Ansprache von Johannes R. Becher
auf der Gründungskundgebung des Kulturbundes
am 4. Juli 1945 im Haus des Berliner Rundfunks


»Gestern früh fing ich einen schon mal gelaufenen Vortrag über Johannes Becher ab, den man jetzt immerfort von kommunistischer Seite überschwänglich feiert und zum größten deutschen Dichter erhebt. Ich hörte schon wiederholt als Zusammenstellung der Größten: Goethe, Heine, Thomas Mann, Becher. Gestern ging das Superlativieren noch weiter: Dante, Goethe, Heine, Becher.«

Victor Klemperer, Tagebuch, Dresden, August 1945

»Als wir nach Frankfurt kamen, sahen wir nur Trümmer. Selbst in den Anlagen und Alleen lagen Trümmerberge. Mich nahmen Freunde in ihrem Haus auf. Doch dieses Haus hatte kein Treppenhaus mehr. Mit einer Leiter krabbelten wir in den dritten Stock. Einige Zimmer dieser Wohnung hatten keine Wände. Die Absturzgefahr vom dritten Stock in die Tiefe war groß. Ich hatte Angst.«

Erinnerung von Hilde Mück, Jg. 1936,
damals Frankfurt am Main

»Und du, die du Vergewaltigung spielst mit deiner Puppe. Du hast die fremden Soldaten gesehen, die sich über deine Mutter stürzen. Wirst du jemals Versöhnung empfinden? Wirst du jemals den Mann ohne Angst betrachten können, ohne Hass?«

Peter Weiss über Kriegstraumata

»Millionen verloren den Mann. Andere warten nach allen Lasten des Krieges, nach Jahren der angstvollen Sorge auch heute weiter oder von Neuem in Ungewissheit auf ihren Mann, da die sowjetische Besatzungsmacht unzählige deutsche Männer erst nach dem Zusammenbruch verhaften ließ, ohne Angabe von Gründen oder Auskunft über deren Verbleib. Die Trümmerfrau, die bei Eiseskälte oder Sonnenglut den Mörtel von den Steinen abklopft, um sie dann aufzuschichten, und schwere Loren schiebt, dürfte eine Anklage gegen die ganze humane Welt sein. Vom Morgengrauen bis in die tiefe Nacht reißt die Arbeit dieser Frauen nicht ab. Sie tun sie stumm, selbstverständlich, doch hoffnungslos. Denn sie sehen keine Möglichkeit, ihren Kindern die Basis für eine vernünftige Zukunft vorzubereiten. Sie leben in ihrer Weise auf den Tag hin; wie auch die ganz gleichgültigen Frauen, die sich treiben lassen und das Schicksal betrügen wollen, indem sie durch kleinere oder größere Ordnungsverstöße nach Um- und Auswegen suchen.«

Aufzeichnung von Annedore Leber, Widerstandskämpferin und Frau des SPD-Reichstagsabgeordneten Julius Leber

»Gestern sind wir – trockene Formalität – auf dem Standesamt am Chemnitzer Platz (Rathaus) beide aus der evangelisch-lutherischen Landeskirche ausgetreten. Es ließe sich viel darüber sagen, gefühlsmäßig ist die Sache sehr kompliziert...«

Victor Klemperer, Tagebuch, 19. August 1945

»Wohl haben wir lange Jahre hindurch im Namen Jesu Christi gegen den Geist gekämpft, der im nationalsozialistischen Gewaltregiment seinen furchtbaren Ausdruck gefunden hat, aber wir klagen uns an, dass wir nicht mutiger bekannt, nicht treuer gebetet, nicht fröhlicher geglaubt und nicht brennender geliebt haben.«

Die Stuttgarter Erklärung des Rates der Evangelischen Kirche in Deutschland vom 19. Oktober 1945

»In unserer Nachbarschaft wohnte eine Familie, die nur aus Frauen bestand, eine Mutter mit drei Töchtern. Sie hatte im

Krieg drei Männer verloren: ihren Mann und ihre zwei Söhne. Seitdem war sie immer in Schwarz gekleidet.«

Erinnerungen von Hans-Joachim Pescatore, Jg. 1939, damals Horrem, Bezirk Köln

»In einem geplünderten Laden ohne Tür und Scheibe finde ich im Schaufenster zwei papierumwickelte menschliche Körper, wie ägyptische Mumien verschnürt, die keinerlei Lebenszeichen mehr verraten. Ich lasse die Umhüllung entfernen und stehe vor einer völlig nackten männlichen Leiche. ›Woher kommen die Toten?‹ – ›Aus unserem Hauskeller. Hier!‹ Ich taste mich die dunkle, halb verschüttete Treppe hinunter, öffne die Tür und trete in den Luftschutzraum des schwer beschädigten Hauses. Etwa 20 Menschen liegen, in Decken gehüllt, auf dem Steinboden. Alle atmen schwer und sind kaum bei Besinnung. Der ganze Keller ist eine Fleckfieberhölle. Einige Soldaten in lehmverkrusteter Uniform und eine Familie, deren Kleidung auf Bauernflüchtlinge aus dem Osten schließen lässt, verraten, wie die furchtbare Krankheit in die Stadt verschleppt worden sein könnte. Rasch beende ich meinen Rundgang und nehme draußen den Mann beiseite, der mich geholt hatte. ›Wir müssen den Keller von der Außenwelt völlig abschließen. Sorgen Sie für ständige Bewachung des Eingangs. Wahrscheinlich sind aber alle dort unten in wenigen Tagen tot.‹ – ›Meine Frau liegt auch dort, was soll ich …?‹ Diese Worte des verzweifelten Mannes höre ich noch im Weggehen. Mehr kann ich hier nicht tun.«

Aufzeichnungen von Otto Müllereisert, Berliner Facharzt für Inneres, Mai 1945

»1 Ei: 15 Mark

1 Pfund Mehl: 35 Mark

1 Pfund Zucker: 85 Mark

1 Flasche Schnaps: 140 Mark

1 Pfund Kaffee: 600 Mark

1 Sack Kartoffeln: 500 Mark

20 Zigaretten: 150 Mark

Ehrlichkeit und Moral – sind keine gängigen Münzen. Schieber sei dein Beruf! Der Gulaschbaron baut seine schwarzen Mode-, Antiquitäten- und Teppichgeschäfte direkt in die Ruinen des Kurfürstendamms. Hier gibt es Glasscheiben und Zement, die Tausende kosten, während die Bevölkerung Pappe vor die leeren Fensterrahmen klebt. Es lohnt sich nicht, Kraft für eine anständige Arbeit zu sammeln, wenn man durch einen bequemen Betrug in kürzester Zeit reicher werden kann. Nur die Allerbesten halten aus. Der Rest wird proletarisiert. Die Anarchie ist die unausweichliche Konsequenz. Aber nicht eine durchdachte, von Freiheit erfüllte Anarchie, sondern die Anarchie der Abstumpfung, der Sinnlosigkeit und der üblen Instinkte.«

Peter Weiss, Reportage aus dem Sommer 1947

»Zusammen zog man durch die Ruinen der Innenstadt – ohne Ziel, aber in der Erwartung, etwas Spannendes, wenn nicht sogar Nützliches zu finden. Die wenigen Menschen, die man traf, waren meistens Frauen. Männer, und wenn, dann ältere, waren selten. Viele waren gefallen oder noch in Gefangenschaft. Man konnte in den Keller eines zusammengefallenen Geschäftshauses kriechen, dort im Archiv die Leitzordner durchblättern und Briefmarken von der Korrespondenz mitnehmen. Man konnte an den Resten des Zoologischen Instituts vorbeikommen und dort eine ausgestopfte Schleiereule (ich) oder eine in Spiritus eingelegte Kreuzotter (mein Komplize) retten.«

Erinnerung von Norman Gumbricht, Jg. 1933, damals Kiel

»Es sind ausgewählte Männer und Frauen, meistens ältere Semester. Es fehlen Bücher und Lehrmittel, die auf Jahre nicht wiederbeschafft werden können. Es ist wenig wahrscheinlich, dass die alten Korporationen wieder erstehen. Anstelle von Kneipe und Mensur werden vielleicht geistige und künstlerische oder sportliche Beschäftigungen treten. Aber sicher ist, dass der überwiegende Teil der akademischen Bürger, Lehrer wie Lernende, die Politisierung der Hochschule, gleichviel in welcher Richtung, scharf ablehnt.«

Bericht der »Neuen Hamburger Presse«
vom 3. November 1945 über die Eröffnung des
Wintersemesters an der Hamburger Universität

»Beiliegender Brief, nach langer Überlegung geschrieben, beantwortet recht hart ein rührend plump antastendes Anbandeln der Frau Hirche aus Oberlößnitz i. Erzgebirge. Sie hätten meinen Namen unter dem Kulturbund gelesen und sich so gefreut und so oft an uns gedacht, ich sei doch der Bürge ihres Hans, der noch in englischer Gefangenschaft lebe. Wüsste ich nicht zufällig, dass er Major im Generalstab war, und wäre nicht vor

24

ganz kurzer Zeit durchs Radio gekommen, dass die Angehörigen des Generalstabs unter die Kriegsschuldigen zählen, so
wäre ich vielleicht halbwegs auf die Anbiederung hereingefal-
len. Die Antwort ist gewiss hart, aber sie ist von meiner Seite
aus auch Notwehr. Wenn der junge Hirche es zum Major im
Generalstab gebracht hat, dann muss er politisch ein Muster-
knabe gewesen sein und muss auch gewusst haben, wem er
seine Seele verkaufte.«

Victor Klemperer, Tagebuch, Dresden, 11. November 1945


»In seiner Weltscheu war immer so viel Weltverlangen, auf dem
Grunde der Einsamkeit, die es böse machte, ist, wer wüsste es
nicht!, der Wunsch, zu lieben, der Wunsch, geliebt zu sein. Zuletzt ist das deutsche Unglück nur das Paradigma der Tragik
des Menschseins überhaupt. Der Gnade, deren Deutschland so
dringend bedarf, bedürfen wir alle.«

Thomas Mann: »Deutschland und die Deutschen«,
Rede vom Mai 1945


»Im Rahmen des realpolitischen Denkens wird auch das sogenannte deutsche Selbstmitleid angegriffen. Dieser Angriff
ist berechtigt, solange er sich gegen die verbreitete, im Innern
verständliche Ansicht richtet, dass Deutschland es unter dem
Nazismus besser hatte. Zynisch wird der Angriff, wenn er sich
gegen den verzweifelten Notruf des Hungrigen richtet. Falsch
wird er, wenn er (wie bei Thomas Mann) generalisiert und den
stummen Kampf der Millionen vergisst, wenn er die Mutter ver-

gisst, die im Kellerloch versucht, die Überreste ihrer Familie zusammenzuhalten, den Flüchtling, der von Station zu Station
irrt, bis er fällt.«

Peter Weiss, Reportage aus dem Sommer 1947

»Trotz gigantischer Zerstörung der Stadt erlebte ich sogar in
der sehr frühen Nachkriegszeit in Hannover, dass Straßenbah-
nen fuhren, Strom und Wasser in ganzen Stadtvierteln verfüg-
bar waren, das Einwohnermeldeamt Zuzugssperren verhängte,
Post zugestellt wurde (sogar zweimal am Tag).«

Erinnerungen eines Mannes, Jg. 1930,
damals Hannover

»Die Revolutionsfeier der Russen, 7. Oktober 1917, erfüllt den
Berlin-Leipziger-Sender. Die Deutschen kriechen den Russen
tief in den A., bisweilen (Rede der christlichen Union!) auf
komisch gewundene Weise.«

Victor Klemperer, Tagebuch, Dresden, Oktober 1945

»Im Nebenzimmer traf ich den Chirurgen in Gummistiefeln
und blutiger Schürze. Der Chefarzt hatte ihn in einer Kellerbe-
hausung für Bombengeschädigte entdeckt und gleich mitgenommen. Zwei ältere Medizinstudenten leisteten Hilfe beim
Operieren, Betäuben und Verbinden. Der Operationssaal
enthielt außer drei rohen Holztischen und einigen Wasserei-
mern keine weiteren Einrichtungsgegenstände. Der Geruch eit-

riger Verbände und brandiger Wunden mischte sich mit dem Gestank der Bedürfniszellen, die der Eingangstür gegenüberlagen. Dort waren die Abflussrohre verstopft und die Becken bis zum Rand gefüllt. Wasser und Hilfskräfte gab es nicht.«

Aufzeichnungen von Otto Müllereisert,
Berliner Facharzt für Inneres, Mai 1945

»In den verlassenen Stellungen rund um den Bahnhof lag immer noch genügend Flakmunition zum Spielen. Den 3,8-Zentimeter-Granaten wurde das Projektil herausgebrochen, die Pulverladungen auf einen Haufen geschüttet und angezündet. Manche Buben waren nicht schnell genug beim Weglaufen und verbrannten sich das Fell, einer meiner Klassenkameraden kam ohne Haare in die Schule, ein anderer überlebte die Explosion nicht.«

Erinnerung von Lothar Sonntag, Jg. 1933,
Hausach im Schwarzwald

»Der nicht von Russland besetzte Teil Deutschlands ist ein integrierender Teil Westeuropas. Wenn er krank bleibt, wird das von schwersten Folgen für ganz Westeuropa, auch für England und Frankreich sein. Dem Verlangen Frankreichs und Belgiens nach Sicherheit kann auf Dauer nur durch wirtschaftliche Verflechtung von Westdeutschland, Frankreich, Belgien, Luxemburg, Holland wirklich Genüge geschehen. Wenn England sich entschließen würde, auch an dieser wirtschaftlichen Verflechtung teilzunehmen, so würde man dem doch so wünschenswerten

Endziele ›Union der westeuropäischen Staaten‹ ein sehr großes Stück näherkommen.«

Brief von Konrad Adenauer an den Duisburger Oberbürgermeister Heinrich Weitz, 31. Oktober 1945

»Bin ich feige, wenn ich eintrete… – bin ich feige, wenn ich nicht eintrete? Sie (die KPD – Red.) allein drängt wirklich auf radikale Ausschaltung der Nazis. Aber sie setzt neue Unfreiheit an die Stelle der alten! Es kommt mir wie eine Komödie vor: Genosse K.! Wessen Genosse?«

Victor Klemperer, Tagebuch, Dresden, 20. November 1945

»Im Haus Küttenstraße 56 wohnen sechs Familien. Hier ist kein Dach, kein Schutz gegen die Unbilden der Witterung. Die Treppe wird auf Pfählen gestützt. Der Sturm, der auf dieser Höhe immer sehr beträchtlich ist, braust mächtig durch alle Räume.«

Sozialbericht der Stadt Aachen 1947

»Als ich vorgestern Abend Seidemann unsere Anträge auf Beitritt zur KPD übergab, sagte er mehr ernst als scherzhaft: ›Wollen Sie Ihre Frau nicht lieber draußen lassen, als Rückversicherung, wenn es wieder schiefgeht?‹ Mir ist es beinahe eine Erleichterung, dass mir niemand vorwerfen kann, ich liefe zur Siegerpartei; denn die Stimmung ist weiterhin antikommunistisch.«

Victor Klemperer, Tagebuch, Dresden, 30. November 1945

»In der ›Tribüne‹ sind in der letzten Zeit einige Beiträge erschienen, die sich mit der Jugendkriminalität befassen. Die darin vertretene Ansicht stimmt, dass diese Kriminalität ganz reale Wurzeln hat. Nach unseren Erfahrungen sind wir zu dem Ergebnis gekommen, dass nicht allein der Krieg, nicht allein die Demoralisierung und Zersetzung der deutschen Jugend durch die Erziehung der faschistischen Machthaber die Schuld am heutigen Zustand eines Teils unserer Jugend tragen. Vielmehr mussten wir bei unseren Erhebungen in den Betrieben feststellen, dass auch noch andere sehr reale Gründe für diese schwierige Lage der Jugend vorliegen. Dabei kamen wir zu dem Ergebnis, dass die Betriebsjugend gewichtsmäßig nicht zu-, sondern abnimmt und dass der überwiegende Teil der Jugendlichen ein ganz beträchtliches Untergewicht aufweist. Einer der krassesten Fälle der letzten Zeit ist der der 16-jährigen Lieselotte W., die in Tempelhof beschäftigt ist. Sie ist 1,50 Meter groß und wiegt 26 Kilo. Ein anderer Jugendlicher aus demselben Bezirk ist 1,69 Meter groß und wiegt 40 Kilo. Ein 15-jähriger Jugendlicher ist 1,38 Meter groß und wiegt 32 Kilo. Es geht hier nicht um irgendwelche Sonderinteressen, sondern um die vitalsten Sonderinteressen des deutschen Volkes. Es geht darum, dass das kostbarste Gut, das wir über Krieg und Zusammenbruch gerettet haben, unsere Jugend, nicht noch durch Hunger und Entbehrungen so geschädigt wird, dass man mit dieser Generation späterhin überhaupt nicht mehr rechnen kann.«

Bericht in der »Tribüne«, der Zeitung des Freien Deutschen Gewerkschaftsbundes, am 3. März 1947

»Internationalismus und Versöhnung werden heute in Berlin auf besondere Weise praktiziert. Ein Stadtteil gleicht Palm Beach, mit Eisbars, Swimmingpools, flotten Villen, Cocktailpartys, rasenden Jeeps und Jazzmusik. Ein Stadtteil ist wie ein Vorort von London: mit kühlen, wohlgekleideten Damen auf dem Weg zum Shopping; schmucken Kindern, die mit ihrer Nurse spazieren gehen; und Whisky trinkenden älteren Herren in den Klubs. Ein Stadtteil ist wie eine französische Garnison. Ein anderer scheint nach Russland versetzt zu sein, mit GPU-Gefängnissen (der sowjetischen Geheimpolizei – Red.), Verhaftungs- und Deportationsdrohungen und Gymnastikvorführungen von schneidigen Jungen und Mädchen. Aber überall, quer über die Straßen, ziehen wie im Halbschlaf diese gebeugten Deutschen, die weder Augen noch Ohren für den Verkehr zu haben scheinen. Doch sind sie sprungbereit, wenn die fremden Herren ihre Zigarettenkippen wegwerfen. Sie wühlen in den Mülleimern ihrer ausländischen Gäste nach Orangen- und Grapefruitresten, nach Kartoffelschalen, Fleischknochen und Sardinenbüchsen. Sie verkaufen den Gästen ihre letzten Fotoapparate, den Familienschmuck und die Porzellanteller gegen lumpige Zigaretten. Sie graben mit den bloßen Händen in den abgeholzten Wäldern nach übrig gebliebenen Baumwurzeln.«

Peter Weiss, Reportage aus dem Sommer 1947

»Wer aber einen Ofen hat, der weiß nicht, was er in ihm brennen soll. Die meisten Hausfrauen sind froh, wenn sie täglich ein warmes Mittagessen kochen können. Für die Heizung bleibt bei ihnen aber nichts übrig. Dazu kommt die Sorge um den

Arbeitsplatz. Vor wenigen Wochen noch fehlte es überall an Kräften. Inzwischen sind aber die meisten Plätze besetzt. Die Fabriken haben ihre Vorräte aufgebraucht. Zudem fehlt es ihnen an Kohle und Strom. Viele Produktionsstätten werden vielleicht in den nächsten Wochen auf Weisung der Militärregierung ihre Arbeit einstellen müssen. Zu Tausenden strömen die Flüchtlinge durch die Auffanglager unseres Bezirks. Viele werden für immer bei uns bleiben. Das verschärft nicht nur die Wohnungsnot, es macht uns auch andere Sorgen. Zu allen Umständen, welche die Stimmung der breiten Massen verdüstern, sind in den letzten zwei Wochen Maßnahmen der Militärregierung gekommen, welche für viele Leute sehr lästige und einschneidende Folgen haben. Bis Ende November müssen alle Uniformen der Wehrmacht umgefärbt werden. Viele der ehemaligen Soldaten haben nichts als das, was sie am Leibe tragen. Sie wissen nicht, was sie anziehen sollen, wenn ihre Uniform umgefärbt wird. Die Flut der schlechten Nachrichten hat manche unserer Mitbewohner zu hoffnungslosen Pessimisten gemacht. Gerade die Leute, welche zuvor die Schwierigkeiten nicht sehen wollten, haben den Kopf verloren. Immer wieder hört man von Selbstmorden, von Nervenzusammenbrüchen, von hoffnungsloser Verzweiflung.«

Bericht des Regierungspräsidenten Wilhelm Backhaus (SPD) in Hildesheim über den Winter 1945

»Die erste Nachkriegsmesse in Leipzig wurde genau am Jahrestag der Kapitulation Nazideutschlands feierlich eröffnet. Diese Tatsache allein bedeutet einen ganz großen Erfolg. Der zweite Erfolg der Leipziger Messe liegt in der unter den Zeitumständen großen Zahl von 2746 Ausstellern, davon 204 aus den Westgebieten, und den vielen Besuchern, die bereits am zweiten Tage die Zahl von 120000, hierunter 12000 aus den westlichen Zonen Deutschlands, überschritten.«

Sonderbericht der »Frankfurter Rundschau«
zur ersten Leipziger Messe, 14. Mai 1946

»Schon an der Zonengrenze konnte man feststellen, dass alle ehemals zwei- und mehrgleisigen Strecken eingleisig geworden waren. Tausende von Kilometern Gleise sind in einem Jahr nach dem Osten gewandert. Vor leeren Fabrikgebäuden und ausgestorbenen Werkhallen weht die rote Fahne. Die Leipziger Bevölkerung hat aus Anlass der Messe Zuteilungen bekommen, auf die sie seit Wochen, manchmal Monaten wartete. In Dresden haben die Menschen aus dem gleichen Anlass seit acht Wochen keine Fettzuteilung erhalten. Das Brot ist erdenklich schlecht; man sagte mir, es werde mit Kastanienmehl gemischt. In jeder Gaststätte gibt es Schnaps; dafür kann man nirgends Kartoffeln erhalten. Der Hunger diktiert. Alle Kleingärten sind mustergültig ausgenutzt. Die Bauern klagen, dass ihnen frisch gelegte Kartoffeln bei Nacht aus den Feldern wieder ausgegraben werden. Aber ein Arzt berichtete mir, dass viele nach einer verhältnismäßig leichten Krankheit sterben. Todesursache: Grippe, Lungenentzündung oder dergleichen. Ganz selten sieht man Personenkraftwagen. Noch seltener als die Kraftfahrer sind die bei uns so zahlreichen Ausländer. Nur wenige junge Männer traf ich. Ein junger Mann, den ich in Leipzig darüber befragte,

sagte mir: ›Ja, die hauen eben alle ab; ich werde auch bald verschwinden!‹«

Joachim Slawik in der »Süddeutschen Zeitung«
über seine Fahrt zur Leipziger Messe, 17. Mai 1946

»Wir gönnten uns zu Weihnachten 1945 einen Theaterbesuch.
In einem halb zerbombten ehemaligen Kino wurde ›Das Land
des Lächelns‹ aufgeführt. Der Eintrittspreis betrug pro Person
ein Brikett, damit wurde der Raum beheizt.«

Erinnerungen von Erika Reinicke, Jg. 1934, damals Berlin

»Morgens wurde das Potsdamer Communiqué im Radio verlesen. Erschütternd, ganz egoistisch erschütternd. Deutschland
wird so kastriert, so arm – ein kleiner Ackerstaat –, so ausgesto-
ßen. Nichts im Communiqué deutet darauf hin, dass die Alliierten sich der deutschen Juden annehmen wollen.«

Victor Klemperer, Tagebuch, Dresden, 4. August 1945.
Er bezieht sich auf die Kurzfassung des Abschlussprotokolls
der Potsdamer Konferenz der vier Siegermächte USA,
Sowjetunion, Großbritannien und Frankreich.

»Mein Vater hatte im Haus eines Arbeitskollegen einen leer
geräumten Keller für die Familie herrichten können. Die Sta-
pelbetten mit den Strohsäcken aus dem Bunker, einmal drei
und einmal zwei übereinander, standen an der einen Seite. Es
gab einen Ofen, einen Wasserhahn und eine Schüssel auf der

anderen Seite. In der Mitte stand ein Tisch. An einen Kleiderschrank kann ich mich nicht erinnern, nur an einen Wäschekorb. In dem kleinen, dunklen Flur vor dem Kellerraum stand ein Blecheimer mit einem Holzbrett darauf. Das war jetzt unsere Toilette. Der Eimer wurde von den Erwachsenen draußen in den Trümmern geleert. Als wir in unser neues Zuhause kamen, sah ich als Erstes, dass ein unteres Bett belegt war. Hier lag teilnahmslos mein 16-jähriger Bruder, der inzwischen krank von der Ostfront zurückgekommen war. Ich erkannte ihn nicht wieder. Wie er mir später sagte, war er von vorher 75 Kilogramm Gewicht auf nur noch 50 abgemagert.«

Erinnerungen von Ulla Hofmann, Jg. 1936, damals Hannover


»Erkennen wir, was nötig ist: Der Sozialismus hat das Wort. Unser Sozialismus ist wesensverschieden vom Marxismus. Das christliche Sozialgesetz kann uns sozialistische Wege führen, da es an eine bestimmte Gesellschafts- und Wirtschaftsordnung nicht gebunden ist.«

Jakob Kaiser auf der Parteitagung der CDU am 16. Juni 1946


»Wenn heute bei Bürgerlichen von Sozialismus gesprochen wird, dann ist das ein kleiner Denkfehler. Es gibt keinen Sozialismus außerhalb der sozialistischen Arbeiterbewegung! Alles andere mag wohlmeinende Schöngeistigkeit sein.«

Kurt Schumacher auf der ersten Großkundgebung der SPD
in Berlin am 20. Juni 1946

»Ich sagte heute zu Frl. Bernd, heute hätte ich eine gewisse Macht, aber ob ich sie morgen noch hätte, sei zweifelhaft; ich empfände den Boden als allzu schwankend unter mir. Und das ist schließlich mein Silvestergrundgefühl. Immerhin: dieses Jahr! Doch wohl das märchenhafteste meines Lebens.«

Victor Klemperer, Tagebuch, Dresden, Silvester 1945

»Wie ernst und verhärmt diese Gesichter sind. Hier sitzen die Besten. Hier sitzen diejenigen, deren Stimme noch nicht zu hören ist, die nichts anderes wollen als lernen, lernen, sich eine neue Welt aufbauen, sich nach dem fürchterlichen Zusammenbruch eine neue Grundlage schaffen. Es liegt etwas Unheimliches über dieser stummen Arbeit, deren Ziel niemand kennt, über diesen schmalen Rücken, die sich über die Tische beugen, über den mageren Händen, die sich gierig um Bücher schließen. Eines Tages, wenn die Alten sich genug in Stücke gerissen haben, werden diese kritischen, noch schlaftrunkenen Menschen zu reden beginnen.«

Peter Weiss über die Bibliothek der Berliner Universität,
Reportage aus dem Sommer 1947

Zusammengestellt von Markus Deggerich

# Land ohne Männer

*Die Väter, Ehemänner, Söhne waren tot, verwundet
oder in Gefangenschaft, also waren es die Frauen,
die anpackten und ihre Familien durchbrachten.
Sie leisteten Enormes – und dennoch sind die
Trümmerfrauen ein Mythos.*

Von Joachim Mohr

Margarete M. hatte während des Krieges zwei Ehemänner
verloren. Ihr erstes Kind war als Säugling an einem grip-
palen Infekt gestorben. 1944 wurde sie, wieder schwanger,
aus Berlin evakuiert, wo sie als Büroangestellte gearbeitet
hatte.

Vom Tod Adolf Hitlers erfuhr sie aus dem Radio. »Mir
sind an diesem Tage alle meine Ideale zerbrochen, denn
jetzt musste ich mich endlich mit dem Gedanken abfin-
den, dass der Krieg verloren war und alle Opfer vergeb-
lich waren.«

Mit ihrer einjährigen Tochter schlug sie sich wieder
nach Berlin durch, teils in Güterwagen, teils zu Fuß. In ihr
früheres Zuhause konnte sie allerdings nicht mehr.

Die Notquartierstelle wies sie in die Küche eines Hin-
terhauses ein, das Dach war fast vollständig zerstört, es

gab kein Licht, kein Wasser, keine Toilette. Der Unterschlupf war nicht nur kümmerlich, sondern eine Gefahr für Leib und Leben von Mutter und Kind: »Als starkes Regenwetter einsetzte, musste ich überall gefundene Gegenstände aufstellen und bin selbst auf meinem Bett, das nur ein Gestell war, ohne Matratze und Zudecke, klitschnass geworden, während ich Hella mit ihrem Kinderwagen unter dem Dachsegment unterbrachte«, so ihre Erinnerungen, wie sie die Historikerin Margarete Dörr in einem Sammelband über Frauenschicksale der Nachkriegszeit wiedergibt.

Nach dem Krieg war Deutschland zu einem Land der Frauen geworden: 5,3 Millionen deutsche Soldaten waren tot, fast elf Millionen in Kriegsgefangenschaft. Von Millionen Männern wusste niemand, wo genau sie waren und ob sie je heimkehren würden. Und von denen, die zu Hause lebten, waren viele alt, krank oder verwundet. So litten insbesondere Frauen und Kinder in den verwüsteten Städten und mussten um ihr Überleben kämpfen.

Die Frauen hatten während der Bombenangriffe in den Schutzräumen ausgeharrt und die Kinder beruhigt, hatten das verbliebene Hab und Gut aus den Trümmern gerettet, waren mit leerem Magen zum Hamstern aufs Land gefahren. Nun waren rund 60 Prozent der Deutschen zwischen Kiel und München weiblich. In Hamburg kamen 1946 auf 160 Frauen im Alter zwischen 20 und 25 Jahren gerade einmal 100 Männer.

»Meine Mutter arbeitet seit einiger Zeit in einer Wäscherei. Während des Krieges war sie bei der Post, aber für diese Tätigkeit gibt es nur die Angestellten-Lebensmittel-karte. Mit der Arbeiter-Lebensmittelkarte sind die Rationen höher, und darauf kommt es bei der jetzt herrschenden Mangelsituation an. Eine Kollegin aus der Wäscherei lädt uns ab und zu nach Hause ein, sie hat zwei kleine Mädchen, auch ein männerloser Haushalt. Meine Mutter muss häufig nachts zur Arbeit, weil tagsüber der Strom gesperrt ist«, erinnert sich Gerd Wahlens, geboren 1933, der die Nachkriegszeit in Berlin verbracht hat.

Frauen wie seine Mutter mussten den Alltag ohne Männer bestehen. Sie hatten sich um die Kinder zu kümmern und Schutt beiseitezuräumen, sie mussten kochen und putzen und waschen, aber auch Lastwagen fahren und Baukräne steuern.

Es gab keinen Unterschied mehr zwischen Männer- und Frauenarbeit – die Frauen erledigten alles. Der Historiker Heinrich August Winkler schrieb 2005: »Die Trümmerfrauen wurden zur Verkörperung eines radikalen Tausches der Geschlechterrollen.«

Vor dem Krieg hatte Magda Andre aus Köln als Schauspielerin gearbeitet, nun aber gab es keine Engagements. Die Amerikaner hatten nach dem Einmarsch das unbeschädigte und gepflegte Haus der Familie requiriert und sie von einem Tag auf den anderen auf die Straße gesetzt. Erst hatte Andre mit Dutzenden anderen Obdachlosen in einer Notunterkunft in einem Keller gehaust, bevor sie mit ihrem Bruder, dessen Familie und ihrem Vater in einer kleinen Wohnung unterkam. Im September 1946, sie war 42 Jahre alt, fing sie als Bauhilfsarbeiterin an.

»Als ich dann so über die Trümmerberge sah, wurde mir ganz anders. Ich glaubte damals nicht, dass Köln jemals aufgebaut werden könnte. Schon gar nicht mit mir«, so schildert sie es in einem Zeitzeugenbuch der Journalistin Gabriele Jenk.

»Die zeigten mir dann, wie man Steine richtig und schnell abklopft. Aber irgendwie war das nichts für mich, und ich fragte, ob ich nicht lieber Loren schieben könnte. Diese Dinger waren vollgepackt mit Steinen. Zwei Frauen hatten solche Riemen, die sie sich über die Schulter zogen, und zwei Frauen schoben von hinten nach. Eine Sauarbeit war das.«

Bis heute gelten die »Trümmerfrauen« als Sinnbild für die nach Kriegsende zupackenden deutschen Frauen, die keinen Blick zurückwarfen und ohne zu klagen Deutschland mit ihren Händen wieder aufbauten. Der Krieg war kaum zu Ende, schon machten sich diese Kämpferinnen scheinbar selbstbewusst und frohgemut ans Werk.

Der Historiker Eckart Conze betonte 2009: »Die ›Trümmerfrauen‹ haben ihren Platz im kollektiven Gedächtnis der Deutschen gefunden. Da die Männer erst allmählich aus der Kriegsgefangenschaft zurückkehrten, viele erst nach Jahren, war es Frauen, Kindern und Alten überlassen, die Trümmer zu beseitigen.«

Doch so schwer es Frauen nach 1945 hatten und so viel sie auch leisteten, um sich und ihre Familien irgendwie durchzubringen: Von den Trümmerbergen – rund 400 Millionen Kubikmeter Schutt türmten sich in den Straßen deutscher Städte – schafften sie nur sehr wenig weg.

»Dass vor allem Frauen die immense Menge an Kriegstrümmern mit Händen und Eimerketten geräumt haben sollen, war angesichts der Massen der Trümmer gar nicht möglich«, analysierte die Historikerin Leonie Treber. Sie hat die bisher umfassendste Studie über Trümmerfrauen verfasst und hält das bis heute weitverbreitete »klischeehafte Bild der Trümmerfrau« für einen Mythos, der nur wenig der damaligen Realität entspricht.

Entgegen der Legende wurden die meisten Schutthalden mit schweren Maschinen beseitigt, mit Baggern und Lastwagen. Und viele Frauen und Männer, die dabei halfen, taten dies nicht freiwillig. Während des Krieges hatten die Nationalsozialisten Kriegsgefangene und KZ-Häftlinge zur Trümmerräumung gezwungen, nach der deutschen Kapitulation setzten die Besatzungsmächte ehemalige NSDAP-Mitglieder und deutsche Kriegsgefangene dafür ein.

Die amerikanische und auch die französische Militärverwaltung lehnte es strikt ab, Frauen zum Wegräumen des Bauschutts heranzuziehen. In der britischen Zone machten nur sehr wenige Frauen mit, gerade einmal 0,3 Prozent der weiblichen Bevölkerung.

In Berlin und in der Sowjetischen Besatzungszone (SBZ) hingegen schufteten Tausende Frauen bei der Trümmerräumung. In einem Behördenvermerk vom November 1945 heißt es, sie arbeiteten teilweise »mit mittelalterlichen Methoden, mit Marmeladeneimern und dergleichen«.

Arbeitslose wurden hier zum Aufräumen verpflichtet, und auch Hunger trieb die Frauen in die Schuttberge: »Viel Lohn haben wir nicht gekriegt. Aber wir haben eine höhere Karte gekriegt, eine Arbeiterkarte, das war das Attraktive daran. Denn die Hausfrauenkarte, die ich zuerst bekam, das war wirklich zum Leben zu wenig«, erinnert sich eine Frau Erhard aus Berlin bei einer Zeitzeugenbefragung Mitte der 1980er-Jahre. Denjenigen, die schwere Arbeit verrichteten, standen monatlich 450 Gramm Fett zu statt der üblichen 210 Gramm.

Ein Massenphänomen aber war die »Trümmerfrau« auch in Berlin nicht: Nur etwa 60 000 Frauen packten hier mit an, um den Kriegsschutt zu beseitigen. Das entsprach nicht mehr als rund fünf Prozent der weiblichen Bevölkerung. Doch die sowjetische Besatzungsregierung feierte die »Trümmerfrau« gezielt als Vorbild für eine neue, sozialistische Frauenrolle. Im neuen Staat sollte die Frau nicht nur Mutter sein, sondern auch erwerbstätig, sie sollte in den Fabriken und auf dem Land das sozialistische Gemeinwesen mit aufbauen – die hart anpackende Frau zwischen den Trümmern war die perfekte Identifikationsfigur dafür.

In Berlin und der SBZ wurden die »Trümmerfrauen«, wie man sie nun nannte, zu wahren Medienstars gemacht. In den gerade erst wieder erscheinenden Zeitungen waren Fotografien zu sehen, auf denen Frauen in – für die Notzeit – flotter Arbeitskleidung scheinbar gut gelaunt schufteten. Viele der Fotos waren gestellt, wie man inzwischen weiß, doch sie prägen bis heute unser Bild jener Zeit.

Fast in Vergessenheit gerieten daneben jene Frauen, die schon ab 1945 auch und gerade im Westen am politischen

Wiederaufbau des Landes mitgewirkt haben. In überparteilichen Frauenausschüssen forderten sie ein, dass Frauenrechte in der künftigen Demokratie berücksichtigt werden sollten. Der größte Erfolg dieser Frauenbewegung der Nachkriegszeit hat bis heute Bestand, es ist Artikel 3, Absatz 2 im 1949 verabschiedeten Grundgesetz, wo es heißt: »Männer und Frauen sind gleichberechtigt.«

In der Zeit unmittelbar nach 1945 entsprach das der Wirklichkeit. Egal ob sie Trümmer räumten oder ihre Familien durch Hungerzeiten und Kältewinter manövrierten: Anfangs waren es vor allem die Frauen, die den Alltag bewältigten, das Land am Laufen hielten. »Meine Schwester und ich haben unserer Großmutter und Mutter unglaublich viel zu verdanken. Wie haben diese beiden alleinstehenden Frauen ohne ein Zuhause all das geschafft? Warum sind sie nicht verzweifelt? Wie schafften sie es, immer wieder neue Kraft zu entwickeln und positiv als unsere Vorbilder zu agieren? Später fragte ich meine Mutter, woher sie die Kraft genommen hatte. Sie antwortete: ›Wenn ich rechts und links je eine Hand meiner Kinder spürte, dann war ich beruhigt und konnte kämpfen‹«, erinnert sich Helga Kreikenbohm, Jahrgang 1940, deren Vater im Krieg gefallen ist.

Mit der Selbstständigkeit der Frauen aber war es meistens vorbei, als sich die Lage im Land zu normalisieren begann. Mitunter forderten die Männer, wenn sie aus der Kriegsgefangenschaft heimkehrten, sogar ihre Jobs von den Frauen zurück – und fast immer die Hoheit über die Familie.

Von »Trümmerfrauen« sprach in der frühen Bundesrepublik niemand mehr, hier war die Hausfrau das Ideal, die dem Mann den Rücken freihalten sollte. Erst mit dem Aufkommen der neuen Frauenbewegung in den Achtzigerjahren rückten die Frauen der Nachkriegszeit und ihre Leistungen wieder ins Bewusstsein. Und erst in dieser Zeit wurde die »Trümmerfrau« das, als was sie heute in der politischen Analyse gilt: ein Teil des Gründungsmythos der Bundesrepublik Deutschland, irgendwo zwischen Währungsreform, Wirtschaftswunder und dem »Wunder von Bern«.

# Erst vergewaltigt, dann vergessen

*Hunderttausende Frauen wurden Opfer sexualisierter Gewalt durch Soldaten der Sieger. Die seelischen Wunden wurden ignoriert.*

Von Michael Sontheimer

Die Magdeburgerin Klara M. berichtete im Juli 1945 Mitarbeitern des örtlichen Gesundheitsamtes, was ihr zwei Monate zuvor widerfahren war. »Ich bin schwächlich, außerdem war mein Rad sehr beladen, sodass ich hilflos allein den Russen ausgeliefert war und mich nicht wehren konnte, als sie mich herunterrissen.« Die Frau stürzte auf die Straße, zwei Rotarmisten zerrten sie in den Straßengraben.

Während der Soldat, der sich ihr Rad gegriffen hatte, damit wegfuhr, vergewaltigten die anderen beiden Rotarmisten die junge Deutsche. Ihr Bericht weiter: »Dann kam der Erste noch mal zurück, ich wurde auch von ihm vergewaltigt. Während das geschah, fuhren mehrere Autos vorbei, aber niemand nahm sich meiner an, obwohl ich weinte und laut schrie.«

Genaue Zahlen darüber, wie viele Frauen in Deutschland nach dem Krieg zum Opfer sexualisierter Gewalt wurden, sind nicht mehr zu ermitteln, die Schätzungen von Expertinnen reichen von gut 800 000 bis zu zwei Millionen Vergewaltigungen. Auch einige wenige Männer wurden von Besatzern sexuell missbraucht.

Die Berlinerin Barbara W. notierte am 27. April 1945 in ihrem Tagebuch: »Ich war gerade unterwegs, um bei G. Zucker zu besorgen, da kommen zwei und ziehen mich in einen Hauseingang. Hingelegt und Röcke hoch. Schön war das nicht, aber das war ja zu erwarten.«

Für viele war der Schrecken mit der Vergewaltigung nicht vorbei. Klara M. aus Magdeburg war im Straßengraben schwanger geworden, aber wollte kein »Russenkind« zur Welt bringen. Sie beantragte beim Gesundheitsamt eine Abtreibung. Der Reichsführer SS, Heinrich Himmler, hatte noch im März 1945 angeordnet, dass Schwangerschaften aus »gewaltsam erzwungenem Geschlechtsverkehr mit Rotarmisten« abzubrechen seien.

Doch jetzt waren die Rotarmisten in den von ihnen eroberten Gebieten die neuen Herren, und die Frage, wer aus welchen Gründen abtreiben durfte und wer nicht, war unklar. Offiziell galt der § 218, der Abtreibungen weitestgehend verbot. In der Praxis befragten Gutachter von Gesundheitsämtern oder Ärzte, fast immer Männer, die schwangeren Frauen, verlangten detaillierte und glaubwürdige Beschreibungen der Vergewaltigungen und maßten sich an, ihren Lebenswandel zu beurteilen.

Der Magdeburgerin Klara M. verweigerten die Gutachter des Gesundheitsamtes jedenfalls die gewünschte Abtreibung. Die Herren warfen ihr vor, dass sie die angebliche Vergewaltigung zunächst geheim gehalten hatte. Zudem hätte sie keine Zeugen benennen können.

Es war angesichts solcher Erfahrungen geradezu zwangsläufig, dass nur ein Bruchteil der betroffenen Frauen über die erlittenen Vergewaltigungen sprach und sie bei der Polizei anzeigte. Die Opfer sexualisierter Gewalt schämten sich und fürchteten Diskriminierung.

In beiden deutschen Nachkriegsgesellschaften legte sich Schweigen über die Massenvergewaltigungen. Sie wurden zum Tabu. Und es sollten mehr als 40 Jahre vergehen, bis Frauen um die Feministin und Filmemacherin Helke Sander 1992 ein Buch und einen Film zu den Vergewaltigungen durch Sowjetsoldaten in Berlin im Jahr 1945 veröffentlichten.

Rund 450 000 sowjetische Soldaten hatten in der Reichshauptstadt gekämpft. Rotarmisten, so Sander und ihre Forscherinnen, vergewaltigten in den ersten drei Monate der Besatzung rund 110 000 Frauen und Mädchen, rund sieben Prozent aller Berlinerinnen. Fast die Hälfte von ihnen mehrfach.

Etwa ein Fünftel wurde schwanger. In Berlin bildete sich zwischen Ärzten und Patientinnen ein – oft stillschweigender – Konsens: lieber keine Russenkinder. Die Mehrzahl der Schwangerschaften hier wurde abgebrochen. Eine Patientin schrieb: »Es kann sich niemand vorstellen, was für Massenabtreibungen das waren.«

Doch es waren nicht nur sowjetische Soldaten, die 1945 deutsche Frauen vergewaltigten, auch Soldaten der westlichen Alliierten wurden zu Tätern. Nachdem französische Truppen am 21. April 1945 Stuttgart eingenommen hatten, registrierte die Kriminalpolizei während der nächsten zehn Tage 1389 Vergewaltigungen durch französische Armeeangehörige. Viele Opfer wurden mehrfach missbraucht.

Vier der Frauen, die sich an die Polizei wandten, waren unter 14, vier über 70 Jahre alt. In Freudenstadt mussten sich etwa 600 Frauen nach sexuellen Übergriffen ärztlich behandeln lassen.

Bei den Amerikanern, mit 1,6 Millionen Soldaten in Deutschland, kam es von März bis Mai 1945 zu 487 Prozessen vor US-Militärgerichten. Gut 1500 Fälle wurden 1945 aktenkundig.

Die Historikerin Miriam Gebhardt hat allerdings 2015 rekonstruiert, dass die Zahl der tatsächlichen Vergewaltigungen durch Amerikaner wesentlich höher war. Gebhardt geht von rund 190 000 Fällen sexueller Gewalt durch US-Soldaten aus. Zum großen Schweigen darüber sagt sie: »In der Öffentlichkeit existierte das Thema so lange nicht, weil Politiker und Wissenschaftler in beiden deutschen Staaten nicht illoyal gegenüber ihrer jeweiligen Besatzungsmacht sein wollten.«

Als Helke Sander in Militärarchiven in aller Welt zu forschen begann, gab es nirgendwo das Stichwort »Vergewaltigung«. Von den Besatzern Deutschlands wurde die sexualisierte Gewalt aus den eigenen Reihen naturgemäß nicht thematisiert. In der DDR unterdrückte der »ewige Brüderbund« mit der Sowjetunion die Auseinandersetzung darüber, bis zur Wende 1989/90.

Viele westdeutsche Linke bemühten noch ein anderes Argument für das Schweigen. Sie warnten davor, dass die Beschäftigung mit Verbrechen an Deutschen die Einzigartigkeit des Holocaust und die deutsche Schuld relativieren könne.

Die vergewaltigten Frauen fühlten sich beschämt und beschmutzt. Sie schwiegen und verdrängten. Viele begingen Suizid. Helke Sander sagt heute: »Über Sexualität wurde damals ohnehin nicht geredet.« Und sie spekuliert: »Vielleicht war auch der Unterschied zwischen der Vergewaltigung und dem Sex mit dem Ehemann nicht so groß.«

Neuere empirische Forschungen der Psychologin Svenja Eichhorn und des Arztes Philipp Kuwert zeigen, welche psychischen Folgen die sexuelle Gewalt der Nachkriegszeit hinterließ. Danach hatte ungefähr die Hälfte aller Vergewaltigungsopfer posttraumatische Belastungsstörungen entwickelt. Diese manifestieren sich vielfältig: Wutausbrüche, Ängste, Depressionen, Schuldgefühle, Gefühlsstarre, Schlafstörungen, Albträume, Suchterkrankungen.

Die Forscher führten ihre Interviews mit den Betroffenen mehr als 60 Jahre nach den traumatisierenden Erfahrungen. Sie erfuhren dabei auch, dass die meisten Frauen lebenslang an den Nachwirkungen der Vergewaltigungen litten: Sie hatten weniger Freude beim Sex, Probleme in den Familien, generell weniger Lebensfreude.

Traumata übertragen sich häufig in Familien von einer Generation auf die nächste. Die Historikerin Miriam Gebhardt forscht mittlerweile darüber, wie die seelischen

Erschütterungen der vergewaltigten deutschen Frauen auch deren Söhne und Töchter beeinflusst haben. Sie hört Geschichten von Kindern, deren Mütter ihnen erst auf dem Totenbett von ihren Erlebnissen im Jahr 1945 berichtet haben; von Töchtern, die erst mit dem Wissen um eine lange verschwiegene Vergewaltigung der Mutter verstehen konnten, warum die Beziehung zwischen ihnen so schwierig war.

Miriam Gebhardt weist auch darauf hin, dass bis heute nichts an die Opfer erinnere. In der Tat haben zwar so unterschiedliche Gruppen wie die Gesellschaft für Bedrohte Völker und die Berliner CDU schon vor einer Weile einen Erinnerungsort für die zum Kriegsende vergewaltigten Frauen gefordert, aber geschehen ist nichts.

Es gibt inzwischen Mahnmale für gefallene deutsche Soldaten und Flüchtlinge; die Kriegsheimkehrer und die Kriegskinder erfahren öffentliche Aufmerksamkeit und Anerkennung. Dass sie den vergewaltigten Frauen verwehrt wird, hat für Miriam Gebhardt vor allem einen Grund: »Diese Frauen eignen sich in keiner Weise als Helden.«

Dieses Vergessen ist umso trauriger, als sich global mittlerweile eine sehr klare Sicht auf sexuelle Gewalt in Kriegsgebieten durchgesetzt hat. Der UNO-Sicherheitsrat hat im Jahr 2008 beschlossen, dass solche Vergewaltigungen als Kriegsverbrechen und »Verbrechen gegen die Menschlichkeit« verfolgt werden sollen.

# ZEITZEUGEN

»Eine Mutter erzählte uns, dass sich ihre 17-jährige Tochter nach der Vergewaltigung durch mehrere Russen das Leben genommen hat.«

Erwin Weinke, Jg. 1944, damals Breitenstein, Pommern

»Hinter Crailsheim boten mir zwei US-Soldaten an, mich mit ihrem Jeep bis Heilbronn zu fahren. Ich stimmte freudig zu, das ersparte mir fast drei Tage Fußweg. In meiner ahnungslosen Unschuld wusste ich nicht, dass ich dafür mit meinem Körper bezahlen sollte. Sie fuhren mit mir in einen dichten Wald und vergewaltigten mich abwechselnd stundenlang. Dann fuhren sie mich in das völlig zerstörte Heilbronn und dann noch weiter nach Neckarsulm, wo ich tief schockiert auf das nächste Haus zuwankte und von hilfsbereiten Menschen für die Nacht aufgenommen wurde.«

Gerlinde Schnittler, Jg. 1927, damals auf dem Weg
von Böhmen nach Bad Wimpfen

»Als die Rote Armee einmarschiert, verstecken sich die Frauen und Mädchen im Wald, da sie befürchten, vergewaltigt zu werden. Schließlich drohen die Soldaten, das Dorf in Brand zu stecken, wenn die Frauen nicht zurückkämen. Daraufhin bittet mein Onkel seine Tochter, sich für die anderen zu opfern.«

Frau, Jg. 1937, damals Mecklenburg

»Noch konkreter wurde die Angst, nachdem meine jüngere Schwester, damals elf Jahre alt, von einem Soldaten belästigt wurde. Nach meiner Kenntnis handelte es sich um einen Amerikaner. Auf dem Heimweg vom Einkaufen hielt er sie an, entblößte sein Geschlechtsteil und masturbierte vor ihr.«

Hedwig Bartels, Jg. 1933, damals Heesen, Region Lippe


»Mit lautem Hurrageschrei hatten die Russen von dem Dorf Besitz genommen, das meiste Vieh getötet und die Häuser geplündert und verwüstet. Als sich die Menschen endlich aus ihren Verstecken hervorwagten, gab es bei Missverständnissen weitere Erschießungen, vor allem, wenn der Befehl nach ›Frau komm‹ nicht erfüllt wurde. Als sich die Mädchen weiterhin in Heuschobern und Kellern versteckt hielten, wurden selbst alte Frauen von Vergewaltigungen nicht verschont.«

Susanne Dockrell, Jg. 1937, damals Koerzin


»Der Roten Armee eilte der Ruf voraus, bei Ansammlungen von mehreren Frauen zurückhaltender zu agieren. Aus diesem Grunde versammelten sich in unserem Keller etliche ›Schutzsuchende‹ aus der Nachbarschaft deren Männer gefallen, vermisst etc. waren. Nach Herausbrechen der Haustüre wurden auf der Suche nach Beute im Keller die Frauen entdeckt. Eine Horde Rotarmisten, die sich vorher im nahe liegenden Weinkeller des Landwirtschaftsministers gütlich getan hatten, fielen über sie her. Es half ihnen nichts, dass sie sich untergehakt hatten und im Chor infernalisch kreischten sowie sich mit Asche und Schmutz die Gesichter verschmiert hatten, sie mussten alle dran glauben. Meine Mutter hatte Glück, ein Tschetschene aus dem Kaukasus, als Mohammedaner wohl den Alkohol meidend, stellte sich schützend vor sie.«

Andreas Weerth, Jg. 1938, damals Berlin

»Meine Eltern und ich schliefen im 1. Stock unseres kleinen Siedlungshauses. Um Mitternacht hörten wir ein Gepolter im Haus. Mein Vater sah nach. Da stand ein schwarzer Hüne unten im Hausflur, klopfte mit seinem Gewehr laut polternd auf den Holzfußboden und rief: ›Fräulein, Fräulein!‹ Er hatte sich samt seinem Gewehr durch das kleine, einen Spalt offene Klofenster gezwängt. Nun stand er da und verlangte Fräulein und Schnaps. Mein Vater sagte. Nix Fräulein. Mutig im Nachthemd ließ sich nun auch meine Mutter sehen und der Soldat sagte: Du Mama? Ich hatte mich mit klopfendem Herzen im Schlafzimmer versteckt. Meine Mutter sagte zu meinem Vater: ›Gib ihm Johannisbeersaft.‹ Der Hüne folgte meinem Vater in die Küche, ließ sich aufs Sofa plumpsen und schlief sofort ein. Meine Mutter rief mich: ›Komm runter, er schläft, nun kannst du ihn dir anschauen!‹ Natürlich siegte meine Neugier, und ich betrachtete ihn mit klopfendem Herzen ganz genau. Sein Gewehr und ein ganzes amerikanisches Weißbrot lagen auf dem Küchentisch. Für uns blieb die Nacht schlaflos. Als der Soldat am späteren Morgen erwachte, war er wieder nüchtern. Er klopfte meinem Vater auf die Schulter und sagte: ›Du guter Mann.‹ Er nahm sein Gewehr, das Brot ließ er liegen, und ging.«

Annemarie Fuchs, Jg. 1926, damals Hersbruck, Mittelfranken

»Vor den Übergriffen der Soldaten war unsere Familie zunächst verschont, weil sich ein Offizier bei uns einquartiert hatte. Wenn ein Soldat ihn sah, verließ er unser Grundstück, denn es gab inzwischen einen Befehl, der diese Taten verbot. Ich will diese Übergriffe nicht verteidigen, aber im Vergleich zu dem Morden und Abbrennen der Häuser duch die SS während des Russlandfeldzuges waren sie nicht so grausam. Und die westlichen Alliierten kauften sich die Mädchen mit Nylonstrümpfen. Als der Offizier uns verließ, wurde meine Mutter doch noch vergewaltigt. Der Soldat hatte meinen Vater vorher in der Veranda des Nachbarn eingesperrt. Meine Mutter jammerte nach der Vergewaltigung und wollte wissen, wo ihr Mann sei. Der Soldat verstand nichts und schenkte ihr einen Ring, den er zuvor gestohlen hatte.«

**Horst Stein, Jg. 1934, damals Berlin-Biesdorf**

»Am 2. Mai 1945, es wurde in Berlin noch stellenweise gekämpft, erscheint die russische Kampftruppe in unserem Keller. Einer schleift eine schreiende Frau mit. Schließlich wirft er sie in die Kellerecke. Sie atmet trotzdem auf. Andere Frauen halten ihre Kinder wie Schutzschilde vor sich. Uhren werden den Menschen weggenommen, Schmuck abgerissen. Da hat meine Mutter eine Idee: Wir sollten in die Ruine hochgehen und uns dort in unserer Restwohnung verstecken. Wir, zehn Personen, schlichen uns hoch, kletterten über Schuttberge, stiegen über halb abgebrochene Balkone und legten uns still nebeneinander auf den Fußboden unseres früheren Wohnzimmers. Herr Nehring hatte Tuberkulose. Bei Husten hielten wir ihm den Mund zu. So entgingen wir dem, was in der Nacht in unserem Keller geschah. Wir hörten von der Straße unter uns das Grölen und wilde Singen, Akkordeonspielen von den Russen und immer wieder das Schreien der deutschen Frauen sowie ihre Rufe ›Kommissar, Kommissar‹, was aber nicht viel half.«

Gerd Gnewuch, Jg. 1934, damals Berlin

»Wir Mädels hatten große Angst vor der fremden Besatzung. Um nicht zu zeigen, wo man wohnte, traute man sich nicht ins Haus, wenn ein Soldat zu sehen war. Denn schon bald kam uns zu Ohren: Die Tochter einer Bäckerei in unserer Straße wurde vergewaltigt. Sie war meine Schulkameradin! Wir hörten nachts Schreie aus dem Keller des Nebenhauses – doch die Dame konnte noch nach draußen flüchten. Und dann, welch ein Schreck: Eines Abends öffnete sich auch unsere Kellertür. Ein Soldat stand da, ruhig und wortlos. Er schaute sich suchend um, dann schlug er unsere Wolldecke zurück und legte sich neben meine Schwester Hilde und mich. Eine solche Angst ist nicht zu beschreiben. Wir konnten nicht schreien, nicht mal still weinen, wir hatten nur Angst. Wir sahen, dass unser Vater aufstand, aber gottlob auch ruhig blieb – und dank seiner Englischkenntnisse zu ihm sagte: ›Tun Ihnen diese bangen Augen nicht weh? Sehen Sie, darüber liegt meine kranke Frau, können Sie sich vorstellen, was jetzt in ihr vorgeht?‹ Lange Pause – dann fragte Vater noch: ›Haben Sie auch Kinder?‹ Unser schweigender Soldat nickte nur. Und dann schlug er die Wolldecke zurück und verließ wortlos den Kellerraum. Ob wir noch schlafen konnten in der Nacht? Ich glaube kaum.«

Hermine Hacker, Jg. 1922, damals Königswinter

# »Wie müssen von handfestem Rassismus sprechen«

*Millionen Flüchtlinge und Vertriebene strömten 1945*
*aus den ehemaligen Ostgebieten nach Deutschland.*
*Ihre Integration stellte beide Seiten vor große*
*Herausforderungen – die Folgen wirken noch nach,*
*sagt der Historiker Andreas Kossert.*

SPIEGEL: *In den ersten Nachkriegsjahren strömten aus den abgetrennten deutschen Ostgebieten bis zu 14 Millionen Flüchtlinge in das verbliebene Deutschland. Das war die größte humanitäre Katastrophe in der Geschichte des Landes. Ist das im Bewusstsein Deutschlands gegenwärtig?*

Kossert: Ich frage mich manchmal selbst, wo die Erfahrungen dieser Menschen eigentlich geblieben sind. Unterschwellig ist die Erinnerung noch sehr lebendig, das sieht man beispielsweise an dem Erfolg des Romans »Altes Land« von Dörte Hansen. Darin geht es um drei Generationen einer Vertriebenenfamilie, um die Schwierigkeiten des Ankommens, die Sprachlosigkeit zwischen Einheimischen und Zugewanderten.

*Sehr viele Menschen wissen um die Erfahrung von Flucht und Vertreibung in ihrer Familienbiografie.*

Und dennoch herrscht weitgehend Unkenntnis über Bedeutung und Größenordnung dessen, was sich nach 1945 ereignet hat. Und es gibt auch keine Vorstellung darüber, welchen Platz diese Erfahrung in der kollektiven Erinnerung einnehmen sollte.

*Die Flüchtlinge stießen anfangs vielerorts auf Ignoranz und massive Feindseligkeiten, sie wurden unter anderem als »Polacken« und »Rucksackdeutsche« diffamiert. Woher rührte diese Abwehr?*

Die deutsche Gesellschaft nach dem Zweiten Weltkrieg war gewissermaßen eine »Zusammenbruchsgesellschaft«. Sie war vereint in der gemeinsamen Erfahrung einer totalen Niederlage. Die meisten Menschen waren vorrangig mit der Organisation ihres eigenen Daseins beschäftigt. Die Bereitschaft, jenen, denen es noch schlechter ging, die Tür zu öffnen, war deshalb eher gering. Aber auch zwölf Jahre nationalsozialistische Propaganda hatten Spuren hinterlassen. Die Menschen waren in der NS-Zeit immer wieder mit dem Negativbild vom »slawischen Untermenschen«, vom Osten Europas als minderwertig konfrontiert worden. Diese Vorstellungen sind nach Kriegsende nicht einfach verschwunden.

*Der Landrat von Flensburg tönte 1946, der Niederdeutsche sei »gegen die Mulattenzucht, die der Ostpreuße nun einmal im Völkergemisch betrieben hat«. Das klingt in der Tat sehr stark so, als wenn die Flüchtlinge auch nach 1945 Opfer von Versatzstücken der Naziideologie wurden.*

Wir müssen für diese unmittelbare Nachkriegszeit durchaus von einem handfesten Rassismus sprechen. Es ist nicht so, dass die Aufnahme der Flüchtlinge problemlos gelang, weil Deutsche zu Deutschen kamen. So fühlte es sich für die Menschen damals nicht an. Die Flüchtlinge und Vertriebenen kamen oft aus Lagern, viele hatten Gewalt erlebt, waren in einem erbärmlichen Zustand, als sie ankamen, verlaust, zerlumpt – und damit entsprachen sie in vielem den Klischees, die die einheimische Bevölkerung von Menschen »aus dem Osten« hatte. Es gab ihnen gegenüber ganz eindeutig Fremdenfeindlichkeit.

*Die Flüchtlinge veränderten die Zusammensetzung der Bevölkerung in vielen Gegenden sehr stark. Schleswig-Holstein, wo sehr viele Menschen aus den Ostgebieten ankamen, verzeichnete 1946 einen Bevölkerungszuwachs von 67 Prozent. Welche Folgen hatte das?*

Niemand war auf diese Menschenmassen vorbereitet – es musste allerorten improvisiert werden. Privatunterkünfte wurden beschlagnahmt, Lager wurden eingerichtet, und fast jede einheimische Familie, die noch über eine intakte Wohnung verfügte, musste eine Flüchtlingsfamilie aufnehmen, zum Teil auch mehrere.

*Die Flüchtlinge wurden auch als billige Arbeitskräfte eingesetzt, vor allem auf dem Land. Da musste die Buchhalterin schon mal zur Hilfsmelkerin umschulen.*

Das war gar nicht so selten. Einheimische Bauernfamilien waren oft sehr daran interessiert, potenzielle Knechte zur Einquartierung zu bekommen, Menschen also, die gut arbeiten konnten. Viele Vertriebene haben das als »Sklavenmarkt« empfunden.

*Sogar bei der Zuteilung von Grabstätten auf Friedhöfen wurden die Flüchtlinge mancherorts diskriminiert. Warum mochten viele Einheimische neben Flüchtlingen nicht einmal begraben sein?*
Die Vertriebenen kamen ja vorwiegend im ländlichen Raum an, weil es dort kaum Zerstörungen gab. Durch ihre bloße Anwesenheit haben sie das gesamte soziale Gefüge in den Dörfern durcheinandergebracht, gewachsene Hierarchien hinterfragt, die sich auch auf dem Friedhof manifestierten. Was bedeutet es für ein norddeutsches Dorf, in dem im Alltag Plattdeutsch gesprochen wird, wenn auf einmal die Hälfte der Menschen Ostpreußisch oder Schlesisch spricht? Die Menschen waren gezwungen, sogar ihre Umgangssprache umzustellen.

*Aber das ostpreußische Idiom verschwand doch mittelfristig völlig?*
Das Plattdeutsche aber auch. Die Ankunft der Vertriebenen hat die einheimischen Gesellschaften schwer erschüttert. Nicht zuletzt haben die Vertriebenen die konfessionellen Verhältnisse in Deutschland, die ja seit dem Dreißigjährigen Krieg weitgehend unverändert waren, komplett umgestaltet.

*Selbst in Ostfriesland mussten die Einheimischen nun Ka-*
*tholiken ertragen.*

Ja, diesen Zusammenprall der Kulturen, wenn Katholiken
auf Protestanten trafen und umgekehrt, darf man rück-
blickend nicht unterschätzen. In bis dahin ziemlich her-
metischen konfessionellen Milieus, etwa in Oberbayern,
kamen plötzlich evangelische Schlesier oder Ostpreußen
an. Und umgekehrt traf man in Ostfriesland erstmals seit
der Reformation Katholiken. Das führte zu handfesten
Konflikten, bis hin zu Wirtshausschlägereien. Dass wir
in Deutschland, anders als etwa in Nordirland, konfessionelle Spannungen heute überwunden haben, so etwas wie
ein ökumenisches Verständnis aufgebaut haben, hat auch
mit den Vertriebenen zu tun, die traditionelle Strukturen
und Milieus aufbrachen.


*Millionen Flüchtlinge in Westdeutschland hofften noch jah-*
*relang darauf, in die früheren Ostgebiete zurückzukehren.*
*Westdeutsche Politiker haben diese Illusion lange geschürt,*
*selbst Willy Brandt, damals stellvertretender SPD-Vorsitzen-*
*der, sagte 1963 auf einem Schlesiertreffen: »Verzicht ist Ver-*
*rat.« War das nicht Selbstbetrug – schließlich war doch allen*
*klar, dass es zu einer Rückkehr nicht kommen würde?*

Die Politik fuhr während der ersten Jahre zweigleisig:
Einerseits versuchte man, den Vertriebenen materiell auf
die Beine zu helfen, andererseits wollte man die Traumati-
sierung durch irreale Forderungen etwas abfedern. In diesem durchaus verständlichen Widerspruch steht die ganze
Ankunftsgeschichte der Vertriebenen in Westdeutschland.

*Die westdeutsche Politik hat sich der Diskussion um die An-*
*erkennung der Oder-Neiße-Grenze lange verweigert. Als der*
*KPD-Abgeordnete Max Reimann 1950 eine Debatte über*
*die Anerkennung der Oder-Neiße-Linie forderte, wurde ihm*
*das Wort entzogen, und er wurde für 30 Tage aus dem Bun-*
*destag ausgeschlossen. Woher rührt diese Nichtbereitschaft*
*zur Diskussion über die Ostgrenze?*

1950 war es für eine solche Diskussion offensichtlich noch
zu früh. Die Bundesrepublik war gerade ein Jahr alt, es gab
noch nicht einmal das Lastenausgleichsgesetz, mit dem
Vertriebene einen finanziellen Ausgleich erhielten. Keiner
der Vertriebenen besaß damals bereits ein eigenes Haus,
man lebte noch in Zwangsquartieren oder in Lagern. Angesichts der drängenden Not hielt zu diesem Zeitpunkt die
überwiegende Mehrheit der Vertriebenen noch am Ziel
einer Rückkehr fest.

*Selbst die SED hat ja bis 1947 für eine Revision der Ost-*
*grenze plädiert. Dann aber hat die DDR 1950 in einem Ver-*
*trag mit Polen die neue Grenze anerkannt. Waren die DDR-*
*Politiker in diesem Punkt Realisten und ihrer Zeit voraus?*

Man wollte wohl vor allem Ärger mit der Sowjetunion
vermeiden. Die SED stand ebenso wie die Regierung im
Westen unter dem enormen Druck, ob die Eingliederung
der Flüchtlinge überhaupt zu schaffen sei. Eine Rückkehr
wäre in dieser angespannten Notlage eigentlich eine Ent-
lastung gewesen, doch sie wurde politisch vor dem Hin-
tergrund des Kalten Kriegs immer unwahrscheinlicher.

*Walter Ulbricht, der entscheidende Kopf der SED, sagte sehr deutlich, für die Festlegung der Oder-Neiße-Grenze seien jene verantwortlich gewesen, die zuließen, dass die Hitler-Regierung und die deutschen Truppen das polnische Volk überfielen. Damit hatte er doch recht?*

Natürlich, ohne den 30. Januar 1933 hätte es auch die Vertreibung der Deutschen nicht gegeben, und vor allem nicht den Zweiten Weltkrieg. Aber es hat die deutschen Vertriebenen immer wieder beschäftigt, dass es ausgerechnet sie traf; der Nationalsozialismus entstand in Bayern, vor allem in München, aber nicht unbedingt in Stettin.

*In der Charta der Heimatvertriebenen von 1950 steht: »Wir verzichten auf Rache und Vergeltung.« Dann wird »das unendliche Leid« erwähnt, das »das letzte Jahrzehnt über die Menschheit gebracht hat«. Da wird das »Jahrzehnt« zum handelnden Subjekt, während die Charta weder Hitler noch den Nationalsozialismus überhaupt nur erwähnt – war das nur ein Versehen?*

Diese Charta ist ein unglaublich spannendes Dokument seiner Zeit. Der Großteil der Unterzeichner hatte ja eine lupenreine NS-Biografie.

*20 von 30 Unterzeichnern waren Mitglieder der NSDAP und der SS...*

... und nicht wenige von ihnen in höheren Funktionen. Das ist ein Beispiel für den Geist dieser frühen Bundesrepublik und nicht das einzige Dokument dieser Art. Die Kriegserfahrung der Deutschen wurde in dieser Zeit komplett aus dem Zusammenhang gerissen. Man blendete völlig aus, in welchem Kontext die Vertreibung der Deutschen stand. Das hat erst die Ostdenkschrift der Evangelischen Kirche 1965 thematisiert. Auch die Frage um die historische Verantwortung der Deutschen begann auf ernsthafte Weise zu dieser Zeit.

*Die Vertriebenen hatten in den Fünfzigerjahren eine eigene Partei, den Bund der Heimatvertriebenen und Entrechteten, kurz BHE. Der zog 1953 mit 5,9 Prozent in den Bundestag ein. Warum blieb das eine Episode?*
Der BHE agierte am äußersten rechten Rand, nicht alle Vertriebenen sahen sich von ihm repräsentiert. Auch innerhalb der SPD und CDU haben sich Vertriebene organisiert – die großen Parteien haben sehr integrativ gewirkt, das war ein großes Verdienst. Die knallharte Klientelpolitik des BHE traf spätestens Ende der Fünfzigerjahre nicht mehr die Stimmungen und Erwartungen der Mehrheit der Vertriebenen. Nun gab es den Lastenausgleich, viele Vertriebene konnten ein Häuschen bauen, kamen auch materiell an. Man bemühte sich, nicht mehr als eigenständige Gruppe aufzufallen.

*Neigten die Vertriebenen dann eher zu Adenauers CDU als zur SPD?*
Im Rückblick erscheint es so, als wäre die CDU geradezu zwangsläufig die Fürsprecherin der Vertriebenen gewesen. Das traf später jedoch vor allem für die organisierten Vertriebenen zu. Aber an der Integration hatte die SPD ver-

mutlich ähnlich großen Anteil. Viele Vertriebene gehörten nach 1945 zur klassischen Wählerschicht der SPD, und gerade in Bayern und Hessen haben die Sozialdemokraten vor allem durch sudetendeutsche und schlesische Vertriebene überhaupt erst gut organisierte Landesverbände aufbauen können.

*In den vergangenen Jahren hat die Bundesrepublik Millionen Flüchtlinge aus anderen Ländern aufgenommen, von denen viele hierbleiben werden. Lässt sich aus der damaligen Integration der Flüchtlinge irgendetwas für heute lernen?*
Für mich ist die große Frage: Was meinen wir mit »Integration«? Was wollte die Aufnahmegesellschaft 1945, und was will sie heute? Integration ist ein sehr positiv aufgeladener Begriff, er klingt sehr freundlich, aber meinen wir nicht eigentlich Assimilation, also: Passt euch an, haltet die Klappe, fallt nicht auf? Das war nach 1945 überwiegend der Fall. Die Ankunft der Vertriebenen hat man sicher nicht als kulturelle Bereicherung empfunden.

*Es gab in der DDR den euphemistischen Begriff der »Umsiedler«.*
Genau, es wurde so getan, als wären die Leute einfach nur umgezogen. Was man aus der damaligen Zeit lernen kann, ist, dass jede Flucht, jeder erzwungene Heimatverlust mit Fremdheitsgefühlen auf beiden Seiten einhergeht. Es gab immer Konflikte zwischen aufnehmender Gesellschaft und Flüchtlingen.

*Bedenken und Ängste...*

... gehören zur universalen Geschichte von Flucht und Vertreibung, sie tauchen in unterschiedlichen Mustern immer wieder auf. Fast 73 Jahre nach Kriegsende sprechen wir immer noch über Flucht und Vertreibung und die Nachwirkungen, obwohl in diesem Fall Deutsche zu Deutschen kamen, obwohl es ein gemeinsames kulturelles Erbe gab, an das man anknüpfen konnte. Wenn wir aus der Erfahrung nach 1945 lernen können, dann, dass Integration ein sehr langer, manchmal auch generationsübergreifender Prozess ist.

Die Ankunft der Vertriebenen hat die einheimischen Gesellschaften schwer erschüttert.

Das Gespräch führte Uwe Klußmann.

**Andreas Kossert,**
geboren 1970, ist Historiker und wissenschaftlicher Mitarbeiter der Bundesstiftung Flucht, Vertreibung, Versöhnung (SFVV) in Berlin. Sein Buch »Kalte Heimat: Die Geschichte der deutschen Vertriebenen nach 1945« ist ein Standardwerk zum Umgang mit Flüchtlingen und Vertriebenen in der Nachkriegszeit. Von 2001 bis 2009 war er Mitarbeiter am Deutschen Historischen Institut in Warschau.

# ZEITZEUGEN

»Ich erinnere mich genau, wie wir an der Hand der Mutter –
singend, wie es in unserer Familie üblich war – einen langen
Weg von der Bahnstation zum Einöd-Bauernhof marschierten, dem wir zugewiesen worden waren. Die Bauersfrau kam
mit ihrem 17-jährigen Sohn heraus und bedeutete uns, dass
sie uns nicht nehmen könne, denn sie seien nur auf eine Frau
mit einem Kind eingerichtet. Da mischte sich der Sohn ein
und sagte auf Plattdeutsch: ›Modder, nemm sie. De Lütte is so
seut.‹ (›Mutter, nimm sie. Der Kleine ist so süß.‹) Die Mutter
ließ sich umstimmen. So fanden wir für ein halbes Jahr Platz
in einem Verschlag, der vom Kuhstall abgetrennt worden war.
Egal. Wir waren in Sicherheit, und mit der Bauernfamilie begann eine lebenslange Freundschaft.«

Heinz Brockert, Jg. 1940, aus Ostpreußen
in die Moorgegend nördlich von Oldenburg,
Niedersachsen, gekommen

»Die Bauernfamilie aß in der großen Diele, ich musste allein
in der Küche essen. Sie wollten keinen Flüchtling am Tisch
haben. Eines Tages kam ein englischer Offizier in die Küche
und fragte mich, warum ich denn in der Küche äße und nicht
bei der Bauernfamilie. Darauf antworte ich auf Englisch: ›I am
a refugee.‹ Der Engländer wies den Bauern an, mich künftig
bei seiner Familie sitzen zu lassen. Die Bauern wunderten sich,
dass ich Englisch sprechen konnte. Sie waren der Annahme,

65

dass wir keine richtigen Deutschen seien, weil wir nur Hoch-
deutsch sprachen.«

Frau, Jg. 1930, aus Gdingen, Polen, in die Nähe von Sörup,
Schleswig-Holstein, gekommen


»Wir katholischen Kinder wurden von den evangelischen Dorfkindern zwar gehänselt. Im Großen und Ganzen wurden die
Flüchtlinge aber gut in die Dorfgemeinschaft aufgenommen.«

Erwin Weinke, Jg. 34, aus Westpommern in die Nähe von
Greifswald gekommen


»Auf vier Einheimische kam ein Flüchtling. Eine Kommission
kam in jedes Haus, requirierte Raum und teilte Flüchtlinge
zu. Die kamen am nächsten Tag mit einem Koffer und wollten einziehen. Sie wollten schlafen, kochen, wohnen und hatten
nichts. Die Stimmung war auf beiden Seiten sehr gereizt. Auch
hatten die Fremden andere Sitten, und ihr Essen roch fremd.
Wir hatten drei Personen einquartiert. Dazu kamen noch meine
Tante und ihre Kinder, die aus Österreich ausgewiesen worden
waren, später auch Onkel Martin, der Soldat gewesen war. Da
wurde es sehr eng und aggressiv, und es gab dauernd Streit.«

Gerhard Kraft, Jg. 1941, damals Dossenheim bei Heidelberg


»Dann wurden wir im Hause der Familie K. einquartiert. Wir
bekamen ein Zimmer im ersten Stock. Die Familie K. hat uns
zu keiner Zeit spüren lassen, dass wir nicht willkommen waren.

Wir durften mit den Spielsachen ihrer inzwischen erwachsenen Kinder spielen und verbrachten auch Heiligabend mit ihnen. Jeden Sonnabend durften wir unten in der Küche in einer Zinkwanne baden.«

Dagny Henning, Jg. 1942, aus Posen nach Heiligenhafen, Schleswig-Holstein, gekommen

»Wir wohnten, Mutter, zweijährige Schwester und ich, in der Waschküche eines Bauernhofes. Ein Bett für uns, Eiskristalle an den Wänden. Aufwärmen durften wir uns im Kuhstall. Hier in Ostfriesland musste/durfte ich nach langer Zeit wieder in die Schule gehen. Ich verstand die Sprache der Kinder nicht, sie sprachen ja friesisch, und wir wurden als Eindringlinge, Fremde, betrachtet.«

Rita Koch, Jg. 1936, aus Schlesien nach Ostfriesland gekommen

»Der Ärger bei den Einheimischen war groß. Alle schimpften, nirgends gab es Mitleid mit den armen Menschen, die alles verloren hatten. Sie kamen an, fast nur Frauen und Kinder, oft auch eine alte Oma oder ein zittriger Opa dabei, saßen auf ihrem Gepäck vor den ihnen zugewiesenen Häusern und wurden nicht eingelassen – bis am Abend die Polizei anrückte und ein Machtwort sprach. Ich kann mich aber auch erinnern, dass in vielen Fällen aus Abneigung mit der Zeit Verständnis und Zuneigung, bisweilen auch echte Freundschaft entstand.«

Gerlinde Schnittler, Jg. 1927, damals Bad Wimpfen

»In unseren vier Wänden fehlt vieles – eigentlich alles –, was eine Familie zum Leben braucht: ein Herd, Töpfe, Geschirr, Bestecke, Decken, Bettzeug, Behältnisse für Lebensmittel und Kleidung und so weiter. Womit wir uns auf den Strohsäcken zugedeckt haben, weiß ich nicht mehr. Anfangs bekommen wir von der Bäuerin etwas zu essen, da wir noch keine Lebensmittelkarten haben. Wir haben auch noch Schwarzbrot, aus dem wir nur den Schimmel herausschneiden. Zunächst dürfen wir in der Küche kochen, wenn dort Ruhe herrscht. Dann bekommen wir von der Gemeinde eine ›Brennhexe‹ ins Zimmer, das ist ein aus Blech gefertigter Herd, etwa 60 Zentimeter breit, 40 Zentimeter tief und 30 Zentimeter hoch. Er dient zum Kochen und zum Heizen. Ein kleines Stück Unabhängigkeit. Nach und nach können wir das eine oder andere ergattern.«

**Helmut Andres, Jg. 1931, aus Westpreußen
nach Friedrichskoog, Schleswig-Holstein, gekommen**

»Mein guter Radierer war mir in der Schule verloren gegangen. Meine Banknachbarin, ein Flüchtlingskind aus dem Osten, gab mir den Rat, drei Vaterunser zum heiligen Christophorus, dem Schutzheiligen der Kinder, zu beten. Das gute Stück fand sich tatsächlich wieder. Karin war katholisch, bis dahin hatte ich noch nie etwas davon gehört. Die katholischen Flüchtlinge waren Gast in unserer evangelischen Kirche, bis sie selbst eine Kapelle gebaut hatten. Gern gingen wir dort Heiligabend zur Christmette.«

**Frau, Jg. 39., damals Waldenburg, Sachsen**

68

»Weil ich mich mit Flüchtlingskindern anfreundete, ging ich bald in einem Flüchtlingslager aus und ein. Jeder Familie war im Tanzsaal eines Gasthofes eine Fläche zugewiesen worden. Gerade ausreichend, sodass jedes Familienmitglied einen Platz zum Schlafen hatte. Zwischen dieser Fläche und jener der nächsten Familie war ein Tau gespannt, über das zum Sichtschutz Decken gehängt wurden. Man konnte einander also nicht sehen, aber das leiseste Geräusch wurde von der Nachbarfamilie wahrgenommen. Es blieb nichts verborgen. Zudem waren die hygienischen Zustände katastrophal: Es gab zwei Toiletten, zwei Waschbecken, keine Dusche und sicher mehr als 40 Personen, die sich die Toiletten und Waschgelegenheiten teilen mussten.«

Ankatrin Grundke, Jg. 1938, damals in der Nähe von Lübeck

# »Verdammter Flüchtling, du!«

*Ausgehungert und zerlumpt kam Rolf Klodt mit seiner Mutter und vier Geschwistern 1945 nach Schleswig-Holstein. Lange galten die Flüchtlinge aus Ostpreußen als Eindringlinge, wurden beschimpft und geschlagen.*

Von Katja Iken und Corina Kolbe

*Im ostpreußischen Insterburg, September 1944: Wenn sie fliehe, werde er sie anzeigen, drohte Vater Karl-Heinz, ein überzeugter SA-Mann, seiner Frau. »Glaub du man an den Führer«, erwiderte sie trocken – und geht. Vor der herannahenden Roten Armee rettete sich Käthe Therese Klodt mit ihren fünf Kindern, darunter Rolf Klodt (Jahrgang 1941), aus Ostpreußen über Pommern nach Norddeutschland.*

*Die Odyssee der Familie endete in Schleswig-Holstein. So wie die von vielen Tausend Menschen aus den Ostgebieten: 1946 verzeichnete das Land einen Bevölkerungszuwachs von 67 Prozent. Niemand war dort vorbereitet auf die Menschenmassen – was Rolf Klodt schmerzhaft zu spüren bekam, wie er hier erzählt.*

Kein Bauer in Nindorf will diese ausgehungerten, schäbig gekleideten und verlausten »Pollacken«, wie sie uns nennen, freiwillig aufnehmen. Aus Respekt vor der Amtsautorität des Dorfgendarmen werden, wenn auch missmutig, schließlich doch Kammern, Böden und Ställe geräumt.

Viele Schimpfwörter haben wir auf der Flucht gehört. Nun kommt ein weiteres dazu: »Du Flüchtling«, mit so viel hasserfüllter Verachtung ausgesprochen, dass es sich in unsere kindlichen Seelen einbrennt und ein freundliches Miteinander über Jahre verhindert. Immer wenn man etwas Abfälliges, etwas Verletzendes sagen will, heißt es: »du Flüchtling«.

Eines Tages bekommen wir eine neue Bleibe und ziehen in die Dorfschule. Aus gesammelten Steinen baut mein älterer Bruder Manfred auf dem Schulhof eine kleine Kochstelle, aufmerksam beobachtet von neugierigen Einheimischen. Unvergesslich bleibt mir ihr schadenfrohes Gelächter, als der Kochtopf im Regen von den glitschigen Steinen abrutscht und das mühsam beschaffte Essen in den Dreck fließt. Wieder ein Tag ohne warme Mahlzeit.

Eine Unterkunft für eine Mutter und fünf Kinder zu finden, ist schwierig. Wir werden in ein Behelfsheim am Rande einer Weide eingewiesen. Jeder Familie stehen zwei Zimmer und ein Boden zur Verfügung. Die Wände sind nur aus Stein gemauert. Im Sommer wird es drinnen unerträglich heiß, im Winter eiskalt.

Ein Wasserhahn befindet sich zehn Meter entfernt an einem Feldweg. Alle Familien nutzen auf einem kleinen Hof ein einziges Toilettenhäuschen mit einem Herz in der Tür. Immerhin gehört zu jeder Wohnung ein kleiner Garten, das ist ein großer Reichtum.

Unsere unmittelbaren Nachbarn heißen Hoffmann und kommen ebenfalls aus Ostpreußen, aus Osterode. Eine grobschlächtige Familie mit schlechten Manieren, deren Mitglieder ausgiebig auf Polnisch fluchen. Später merken wir, dass sie Steine der Trennwand zu unserem Boden sauber gelockert haben. Alles, was in Reichweite ihrer Arme war, haben sie gestohlen.

Überall liegen Waffen und Munition herum. In den letzten Kriegstagen haben sich viele Soldaten von ihren Truppenteilen abgesetzt und ihre Ausrüstung weggeworfen. Auf einem Feldweg steht eine Kanone, auf der Weide nebenan ein Panzer. Wir Kinder sitzen im Kreis, brechen die Spitzen aus den Gewehrpatronen, schütten das Pulver auf einen Haufen und erfreuen uns daran, wenn es laut zischend mit einer Stichflamme verbrennt.

Klaus, unser Nachbar, zündet eine Handgranate, die er aber nicht weit genug werfen kann. Als er aufsteht, weil er nichts von der Verzögerungszeit weiß, wird er von einigen Splittern lebensgefährlich verletzt. Er blutet stark und schreit fürchterlich. Ältere Jungen, noch bei der Hitlerjugend in Erster Hilfe ausgebildet, retten ihm das Leben. Klaus bleibt lange im Krankenhaus in Rendsburg und kann erst nach einem Jahr wieder richtig gehen.

Der Schock hält aber nur kurz an, die Versuchung ist einfach zu groß. Schon bald sitzen wir wieder in unseren alten Verstecken. Doch irgendwann sind Waffen und Munition verschwunden. Wir schwören dem Verräter ewige Rache.

Unterdessen wird der Hunger zu einem immer größeren Problem. Die Bauern sind nicht bereit, ihre gefüllten Speisekammern zu öffnen. Da wir nichts Wertvolles besitzen, das wir gegen Lebensmittel eintauschen könnten, müssen wir betteln und stehlen. Wer moralische Bedenken hat, kriegt nichts zu essen.

Der Hunger wird zur größten Geißel des verlorenen Krieges. Er macht die Menschen gefährlich und zwingt sie dazu, sich zu prostituieren.

Nachts hören wir unterdrücktes Quieken von Schweinen. Bauern schlachten »schwarz«, ohne Sondergenehmigung der britischen Besatzungsmacht. Die Gewissheit, dass die Bauern sich bald über Würste und Schinken hermachen werden, macht uns verbittert und wütend.

Wir Ostpreußen verständigen uns untereinander und wissen, wo geschlachtet wird. Entsetzt beobachten die Bauern, wie wir den hastig verscharrten Pansen der heimlich geschlachteten Kühe ausgraben. Erst nach einer Weile begreifen sie, dass wir daraus das »Königsberger Fleck« zubereiten, ein ostpreußisches Nationalgericht.

»Die essen sogar Hundefutter«, sagen die Bauern kopfschüttelnd. Doch selbst damit können sie noch Geld verdienen. Bald können wir uns nicht mehr über kostenloses Essen freuen.

Die Bauernjungen fühlen sich stark genug, Flüchtlingskinder durch das Dorf zu jagen und zu verprügeln. Ab und zu gelingt es uns jedoch, sie in die Falle zu locken und gemeinsam auf sie einzudreschen. Einem dicken Bauernjungen werfe ich einen Stein an den Kopf. Laut brüllend stürmt er auf mich zu, seinen blutenden Schädel haltend.

Mein Bruder Helmut fängt ihn ab, ich entgehe nur knapp einer Abreibung. Nachdem sich die Bauernjungen manche blutige Nase geholt haben, lassen sie uns endlich in Ruhe.

Zu Hause züchten wir Kaninchen und brauchen dringend Futter. Da die Wiesen streng bewacht werden, können wir es nur im Dunkeln riskieren, saftigen Klee zu sammeln. Hastig stopfen die älteren Geschwister einen Rucksack voll, während Helmut und ich »Schmiere stehen«. Wir haben immer Angst, denn die Bauern scheuen nicht davor zurück, selbst einem kleinen Kind einen kräftigen Hieb mit dem Knüppel zu versetzen. »Verdammter Flüchtling, du«, fluchen sie dabei.

Dann kommt der Winter 1946/1947 mit sibirischen Temperaturen. Wir frieren gewaltig, denn der Schlafraum lässt sich nicht beheizen. Mutter legt uns heiße, in Papier eingewickelte Ziegelsteine in die Betten, und wir rücken alle näher zusammen. Mäntel und Strümpfe behalten wir an.

Gott sei Dank hat Helmut in seinem Fluchtgepäck den Nachttopf mitgenommen. Nicht auszudenken, wenn wir nachts nach draußen zum Klohäuschen gehen müssten. An unseren Fensterscheiben blühen jeden Morgen dicke Eisblumen.

Um Holz zu holen, laufen Helmut und ich (er neun und ich knapp sechs Jahre alt) abends in den Wald, ausgerüstet mit dem Untergestell eines alten Kinderwagens. Angsterfüllt laden wir dicke Äste auf unser Gefährt, während wir alles Mögliche im Dunkeln zu sehen und zu hören glauben.

Helmut zieht den Wagen, ich schiebe von hinten, dann geht es mit klopfenden Herzen aus dem Wald heraus, in wilder Fahrt die ungefähr drei Kilometer nach Hause. Wie froh wir jedes Mal sind, wenn wir dort ankommen!

Unsere Läuse sind wir schon lange los. Mutter hat allen die Haare kurz geschoren und die Kopfhaut täglich mit Petroleum eingerieben. Wir riechen erbärmlich, und es beißt fürchterlich, aber eines Tages sind die Viecher besiegt. Da wir uns regelmäßig waschen können, ist auch die Krätze bald verschwunden.

Lesen lerne ich in der Schule mit einer Fibel, die noch aus dem »Dritten Reich« stammt. Stück für Stück lösen sich die mit Mehlkleister und Papier verklebten Bilder, auf denen Hakenkreuzfähnchen schwingende Kinder zu sehen sind. Wir helfen natürlich nach. Unsere Lehrerin beginnt jeden Schultag mit dem Kanon: »Infanterie, Artillerie, rote Husaren, Schützenkompanie«. Danach singen wir ein altes Soldatenlied aus dem Ersten Weltkrieg: »Wildgänse rauschen durch die Nacht«.

1949 wird mein Vater aus der Kriegsgefangenschaft entlassen. Aus dem Lager Friedland, wo alle Russlandheimkehrer entlaust und registriert werden, kommt er zu uns nach Nindorf, in einem dunklen russischen Watteanzug. Ein Fremder auf Krücken, der mir ein rotes Spielzeugauto der Firma Schuco mitgebracht hat.

Ich bekomme Prügel von meinem Vater, als ich bei einem Verwandtenbesuch ungefragt dazwischenrede. Immer das Gejammer über die verlorene Heimat, den Verlust der schönen Möbel und die vielen Toten. Ich bin fast zehn Jahre alt und mache die Klagenden dafür verantwortlich. Die Empörung ist groß. Mein Vater, ehemaliger Oberscharführer der SA, erkennt keine Schuld an. Statt Antworten bekomme ich häufig Schläge, so entsteht beiderseitige Ablehnung.

Als der Vater, inzwischen alkoholabhängig, im Januar 1959 im Alter von knapp 51 Jahren stirbt, empfinde ich – nichts.

# KAPITEL II

# Unter Besatzung

Von oben herab regierten die vier Besatzungsmächte das Land. Noch trauten sie den Deutschen keine Selbstverwaltung zu. Zwar sollte der Alliierte Kontrollrat in Berlin das Vorgehen koordinieren, doch in ihrem Gebiet ging jede Besatzungsmacht anders vor. Einig waren sie sich lediglich darin, dass der Nationalsozialismus nie wieder eine Zukunft haben dürfe. Im beginnenden Kalten Krieg wurden die Deutschen von Besiegten, die es umzuerziehen galt, zu umworbenen Partnern.

## Gemischte Gefühle und Schokolade

*Die Besatzungszeit war besonders für Kinder aufregend: Fremde Männer, die Kaugummi verschenkten, unverständlich sprachen und denen die Erwachsenen oft skeptisch gegenüberstanden. Zeitzeugen erzählen.*

»Dann kam er, der Feind. Zuerst ein Panzer, auf dem Soldaten saßen. Dann ein Kübelwagen (später lernte ich, dass man das Jeep nennt) und danach zwei Männer in karierten Röcken, weißen Socken, blauen Jacken und einem Käppi auf dem Kopf. Männer in Röcken! Einer spielte Dudelsack, der andere führte eine weiße Ziege an der Leine. Dann folgten in ordentlicher Formation und im Gleichschritt Soldaten in Uniformen, die ich noch nie gesehen hatte. Keiner war blutverschmiert oder trug sichtbar ein Messer. Ich war begeistert. Was hier ankam, war nicht der Engländer. Es waren viele, und sie nannten sich Tommys. Das klang freundlich. Es hat keine 30 Sekunden gedauert, bis ich dem Führer untreu wurde.«

Rudolf May, Jahrgang 1940, damals Lübeck

»Ich höre folgendes Gespräch: Die Russen werden sich jetzt rächen für all das, was ihnen Deutschland angetan hat, es wird ganz schlimm werden, sollten wir uns vielleicht mit den Kindern umbringen?«

Helmut Schmitt, Jg. 1936, damals Gammelsbach/Odenwald

»Im Juni 1945 untersuchte die amerikanische Militärpolizei unser Haus, ob es geeignet sei, dem Stadtkommandanten als Wohnung zu dienen. Wohlmeinende Freunde rieten meinen Eltern, das Haus vor dem Einzug der Amerikaner leer zu räumen, denn die würden alles mitnehmen. Meine Mutter befolgte den Rat nicht, denn unsere Befreier sollten ihre Gäste sein. So zog der Town Major of Nuremberg in unser Haupthaus, und wir zogen in den Seitentrakt, wo vorher Personal und Gäste gewohnt hatten. Sieger und Besiegte wohnten zunächst friedlich unter einem Dach. Doch als die Verbrechen der Nazis in den

Konzentrationslagern offenkundig wurden, änderte sich das Verhalten der Amerikaner schlagartig. ›Non-Fraternization‹ galt auch für den Town Major. Wir hatten unser Haus sofort zu verlassen.«

Jan Krüger, Jg. 1936, damals Wiesenthal bei Nürnberg

»Ich erinnere mich, wie ein großer russischer Soldat meine arme Mutter bedrohte. Zitternd gab sie ihm eine Armbanduhr. Hinterher grinste sie. Denn ihre eigene Uhr hatte sie noch. Die andere hatte ihr zuvor ein anderer Russe gegeben. Er war gerührt von unserem Familienidyll: ich mit Puppe im Arm, mein kleiner Bruder mit Holzeisenbahn und mein Großvater mit erkalteter Pfeife im Mund. Wir schauten ängstlich von unten zu ihm auf, und ihm kamen die Tränen. Er versuchte, uns zu sagen, dass seine Kinder genauso zu Hause auf ihn warteten. Er habe sie seit Jahren nicht gesehen. Also waren nicht alle Unmenschen, ging es mir durch den Kopf.«

Ingeborg Schreib-Wywiorski, Jg. 1936, damals Berlin

»An Häuserwänden und Bäumen waren Plakate der britischen Militärregierung angeschlagen, in denen die Bevölkerung bei Androhung der Todesstrafe aufgefordert wurde, nicht nur sämtliche Waffen, sondern auch Fotoapparate und Ferngläser abzuliefern. Fieberhaft suchte unser Vater seine Waffen zusammen. Mein Zwillingsbruder und ich, wir waren 13 Jahre alt, halfen ihm beim Tragen zur zentralen Sammelstelle, die in der Turnhalle am Rande des Marktplatzes eingerichtet worden war. Kaum waren mein Bruder und ich wieder zu Hause, haben wir auch unsere selbst geschnitzten Holzgewehre vernichtet. Mit dem Kriegsende hatte auch das Soldatspielen für uns Kinder ein Ende.«

Hellmut Rucks, Jg. 1932, damals Süderbrarup,
Schleswig-Holstein

»Im Herbst bzw. Frühwinter 1945 wurde unser Ort von polnischen Soldaten besetzt. Ich habe als damals 13-Jähriger ihren Hass zu spüren bekommen. Vier angetrunkene Polen packten mich und verlangten von mir, mich als deutsches Schwein zu bezeichnen und ihnen die Schuhe zu küssen. Ich verstand überhaupt nicht, was man von mir wollte, und schüttelte den Kopf. Einer der noch jungen Soldaten wurde deshalb äußerst wütend. Er schlug mich zu Boden. Mit Fußtritten wurde ich danach in die dreckige Straßengosse befördert. Einige Wochen später wurde ein polnischer Soldat mit seiner gerade angetrauten Frau bei uns eingewiesen. Durch diese Begegnung lernte ich, dass meine Vorbehalte allen Polen gegenüber vollkommen unbegründet waren. Viele Stunden, ja sogar Tage habe ich während der nächsten Monate mit ihnen verbracht. Täglich stellte Boleslav sein Kantinenessen bei uns auf den Küchentisch. Gemeinsam aßen wir unser Mittagessen und Abendbrot.«

Heinz Groothues, Jg. 1932, damals Schüttorf/Niedersachsen

»Die Kasernen aus der Nazizeit am Stadtrand wurden nun von der U.S. Army belegt. Kinos wurden eingerichtet, Offiziersklubs, Mannschaftsräume, Speisesäle, Sportplätze, Golfplätze. Ganz neue, für uns ungewohnte sportliche Betätigungen: Football, Baseball, Sportarten mit unverständlichen Regeln. Und wenn sie ihre Spiele austrugen, waren sie sehr laut – in einer Sprache, die wir nicht verstanden: kräftige, peitschende, heulende Laute. Pfiffe, vitales Lachen, die Münder kauend bewegt. Junge Gesichter, kräftige, gut genährte Gestalten, feste Hintern, Schenkel, federnder Gang, selbstbewusste, raumgreifende Bewegungen. Das waren Inseln inmitten von Trümmern, von Hunger, von Mief: Hier roch man feinen Zigarettenrauch, den anregenden Duft von Bohnenkaffee, das üppige Essen auf Blechtellern.

Ausgerüstet mit einer leeren, geräumigen und hohen amerikanischen Konservenbüchse, an der ein Henkel aus gummiisoliertem Draht befestigt war, trieb ich mich ›bei den Amis‹ herum, um etwas von deren Überschüssen abzubekommen. Außerdem hatte ich stets eine alte Tabaksdose aus Blech bei mir, um sie mit den Tabakresten amerikanischer Kippen, die ich sorgfältig aus ihrer Papierhülle befreite, zu füllen. Wir Kinder lauerten darauf, dass ein Zigaretten rauchender Ami seine – meist große – Zigarettenkippe wegwarf, um uns dann wie Hühner beim Füttern auf diese Kostbarkeiten zu stürzen.

Manche GIs banden ungerauchte Zigaretten an Bindfäden, um sie, wenn sich ein vorbeigehender Deutscher danach bückte, vor dem Verblüfften wegzuziehen, aber uns Kinder behandelten sie nie so demütigend. Einmal stand ich mit meiner leeren amerikanischen Konservenbüchse vor dem Bahnhofswartesaal, in dem die GIs ihr Abendessen einnahmen. Da senkte sich plötzlich eine riesige Gestalt, ein freundliches, wohlgenährtes schwarzes Gesicht, über den kleinen Bettler und füllte die Büchse randvoll mit Essen. Kartoffelpüree und drei oder vier Fleischklöße. Davon konnte eine ganze Familie satt werden!

Wir drei Kinder beschafften uns jeweils einen Ami, der uns einmal in der Woche seine Wäsche mitgab, die unsere Mutter dann wusch. Waschmittel lieferten die Amis gleich mit, da die deutschen von schlechter Qualität waren: ein graues, aus Tierknochen hergestelltes Pulver, das kaum schäumte und nach Armseligkeit, Trostlosigkeit, Mangel und Not miefte. Wie duftete da das amerikanische Waschpulver, wie rochen ihre pinkfarbenen, olivgrünen Seifenstücke. Man war versucht, sie aufzuessen.

Bald hatten die Amis ein Herz für uns hungernde Kinder: Es gab die sogenannte Schulspeisung. Da schleppte in der großen Pause die Hausmeisterin einen mit Brei oder Suppe randvoll gefüllten Armeekübel hinein. Mit einem großen Schöpflöffel knallte sie die Essensrationen in die Schüsseln und Töpfe, die wir Kinder, in einer langen Reihe vorbeidefilierend, mitgebracht hatten. Diese Schulspeisung bestand meist aus kohlenhydratreicher Kost wie Bohnen, Nudeln, die süßlich schmeckten, oder Milchbrei, in dem dicke Rosinen schwammen. Zu Weihnachten gab es sogar Schokolade oder andere Süßigkeiten aus dem Schlaraffenland Amerika.«

Peter Roscher, Jg. 1939, damals Fürth

»Wenn aus dem schwarzen Volksempfänger zu hören war, dass ›die Engländer kommen‹, konnte ich manchmal kleine silberne

›Etwas‹ am Himmel fliegen sehen. Bald verschwanden die Engländer vom Himmel, die Bombennächte waren vorbei, und ich lernte meinen aus dem Krieg zurückgekehrten Vater kennen.

An der Fensterbank spielend sah ich, wie ein ungewöhnliches Militärauto vor der Panzersperre anhielt. Ein Mann in einer merkwürdigen Uniform stieg aus. Mein Vater sagte: ›Das ist ein englischer Offizier‹. So eine Überraschung – der Mann hatte Beine und konnte gehen. Ich hatte gedacht, dass Engländer fliegen.

Am nächsten Tag ging der englische Offizier zu unserer Haustür und stieg die Treppen bis zum 4. Stock. Das musste ich erforschen. Als das Auto wieder kam, spielte ich vorm Haus, löste meine Schuhbänder und tat als wäre es schwierig, sie zuzubinden.

Der Engländer fragte, ob ich wohl Hilfe brauchte. ›Ja bitte‹ und ich streckte ihm meine Beine entgegen. Auf seine Frage, ob ich ein Stück Schokolade haben möchte, antwortete ich entschieden: ›Nein, ich darf nicht betteln‹. Er fragte nach meinem Namen und wo ich wohne. ›Ich lege dir etwas auf die Treppe und das bringst du dann zu deiner Mutter‹. Zuerst war es Schokolade, dann weitere Essensgeschenke. Schließlich klingelte der Engländer an unserer Wohnungstür. Er hatte unser Klavier gehört und fragte, ob er vielleicht spielen dürfte.

Er kam öfter zum Klavierspielen und es ergab sich in Gesprächen, dass er Professor für deutsche Sprache und Literatur an der Universität Cambridge war, bevor er eingezogen wurde. Ein großer Teil seiner Familie war durch deutsche Bomben auf Coventry umgekommen.

Die junge Frau in der Wohnung über uns war eine von Himmlers Sekretärinnen gewesen. ›Ein Verhör‹ sagten die Erwachsenen. Die beiden heirateten. Jahre später, anlässlich eines Besuchs mit ihren beiden jungen Kindern, erklärte der Engländer: ›Das Kind hatte nichts mit dem Krieg zu tun. Es erlaubte mir, die Deutschen nicht zu hassen und meine Arbeit als Professor für Deutsche Sprache und Literatur wieder aufzunehmen.‹«

Anke Goetz, Jg. 1940, damals Hamburg

»Gegen meinen späteren Spruch, dass sie mich als Kind zum Betteln geschickt habe, hat sich meine Mutter immer empört gewehrt. Und mein Vater hat abgestritten, mich mit seiner Erfindung vor das Eingangstor des Schlossgeländes geschickt zu haben. Er hatte an so einer Art Wanderstock unten einen langen Nagel eingeschlagen, der etwa drei Zentimeter herausragte. ›Damit‹, so sagte er, ›kannst du unauffällig die Zigarettenkippen aufsammeln, die die Belgier vor dem Betreten der Kaserne wegwerfen. Aber nimm nur die etwas längeren Stummel. Als deutscher Offizier kann ich schließlich nicht selber bei den Besatzern Kippen sammeln gehn!‹ Abends schnitt er mit der Schere das schwarze Ende ab, zerbröselte den Rest und machte mithilfe von Gizeh-Blättchen neue Zigaretten daraus.«

Werner Doyé, Jg. 1942, damals Bensberg

»Im hinteren Schlossflügel müssen algerische Soldaten stationiert gewesen sein. Ich erinnere mich lebhaft daran, wie beeindruckt ich war, wenn ich am Abend, nach Einbruch der Dunkelheit, im Schlosshof Lagerfeuer erblickte und erlebte, wie die dunkelhäutigen Algerier zum Klang von dumpfen Trommelwirbeln ihr Fleisch am Feuer brieten. Ich habe dort zum ersten Mal in meinem Leben Lämmer am Spieß gesehen.«

Barbara Sieghart-Mothes, Jg. 1936,
damals Kirchheim-Bolanden

»Im Kurort Hahnenklee hatten sich die Engländer gut eingerichtet und genossen die Achtung der Bewohner des Ortes. Wöchentlich veranstalteten sie an einem bestimmten Tag im Kursaal einen Tanztee, zu dem eine kleine Militärband auf der Bühne die damals gängigen Tänze spielte. An gedeckten Tischen saßen überwiegend deutsche Gäste, tranken feinen Tee und genossen lange nicht mehr gesehenes Gebäck. Sie spielten heile Welt.«

Klaus-Jürgen Röricht, Jg. 1931, damals Clausthal-Zellerfeld

»Meine Tante zog sich ihren weißen Arzthelferinnenkittel an und streifte sich eine Armbinde mit rotem Kreuz über. Fortan übernahm sie die Rolle einer ziemlich resoluten ›Frau Doktor‹ und ich die ihres Assistenten. Und das war unsere Rettung, denn die russischen Soldaten waren für die medizinische Hilfe meiner Tante, die es vor allem mit Entlausungen, kleineren Wunden und dem Abhören von Herz und Lunge zu tun hatte, überaus dankbar. Im Gegenzug beließen sie es nicht nur dabei, überschwänglich die Hände meiner Tante zu küssen, sie brachten uns auch Lebensmittel, vor allem Brot und Fleisch. Die Verehrung für die ›Frau Doktor‹ ging so weit, dass eines Tages ein mongolischer Soldat nicht nur mit einer Rinderkeule, sondern gleich einer ganzen Kuh im Schlepptau bei uns im Hinterhof stand. Er bestand darauf, dass das Tier für uns geschlachtet werden sollte, also ging ich mit ihm zu einer Metzgerei im benachbarten Schmargendorf. Dort befahl er dem anwesenden Metzger, umgehend mitzukommen und die Kuh zu töten und fachgerecht zu zerteilen. Und so geschah es.«

Johannes Waberski, Jg. 1931, damals Berlin

»Einer dieser US-Soldaten, ein Offizier, freundete sich mit unserer Nachbarin an, deren Mann schon in den ersten Kriegstagen im Polenfeldzug gefallen war. Eines Tages durfte ich in die Wohnung der Nachbarin, wo mir der Offizier ein Foto von sich zeigte. In Indianeruniform! Mit einem riesigen Kopfschmuck aus Federn. Er war ein wirklicher Sioux-Häuptling! Ich konnte mein Glück gar nicht fassen. Leider verschwand er eines Tages spurlos, wie die meisten anderen, die sich hier in eine deutsche Frau verliebt hatten.«

Klaus D. Schwantes, Jg. 1935, damals Bad Mergentheim

»Unser Dorf lag in der amerikanischen Besatzungszone. Auf der anderen Seite des Flusses waren die Russen. Die kamen ab und zu mit Pferden durch die Elbe geritten, machten einen Mordsheckmeck und schnappten sich alles, was sie in die Finger kriegen konnten. Meine Oma hatte von ihrem Mann kurz vor seinem Tod noch eine Flasche ›Uralt Lavendel‹ geschenkt bekommen, ein Parfum. Das hütete sie seit über zehn Jahren wie einen Schatz. Eines Tages kamen mal wieder die Russen auf den Hof, stellten alles auf den Kopf und fanden die Flasche, die Oma in der Unterwäsche versteckt hatte. Einer rief: ›Aaaah, Wodka, Wodka‹, und schon ging's los. Sie wollten die Flasche aufschrauben, aber es gab ja keinen Schraubverschluss. Dann ging einer von ihnen zur Fensterbank und schlug kurzerhand den Hals ab. ›Gluck, gluck, gluck‹ – im Nu war das ganze ›Uralt Lavendel‹ weg. Ob dem Mann das bekommen ist, haben wir nie erfahren. Oma war jedenfalls sehr betrübt.«

Lars-Willi Beier, Jg. 1936, damals Pollitz bei Wittenberge

»1947 hörte ich zum ersten Mal Jazzmusik im britischen Soldatensender BFN. Die Sendungen hießen ›Canteen Break‹ und ›1700 Club‹. Ich war begeistert, und diese Begeisterung ist mir bis heute geblieben.«

Dieter Curths, Jg. 1937, damals Hamburg

# Wie gewinnt man die deutschen Seelen?

*Anfangs kontrollierten die Besatzungsmächte sogar
die Theater. Das sollte die Deutschen von Rückfällen
in den Nazismus abhalten. Bald aber konkurrierten
vor allem Amerikaner und Sowjets um die Sympathien
der Besiegten.*

Von Uwe Klußmann

Als der Krieg zu Ende war, meldete sich der Münchner
Rundfunk erstmals am 12. Mai 1945 wieder, mit unge-
wohnten Tönen: »Hier ist Radio München, ein Sender der
Militärregierung!« 13 Tage zuvor war die US-Armee in
München eingerückt. Der »Reichssender München«, der
bis Ende April Nazi-Durchhalteparolen gesendet hatte,
war verstummt.

Nun sprachen in der »Hauptstadt der Bewegung«, wie
die Nazis München genannt hatten, im Rundfunk Menschen, die Hitler eben noch hatte vernichten wollen: antifaschistische Emigranten, auch aus jüdischen Familien.

Das Radio wurde in der neuen Zeit zur wichtigsten
Informationsquelle. Es war ein zentrales Instrument der
Neuorientierung: Die Deutschen sollten für Politik und
Kultur der Amerikaner gewonnen, ein Rückfall in nati-

onalsozialistisches Denken oder gar Tun verhindert werden. Nicht nur die Amerikaner, alle Alliierten verstanden sich als Geburtshelfer einer neuen Kultur, einer neuen Politik und eines neuen Selbstverständnisses der Deutschen. Doch dabei verfolgten sie unterschiedliche Methoden und Ziele. Das wird deutlich, wenn man die Politik der Amerikaner beispielsweise in Bayern und jene der Sowjets miteinander vergleicht.

Die Amerikaner setzten auf eine neue Normalität. Das Programm von Radio München war dementsprechend bunt und breit gefächert. Der von den Amerikanern eingesetzte Oberbürgermeister Karl Scharnagl, ein von den Nazis 1933 zum Rücktritt gedrängter Konservativer, nahm regelmäßig zu Problemen in der Stadt Stellung. Der Sender übertrug katholische Morgenfeiern und im Juli 1945 das erste Nachkriegskonzert der Münchner Philharmoniker. Und er berichtete vom wieder erwachten Kulturleben der Stadt. Im September 1945 eröffneten die Kammerspiele im Schauspielhaus mit einer harmlosen Komödie, genehmigt von US-Theateroffizieren. Außen vor dagegen blieben klassische Stücke, die Widerstand gegen eine Besatzungsmacht rühmten, darunter Goethes »Egmont« und Schillers »Wilhelm Tell«.

Doch bei aller Bürgerlichkeit an der Oberfläche: Der Rundfunk wurde streng überwacht von der Information Control Division der amerikanischen Militärregierung. Die amerikanische Besatzungsmacht folgte dabei zunächst einer Direktive vom Mai 1945. Diese bezeichnete Deutschland als »besiegten Feindstaat«. Und sie verfügte, es gelte, Deutschland »daran zu hindern, je wieder eine Bedrohung des Weltfriedens zu werden«.

Da der neue Radiosender möglichst unbelastet in die neue Zeit starten sollte, entließen die Amerikaner bis auf eine Sekretärin und einige Techniker bis Ende Juni 1945 alle Mitarbeiter des früheren Reichssenders München. Sicherheitshalber sollten auch bis 1947 keine Kompositionen Richard Wagners gesendet werden, weil sie als politisch verdächtig galten. Sogar Münchens Stadtoberhaupt Scharnagl musste die Manuskripte für seine Auftritte einem Kontrolloffizier vorlegen.

Man traute den Deutschen noch nicht – nicht einmal denen, die man selbst eingesetzt hatte. Deshalb galt auch in der Landesverwaltung die Devise eines betreuten Regierens.

Der von den Amerikanern am 28. Mai 1945 berufene bayerische Ministerpräsident Fritz Schäffer geriet bald in Konflikt mit der Besatzungsmacht. Der Katholik, CSU-Mitbegründer und spätere Bundesfinanzminister war Gegner einer radikalen Entnazifizierung. Die Amerikaner setzten ihn deshalb Ende September 1945 ab und ernannten den Sozialdemokraten Wilhelm Hoegner zum neuen Ministerpräsidenten. Nach der ersten freien Landtagswahl im Dezember 1946 verlor Hoegner sein Amt an den CSU-Politiker Hans Ehard, dessen Partei mit 52 Prozent ihren Siegeszug durch Bayern antrat.

Das Thema der Entnazifizierung war ohnehin brisant – und der amerikanische Kurs keineswegs widerspruchsfrei. Die Amerikaner verfügten im Herbst 1945, selbst einfache ehemalige Mitglieder der NSDAP nicht mehr in Schulen, Verwaltung und Justiz zu beschäftigen. Das stellte die Entnazifizierung grundsätzlich infrage. Denn die NSDAP hatte Anfang 1945 rund 8,5 Millionen Mitglieder gezählt. Ex-Nazis waren überall. So kamen Gerichte und Schulen vielerorts praktisch zum Stillstand.

Ehemalige Führungskräfte der Nazis wurden in Internierungslagern inhaftiert, die man in ehemaligen Konzentrationslagern wie dem in Dachau einrichtete. Doch dieser »automatische Arrest« ohne Gerichtsverfahren kollidierte mit dem Demokratisierungsideal der Amerikaner und endete bald.

Für viel Unmut in der Bevölkerung sorgten die 1,39 Millionen Fragebogen zur Entnazifizierung, die Deutsche bis März 1946 in der US-Zone ausfüllen mussten, davon allein 804 563 in Bayern. Die schematischen Fragen nach einer Zugehörigkeit zu nationalsozialistischen Organisationen erlaubten meist keinen Nachweis konkreter Schuld, relativ wenige NS-Täter wurden auf diesem Weg überhaupt identifiziert.

Um den Deutschen ihre Schuld deutlich zu machen, verpflichtete man viele ab Oktober 1945 in der amerikanischen Besatzungszone zum Besuch des Films »Die Todesmühlen« über die Konzentrationslager der Nationalsozialisten. Der unter Aufsicht des Regisseurs Billy Wilder hergestellte Film zeigte Todesopfer und verhungernde KZ-Häftlinge, hatte aber nur begrenzte volkspädagogische Wirkung.

Ein Flop war zunächst auch die von Briten und Amerikanern auf Deutsch produzierte Wochenschau »Welt im Film«. Ganz aus der Perspektive der Alliierten entwickelt, ging diese Nachrichtensendung am Lebensgefühl der Deutschen komplett vorbei.

Die meisten Menschen kämpften so sehr mit dem Alltag und dem Überleben, dass sie die Entnazifizierungsbemühungen der Amerikaner nur als zusätzliche Schikane wahrnahmen. Ausdruck der vorherrschenden Stimmung war ein Schreiben des Bischofs von Regensburg vom Juli 1945 an die Militärregierung. Darin legte der Kirchenobere »ein gutes Wort« ein für diejenigen, die »nicht persönliche Schuld auf sich geladen oder durch ihre positive Mitarbeit im Dienst des Nationalsozialismus mitschuldig sind an unserem große Unglück«.

Doch der Entnazifizierungs-Elan der Amerikaner versiegte ohnehin schon 1946: Je mehr die Westalliierten und ihre deutschen Partner die Kommunisten fürchteten, umso milder gingen sie mit ehemaligen Nationalsozialisten um. Nicht zuletzt wegen ihrer Kritik an den westlichen Besatzern und deren Politik gewann die KPD bis 1947 in den drei Westzonen mehr als 320 000 Mitglieder, beunruhigend für die Westalliierten. Die Sympathie für die Kommunisten schwand erst in den folgenden Jahren, als in der DDR stalinistische »Säuberungen« und staatlicher Druck einsetzten und der real existierende deutsche Sozialismus kaum noch attraktiv war.

Im Osten hatten die sowjetischen Besatzer einen weit radikaleren Schnitt mit der Vergangenheit vollzogen. Ziel war es, die Eliten und Führungspersönlichkeiten in Staat und Gesellschaft völlig auszutauschen – um jede Verbindung zum Nationalsozialismus abzuschneiden und ein prosowjetisches System zu etablieren. Die Marschrichtung hatte Marschall Georgij Schukow, der Eroberer Berlins, im Mai 1945 vor Offizieren so formuliert: »Wir haben Berlin erstürmt, doch die Seelen der Deutschen werden wir erst erkämpfen müssen.«

Im Spätsommer 1945 veranlasste die Sowjetische Militäradministration (SMAD) eine »Bodenreform«. Man enteignete allen Großgrundbesitz mit über hundert Hektar entschädigungslos und verteilte das Land an 560 000 Menschen, Landarbeiter, Kleinbauern und Flüchtlinge.

Dabei ging die Reform mancherorts in revolutionäre Gewalt über. Gutshäuser wurden niedergebrannt und abgerissen. Die Besatzer und ihre Helfer vertrieben die Gutsbesitzer, früher meist Monarchisten und Deutschnationale, aus ihren Wohnorten.

Doch es ging nicht nur darum, die alten »reaktionären« Eliten auszuschalten. Die Bodenreform mit ihren scheinbaren Wohltaten für die einfachen Menschen sollte auch »die Massen der KPD näherbringen«, so der Vize der für Mecklenburg zuständigen Militäradministration im Oktober 1945.

Daneben setzten die Sowjets beim Wandel zu einem neuen Deutschland auf die Kulturarbeit. Einer ihrer wichtigsten Helfer war der Sohn eines Richters am Oberlandesgericht München, der Dichter Johannes R. Becher.

Mit dem Segen der SMAD avancierte er im August 1945 zum Präsidenten des »Kulturbundes zur demokratischen

Erneuerung Deutschlands«. Der Verband verstand sich als überparteiliche Bewegung und gab ab September 1945 die Zeitschrift »Aufbau« heraus, deren Chefredakteur Klaus Gysi war, Vater des Linken-Politikers Gregor Gysi.

Im Gebäude des früheren preußischen Finanzministeriums in Berlin richtete die Besatzungsmacht das »Haus der Kultur der Sowjetunion« ein. Mit Tschaikowski-Konzerten, Kunstausstellungen, Theaterabenden, Lesungen klassischer russischer Autoren von Alexander Puschkin bis Leo Tolstoi umwarben die Sowjets das gebildete Bürgertum.

Einen nachhaltigen Eindruck auf viele Leser hinterließen die Übersetzungen sowjetischer Romane wie das Revolutionsepos Nikolai Ostrowskis »Wie der Stahl gehärtet wurde« und Michail Scholochows »Stiller Don«, die nun in Umlauf gebracht wurden. Die Kehrseite dieser Kulturpolitik war eine umfassende Zensur. Schon im August 1945 ließen die Sowjets aus allen Bibliotheken ihrer Zone sämtliche kritischen Publikationen über die Sowjetunion verschwinden.

Anfangs ließ die SMAD deutschen Kulturschaffenden allerdings mehr Raum zur Organisation als die amerikanischen Besatzer. Für das Massenpublikum gab es im Osten ab Februar 1946 die von deutschen Antifaschisten gemachte Wochenschau »Der Augenzeuge«. Die war unideologisch, mit Rubriken wie »Kinder suchen ihre Eltern«. Das Motto des »Augenzeugen« lautete bis zur Gleichschaltung durch die SED 1949: »Sie sehen selbst! Sie hören selbst! Urteilen Sie selbst!«.

Auch die Filmproduktion legten die Sowjets in deutsche Hände. In Potsdam-Babelsberg ließen sie 1946 die Deutsche Film-AG (Defa) gründen. Dort schuf der später in der Bundesrepublik tätige Regisseur Wolfgang Staudte zwei bewegende Filme zur Auseinandersetzung mit der Nazizeit, »Die Mörder sind unter uns« (1946) über einen Kriegsverbrecher und »Rotation«(1949) über einen Arbeiter, der von seinem Sohn an die Gestapo verraten worden war und diesem nach Kriegsende verzeiht.

Auf politischer Ebene sah die SMAD in den deutschen Kommunisten ihre bevorzugten Partner. Sie wurden von den Sowjets schon in den ersten Wochen nach Kriegsende begünstigt, 1946 verschmolzen dann auf sowjetischen Druck hin KPD und SPD zur Sozialistischen Einheitspartei Deutschlands (SED). Die Partei hatte im Herbst 1946 in der Sowjetzone bereits 1,3 Millionen Mitglieder. Sie stand für den Bruch mit den alten Eliten und eine Umgestaltung der sozialen Verhältnisse. Als Lehrer, Polizisten und Verwaltungsmitarbeiter machten jetzt Menschen aus kommunistisch oder sozialdemokratisch geprägten Arbeiterfamilien Karriere – auch mit solchen Aufstiegschancen warben die sowjetischen Besatzer für sich.

Auf dem Land allerdings, etwa in Mecklenburg, führte die Landumverteilung nicht zur erhofften Loyalität der Menschen. Viele der »Neubauern«, die in der Bodenreform Land erhalten hatten, besaßen anfangs kaum mehr als ihre Besitzurkunde. Sie hatten weder Vieh noch Traktoren, konnten mit ihrem Land also nicht viel anfangen. Zur Missstimmung trugen Übergriffe von Sowjetsoldaten auf deutsche Zivilisten bei. So berichtete ein Bevollmächtigter der Landesverwaltung Ende Juli 1945 aus Vorpommern: »Plünderungen und Vergewaltigungen kommen hier alle Tage vor.«

Im November 1948 berichtete der Leiter der SMAD in Thüringen zudem, »bei der deutschen Bevölkerung« rufe »das ›Verschwinden‹ von Menschen aufgrund der Tätigkeit unserer Operativen Sektoren größte Unzufriedenheit hervor«.

Gemeint waren die massenhaften Verhaftungen von Deutschen durch den sowjetischen Geheimdienst. Ihnen fielen auch SED-Funktionäre zum Opfer, darunter Mitarbeiter der Landesverwaltung in Mecklenburg, selbst ein Referent des Ministerpräsidenten.

Insgesamt saßen ab 1945 mehr als 122 000 Deutsche in der Ostzone in sowjetischen »Speziallagern«, die wie die westlichen Internierungslager häufig in ehemaligen Konzentrationslagern wie Buchenwald betrieben wurden. 42 889 der Inhaftierten starben. Nicht nur ehemalige Nazis wurden hier festgehalten, sondern es konnte jeden treffen, der als politisch unliebsam galt. Die Angst, »abgeholt« zu werden, prägte den Alltag und nährte den steten Strom Hunderttausender Flüchtlinge nach Westen.

Das brachiale Vorgehen der Sowjets, auch bei der Blockade Berlins ab Juni 1948 (siehe Seite 276), machte es den Amerikanern leicht, die Vorzüge ihres Systems herauszustellen. Wie alle westlichen Besatzungsmächte ließen auch die Amerikaner in Bayern die politischen Parteien konkurrieren. Zwar setzten auch sie auf loyale und ihnen verbundene Personen. So ernannten sie Hoegner zum bayerischen Ministerpräsidenten, weil er im Schweizer Exil Kontaktmann des amerikanischen Geheimdienstes gewesen war. Doch auch mit dem konservativ-katholischen Milieu und den ländlichen Stammtischen, welche die CSU repräsentierte, konnten die US-Behörden leben. Den Deutschen begann die demokratische Praxis zu gefallen. Das zeigte auch der Volksentscheid vom Dezember 1946, bei dem die Bayern mit 71 Prozent für ihre Verfassung votierten.

Statt auf den anfangs genutzten Holzhammer setzten die US-Strategen mit der Zeit immer stärker auf »Soft Power«, indirekte Werbung für die eigene Sache durch kulturelle und gesellschaftliche Einflüsse. So warben amerikanische Theateroffiziere in München für die Bühnenwerke amerikanischer Autoren. Bald sahen Münchner Zuschauer Stücke des mehrfachen Pulitzerpreisträgers Thornton Wilder, wie sein episches Theater »Unsere kleine Stadt«, das in einer fiktiven Kleinstadt in New Hampshire spielt und den Zuschauer auf das Problem menschlicher Blindheit gegenüber den Möglichkeiten des Lebens stößt.

Wie zugeschnitten auf das deutsche Publikum und in München sehr erfolgreich war auch Wilders Drama »Wir sind noch einmal davongekommen«, eine Allegorie auf den Lebenswillen des Menschen in Katastrophen. Die Erfolge des ehemaligen Luftwaffenoffiziers Wilder auf deutschen Bühnen trugen dazu bei, dass er 1957 den Friedenspreis des deutschen Buchhandels und 1959 die Goethe-Plakette der Stadt Frankfurt am Main erhielt.

Zu einem Kassenschlager in München und anderen westdeutschen Theatern wurde ab 1947 Carl Zuckmayers Drama »Des Teufels General« über den Selbstmord des fiktiven Luftwaffengenerals Harras. Die Mitläufer-Tragödie stand in München mit 157 Aufführungen über zwei Jahre hinweg auf dem Spielplan. Zuckmayer, nach NS-Kriterien »Halbjude«, war 1938 vor den Nazis in die USA geflüchtet. Dort verfasste er für den US-Geheimdienst Office of Strategic Services, den Vorläufer der CIA, Dossiers über in Deutschland verbliebene Kulturschaffende. 1946 kehrte Zuckmayer als US-Bürger und Kulturbeauftragter des amerikanischen Kriegsministeriums nach Europa zurück.

»Des Teufels General« wurde in der Spielzeit 1948/49 in Westdeutschland 2069-mal gespielt. Zuckmayer vermutete später, das Stück habe Erfolg, nicht weil es antifaschistisch sei, sondern weil es einen schneidigen Kriegshelden zeige.

# ZEITZEUGEN

»Mein Vater war aktives Mitglied in der SPD und ist nie davon abgerückt. Er wurde anscheinend über die ganzen Jahre hinweg bespitzelt. Nach dem Krieg hat er im Ausschuss für ›Entnazifizierung‹ aktiv mitgearbeitet. Erzählt hat er davon kaum, ist jedoch manches Mal sehr böse und verbittert heimgekommen, wenn wieder mal einem ›alten Nazi‹ eine ›schöne weiße Weste‹ angepasst wurde.«

Hedwig Bartels, Jg. 1933, damals Heesten/Lippe

»1945 wurde Mutters Cousin von den Franzosen ins Internierungslager bei Bühl gesteckt und wohl 1946 in das hiesige verlegt. Dort musste er das Ergebnis seines Entnazifizierungsverfahrens abwarten, da er ein strammer Nazilehrer und SA-Mann gewesen war. Einmal wöchentlich hatte er mit einer Gruppe Ausgang und konnte uns zum Kaffeetrinken besuchen. Ich kann mich noch erinnern, dass er über die deutsche Niederlage und den ›Zusammenbruch‹ zwar bestürzt war, aber dass er – wie übrigens Mutter und später auch meine Schwiegermutter – das immer üblicher werdende Argument im Munde führte, dass bei Hitler nicht alles schlecht gewesen sei. Diese Denkfiguren, besonders das Wort vom ›Zusammenbruch‹ anstatt von der vollständigen und selbst verschuldeten deutschen Niederlage und Niederringung der Nazis durch die Alliierten, wurden damals mehr und mehr zum Selbstschutz benutzt, da Zug um Zug die Gräueltaten und Verbrechen der Nazis publik wurden.«

Volker Morstadt, Jg. 1936, damals Freiburg

# »Ich tanzte auf Hitlers Asche«

*Er wurde vom Verfolgten zum Häscher:*
*Der jüdische Hamburger Kurt Teil floh vor den Nazis*
*aus Deutschland, dann kämpfte er als Amerikaner*
*gegen Hitlers Schergen. Nun ist er mit 95 in seine*
*alte Wohnung zurückgekehrt.*

Von Katja Iken

Ein sanfter Druck mit dem Zeigefinger – und schon springt der Metallhaken der cremefarbenen Schiebetür raus. Klack-klack-klack. Immer wieder löst Kurt Teil an diesem Nachmittag den Mechanismus aus. Es ist das Spiel, das er als Kind so gern gespielt hat. Genau hier, an dieser Tür.

Dann tippelt der weißhaarige Mann den Flur entlang, betritt einen mit Spielzeug übersäten Raum. »Und hier bin ich geboren«, ruft er aufgeregt. 95 Jahre ist das jetzt her. Kurt Teil strahlt. Er steht im einstigen Schlafzimmer seiner Eltern, die rechte Hand auf einen Stock gestützt.

Hier, in dieser Wohnung in Hamburg-Eppendorf, verbrachte er Kindheit und Jugend. Bis ihn die Nationalsozialisten zur Flucht zwangen. Als das Taxi schon längst da war, an jenem Sommertag 1939, rannte der damals

15-Jährige noch mal zur Türschwelle zurück und leistete einen Schwur: »Ich komme wieder, mich könnt ihr nicht vertreiben. Ich habe nichts getan, es ist ungerecht, dass ich wegmuss.«

Diesen Schwur löste Kurt Teil zu Kriegsende ein. Nicht als hasserfüllter Racheengel kehrte er zurück, sondern um Deutschland von den Nazis zu befreien: Ab Januar 1945 bombardierte er als US-Soldat deutsche Städte – ab November fahndete er im Trümmerland nach Kriegsverbrechern.

Dies ist die außergewöhnliche Geschichte eines Mannes zwischen den Fronten. Der vom Gejagten zum Jäger wurde. Und sein Leben riskiert hat für das, was ihm das höchste Gut ist: Gerechtigkeit.

Der 95-Jährige lebt in einer Seniorenresidenz in Karlsruhe, seine Ehefrau Jolanda ist dort in der Demenz-Abteilung untergebracht. Weil sie nicht mitkommen konnte auf die Reise in die Hamburger Vergangenheit, begleiten ihn die Kinder Gitta und Peter. Enkel Michael ist mit dem Nachtbus aus Paris angereist, er wollte dabei sein, wenn der Großvater seine Geburtsstätte betritt: eine 180-Quadratmeter-Wohnung im dritten Stock eines sanierten Altbaus.

Um Punkt 16 Uhr klingelt der alte Mann an der kreisrunden Messingklingel, seiner alten Klingel. Die aktuellen Wohnungsbesitzer empfangen Teil mit Kaffee und Kuchen, überglücklich streift er durch die Räume seiner Kindheit. Der kranzförmige Blätterstuck an der Decke, das geriffelte Milchglas in den Türen: Vieles ist noch genauso wie damals, als die Familie hier einzog.

Als sie noch Teitelbaum hieß, »Dattelbaum« heißt das im Deutschen. Vater Hermann war bei der Warburg Bank angestellt, was der Familie materiellen Wohlstand bescherte, sie aber nicht vor Schikane schützte.

1936 musste Kurt auf Geheiß der Nazis auf die jüdische Talmud-Tora-Schule wechseln. Lief er sonntags mit Ranzen durch Hamburg, bespuckten andere Kinder ihn, den »Judenbengel«, warfen mit Steinen. Zweimal marschierte ein SA-Trupp durch die Nachbarstraße und grölte: »Wenn's Judenblut vom Messer spritzt, dann geht's noch mal so gut«.

Kurt ballte die Fäuste und versteckte sich. Trotzdem reckte auch er die Hand zum Hitlergruß, wann immer er musste. »Es ging darum, nicht aufzufallen«, sagt Teil.

Wochenlang fiel die Schule aus, als seine Lehrer nach der Reichspogromnacht 1938 ins KZ geworfen wurden. Kahl rasiert und abgemagert kehrten die Männer zurück. 90 Tage hatten sie, um das Land zu verlassen. Genauso viel Zeit blieb Hermann Teitelbaum: Die Gestapo verdächtigte ihn des Devisenschmuggels, stellte die Wohnung auf den Kopf, drohte mit Inhaftierung. Der Banker ließ sich das Ultimatum schriftlich geben und stellte einen Asylantrag in England.

Sohn Kurt und die zwei Jahre ältere Schwester Lotte folgten 1939 per Kindertransport. In Glasgow nahmen sie im Sommer darauf ein Schiff Richtung New York, es fuhr im Zickzackkurs, weil deutsche U-Boote im Meer lauerten. Das Schwesterschiff war im Juni 1940 versenkt worden, Tausende Menschen ertranken.

Erst im Dezember 1941 gelang es auch Mutter Ilse, das begehrte USA-Visum zu ergattern. Tausende andere verfolgte Juden, unter ihnen die Familie von Anne Frank, hatten weniger Glück – sie baten vergebens um Asyl.

Da die Eltern kaum Englisch sprachen, mussten die Kinder die Familie ernähren: Kurt begann in Pittsburgh, Pennsylvania, als Schuhputzer und Autowäscher. Nach der Arbeit besuchte er die Abendschule, um sein Highschool-Diplom zu machen. Die Familie nannte sich in »Teil« um, der amerikanischen Faschisten wegen.

»Hass gibt es überall«, sagt der alte Mann. 1942 meldete er sich freiwillig zur Armee, nach seiner Einbürgerung ließ er sich bei den US Army Air Forces zum Bordschützen ausbilden. Ein Foto zeigt Kurt Teil, wie er an einer Geschützkugel hängt, breit lächelnd, trotz der lebensgefährlichen Mission: Von den Soldaten der 8. US-Luftflotte, der auch Kurt Teil angehörte, starben mehr als 43 000 Mann.

Seine ersten Einsätze flog der junge Teil ab Januar 1945. Die robusten Boeing B-17-Bomber, »fliegende Festungen« genannt, starteten in England. Seine Crew bombardierte Städte wie Essen, Berlin, Kassel – und auch Karlsruhe, die Heimat seiner späteren Ehefrau. »Ein Glück, dass Hamburg nicht dabei war«, sagt er.

Die Häuser und Kirchtürme, sie wirkten aus 4000 Meter Höhe wie Spielzeug. Abstrakt, ohne Bezug zu ihm, dem emigrierten Deutschen. »Wir wollten Hitler rausschmeißen«, begründet Kurt Teil die Luftangriffe. Nach dem gescheiterten Stauffenberg-Attentat 1944 sei klar gewesen: Die Deutschen schaffen es nicht aus eigener Kraft, sich vom »Gröfaz« zu befreien.

Hitlers Schreckensherrschaft endete erst, als Deutschland völlig in Trümmern lag. Schockiert lief Kurt Teil nach der Kapitulation durch das zerstörte Berlin, wo er im Hauptquartier der 8. US-Luftflotte als Übersetzer arbeitete. Mit dem Fotoapparat dokumentierte er das Ausmaß der Zerstörung, inszenierte den eigenen Triumph: Der 22-jährige Soldat kletterte auf den Balkon der Reichskanzlei, posierte mit ausgestrecktem Arm. Und ließ sich genau dort ablichten, wo am 30. April die Leichen des Ehepaars Hitler mit Benzin übergossen und verbrannt worden waren. »Ich tanzte auf Hitlers Asche«, erzählt er.

Große Genugtuung habe ihn damals erfüllt. Und dieser Gedanke: »Ich bin wieder da. Ihr habt mich nicht umgebracht. Ich habe gewonnen – nicht ihr!« Für den Bruchteil einer Sekunde verzieht sich das Gesicht des alten Mannes. Seine Generation hat nie gelernt, über Emotionen zu sprechen.

Feucht werden seine Augen nur dann, wenn er über das Schicksal anderer spricht. Die Tante, die im KZ Theresienstadt landete. Eine zweite, die sich und ihre Familie in Amsterdam selbst vergaste, um den Nazis zuvorzukommen. Oder Olga Gerron, die Frau des jüdischen Regisseurs und Schauspielers Kurt Gerron: eine gute Freundin seiner Mutter.

Kurt Teil schwärmt von der hübschen Frau, die stets mit einer Limousine vorgefahren sei. Olga Gerron sah er zuletzt in einer Dokumentation über den perfiden NS-

Propagandastreifen »Theresienstadt«. Gerron musste das KZ 1944 per Filmkamera zum Freizeitidyll verklären. Danach wurde das Ehepaar in Auschwitz ermordet.

Im November 1945 fing Kurt Teil als Zivilfahnder im Hauptquartier der amerikanischen »War Crimes Branch« in Wiesbaden an. Seine Aufgabe war es, für die US-Militärjustiz jene Gestapo- oder SS-Männer aufzuspüren, die kriegsgefangene US-Flieger ermordet hatten. Ein Kriegsverbrechen, das laut Historiker Georg Hoffmann europaweit bis zu 1000 alliierte Todesopfer gefordert hatte.

Der einst Verfolgte nahm die Verfolgung auf – zwei Jahre lang, per Jeep und C-47-Transportflugzeug, jagte er den flüchtigen Nazis hinterher. Sein Nickerchen machte er am liebsten auf einem hellgrauen blumenbestickten Sofasessel: Kurt Teils Mitbewohner hatte das Möbelstück aus Hitlers Privatdomizil in München mitgehen lassen. »Es klebte noch Pomade am Kopfteil«, erzählt der betagte Mann und grinst.

Sein erster Fall: ein SS-Verbrecher namens Arthur Führ. Im Auftrag der Gestapo Wiesbaden hatte der etwa US-Sergeant Robert W. Garrison ermordet. Führ hatte den amerikanischen Kriegsgefangenen in den Wald gefahren, ihn dort an einen Baum pinkeln lassen und ihn von hinten erschossen.

Als Kurt Teil den Mörder gefunden hatte, ließ er ihm und seiner Ehefrau zwei Stunden Zeit, um im Schlafzimmer Abschied zu nehmen. »You must treat them decently«, verfällt er ins Englische: Trotz allem pochte der Fahnder darauf, die Mörder anständig zu behandeln. Vor dem Galgen spendierte er ihnen ein Essen in der Offizierskantine – die Ermittler-Kollegen belächelten ihn dafür. Am 22. Oktober 1948 wurde Arthur Führ in Dachau gehängt.

Alles, was Kurt Teil über Detektivarbeit wusste, hatte er sich in Krimis angelesen. Und doch gelang es ihm, zwei Dutzend deutsche Kriegsverbrecher dingfest zu machen. Oft spielte er die Ehefrauen und Sekretärinnen der Männer gegeneinander aus – die Enttäuschten knackte er mit der schlichten Frage: »Warum schützt du den, wenn er doch eine andere liebt?«

Andere Frauen musste der Ermittler erst einsperren, bevor sie den Aufenthaltsort des Gesuchten preisgaben. Im Fall des (unter falschem Namen untergetauchten) SS-Hauptsturmführers Anton Wrede griff er zu einer speziellen List. Kurt Teil gaukelte dessen Ehefrau vor, Wrede hätte von einem verstorbenen Bruder 5000 Dollar geerbt. Er müsse sich nur melden, um seinen Scheck einzulösen.

Doch die Frau schwieg, ebenso die Geliebte. Erst eine Hausdurchsuchung brachte die Wende: Kurt Teil fand die Postkarte eines Mannes, der um die Zusendung eines Koffers bat. Sie führte ihn zu einer Mühle im Schwarzwald: SS-Hauptsturmführer Wrede hatte dort als Wanderarbeiter angeheuert – hinter Mehlsäcken verschanzte er sich vor der eigenen Schuld.

Die Amerikaner verurteilten Wrede für dessen Beteiligung an der Erschießung alliierter Flieger zu sechs Jahren Haft. Für andere Verbrechen, etwa Wredes Mitschuld am Massaker an 87 Gestapo-Häftlingen bei Hirzenhain kurz vor Kriegsende, wurde der SS-Mann nie belangt. »Man ließ die Großen laufen und hängte die Kleinen«, sagt Kurt Teil.

Einmal, da saß der jüdische Fahnder einem der ganz Großen gegenüber: SS-Gruppenführer Jürgen Stroop. Jener Mann, der 1943 den Aufstand im Warschauer Getto niederschlagen ließ, die Ermordung Tausender Menschen befehligte. Stolz hatte Stroop am 16. Mai seinem Chef telegrafiert: »Das ehemalige jüdische Wohnviertel Warschau besteht nicht mehr.«

Weil auch Stroop in die Fliegermorde verwickelt gewesen war, verurteilten ihn die Amerikaner im März 1947 zum Tode. Zwei Monate später wurde er nach Polen ausgeliefert, wo Stroop hingerichtet wurde. Am Tag vor seiner Übergabe interviewte Kurt Teil den Massenmörder zwei Stunden lang in einer Zelle in Dachau.

»Wieso können Sie so gut Deutsch«, fragte Stroop den jungen Amerikaner. Seine Antwort: »Weil böse Menschen mich rausgeworfen haben.« Im Laufe des Gesprächs stellte sich heraus, dass Stroop und Kurt Teil vor dem Krieg in Hamburg quasi Nachbarn gewesen waren: Jeden Freitag lief der Junge auf dem Weg zur Synagoge an Stroops Haus vorbei.

»Ich bin kein Verbrecher, nehmen Sie den Strick von meinem Hals«, flehte der SS-Kommandant: Er versuchte sich mit der absurden Behauptung zu retten, er sei kein Antisemit – seine Kinder hätten sogar mit jüdischen Kindern auf der Straße spielen dürfen. »Ich konnte meine Wut nicht an ihm auslassen«, sagt Kurt Teil leise.

Nur einmal, da sei der Hass mit ihm durchgegangen. Als er 1946 im Nürnberger Schwurgerichtssaal 600 am

Angeklagten Hermann Göring vorbeilief, brüllte er: »Sie Bastard!« Ein Ordner kam und rief ihn zur Räson.

Energisch hebt der alte Mann den Zeigefinger: Männer wie Göring und Stroop, betont er, repräsentierten nicht das gesamte deutsche Volk. Die meisten seien keine Barbaren gewesen – nur ganz wenige hätten von den NS-Vernichtungslagern gewusst. Den Einspruch seiner Kinder lässt das Familienoberhaupt nicht gelten.

Kurt Teil, der Mann zwischen allen Stühlen, schützt seine einstigen Verfolger vor dem Tätervolk-Vorwurf. Und kritisiert gleichzeitig die Vertreibung von Arabern durch jüdische Siedler nach dem Zweiten Weltkrieg.

Ebenso wenig tolerierte Kurt Teil die Diskriminierung Schwarzer in den USA oder die Folter bei Verhören angeklagter SS-Männer durch die Amerikaner: »Ich konnte keine Menschenrechtsverletzungen in dem Land dulden, in das ich vor dem Nationalsozialismus geflohen war.«

Nach drei Stunden greift Kurt Teil zu seinem Gehstock, blickt ein letztes Mal Richtung Schiebetür. Dann verabschiedet er sich von der Wohnung seiner Kindheit. Unten, vor dem Haus, sind zwei Stolpersteine in den Gehweg eingelassen. Für zwei Hamburgerinnen, deportiert 1942, ermordet in Auschwitz.

Der Besucher kennt die beiden Frauen nicht, sie müssen nach seiner Flucht im Haus gewohnt haben. So eine goldfarbene Messingplatte hätte er auch gern, sagt Kurt Teil. Doch auf Nachfrage habe man ihm mitgeteilt: Die gibt es nur für Holocaust-Opfer. »Dann eben nicht«, sagt der 95-Jährige und lächelt verschmitzt.

# Sie kamen zurück in ein fremdes Land

*Die Soldaten, die aus der Kriegsgefangenschaft nach Hause kamen, waren besiegt, verwundet, traumatisiert. Im Frieden fanden sie sich nur schwer zurecht.*

Von Andreas Unger

»Wir brauchen keinen Soldaten«, sagt Matthias' Schwester zu dem Mann an der Tür. Matthias, fünf Jahre alt, versteckt sich hinter ihr. »Er ist mir unheimlich, wie er so dasteht und versucht, freundlich zu sein, uns beide so anschaut, als würde er uns kennen, als müssten wir ihn kennen«, erinnert sich Matthias Jahrzehnte später.

»Ich will nicht, dass ihr meinetwegen geschimpft kriegt«, sagt der Mann schließlich und wartet vor dem Haus. »Er hat gesagt, er sei unser Vater«, flüstert die Schwester. »Ich will keinen Vater«, sagt Matthias.

Der fremde Mann, sein Vater, war ein »Heimkehrer«, einer der Soldaten, die zum Teil Jahre nach Kriegsende aus der Gefangenschaft in Russland, in Polen oder in deutschen Lagern zurückkehrten. Eigentlich ist »Heimkehrer« das falsche Wort. Denn die Männer, die Krieg und Gefangenschaft überlebt hatten, kamen in ein Land, in dem sie nie zuvor gewesen waren.

Die Straßenzüge, in denen sich ihr Vorkriegsleben ab-
gespielt hatte, ähnelten kaum den Trümmerreihen, durch
die sie jetzt irrten. Eltern, Geschwister, Ehefrauen und
Kameraden waren im Bombenkrieg umgekommen, gefallen, vermisst, Kinder erinnerten sich nicht mehr an ihren
Vater.

Der große Traum von der Heimkehr platzte in dem
Moment, als er in Erfüllung ging.

Sicher, auch die Gefangenschaft war schlimm gewesen.
Hunger, Kälte, Schikanen. Harte Arbeit, dünne Suppe.
Bohrende Langeweile. »Härte zu den Mitgefangenen, Bos-
heit und beißender Spott« seien häufig, so schildert es der
Arzt Helmut Paul 1957 in einem psychiatrischen Hand-
buch. »Schlägereien unter den gewöhnlichen Gefangenen
selbst sind selten und kommen nur bei guter Verpflegung
vor.«

Aber wenigstens hatte die Kriegsgefangenschaft Regeln
gehorcht, und wer sie verstanden hatte, hatte gute Chancen zu überleben. Alte Hierarchien hatten sich nicht voll-
ends aufgelöst, militärische Ränge waren noch von Bedeutung. Weil hohe Militärs bessere Verpflegung erhielten,
beförderten sich einige mittels Urkundenfälschung nach-
träglich selbst. Andere erfanden Heldentaten im Krieg,
um sich zu profilieren. Man brachte sich durch. Zurück in
Deutschland schien das alles nicht mehr zu gelten.

»Ich habe mir das Kriegsende eigentlich immer anders
vorgestellt«, erinnert sich der ehemalige Obergefreite
Josef Sedlmeier aus Pang bei Rosenheim in einem 2013
erschienenen Sammelband über die Erfahrungen Kriegs-

gefangener. »Ich habe davon geträumt, mit Pauken und Trompeten, mit Fahnen und Standarten durch den Veteranenverein, die Freiwillige Feuerwehr und vor allem durch den Jungfernbund mit Küssen und Hochrufen empfangen zu werden – aber es ist ganz anders gekommen. Wie ein Geächteter, ein räudiger Hund, ein Ausgestoßener bin ich heimgekommen – nach 1000 Tagen in russischer Gefangenschaft.«

Die Männer erwartete Bürokratie statt Blütenregen. Ein Russlandheimkehrer aus Stuttgart hat 1948 aufgelistet, welche Stellen er abzuklappern hatte: Außenstelle des Wohnungsamtes, Polizeirevier, Standesamt für den Nachweis der Staatsangehörigkeit, Ernährungsamt, Arbeitsamt, Berufskammer, Technische Werke zwecks Stromzuteilung, Landesversicherungsanstalt, Krankenkasse.

Mit besonderem Mitgefühl durften die Heimkehrer nicht rechnen. Denn erstens hatten sie den Krieg geführt. Zweitens verloren. Drittens überlebt. Es waren Geschlagene darunter, Gedemütigte, Reumütige, Kämpfer, Mörder, Feiglinge, Helden, Deserteure, Ex-Idealisten, Ex-Karrieristen, Ex-Häftlinge. Aus den Versatzstücken ihrer Lebensgeschichte hatten sie sich nun eine Identität zu zimmern – und bitte nach vorn zu schauen.

Kein Wunder, dass das viele überforderte. So wie den ehemaligen SS-Mann Werner F. Er präsentierte sich in aufrechter Haltung und ausgezeichnetem körperlichen Zustand. Sein »intelligenter Gesichtsausdruck« ist bei der Aufnahme in die Psychiatrie Ende 1947 vermerkt. Der Patient macht auf den Arzt zunächst keinen krankhaften

Eindruck. Bis F. erzählt. Von SS-Runen in den Schaufenstern, von den britischen Besatzern, die ihn verfolgen. Vom »Führer«, der noch am Leben sei, und vom gewonnenen Krieg. Seine Bekannten hält er für Spitzel und Spione, die Zeitung, angeblich gespickt mit Anspielungen auf ihn, liest er nicht mehr, das Radio schaltet er ab, er hat das Gefühl, »dass ich selbst gemeint bin«.

Die medizinischen Akten lassen offen, worunter F. stärker leidet: unter seiner Vergangenheit als SS-Mann oder unter der Gegenwart der britischen Besatzung. Ein anderer Patient, Rolf S., sagt dem Arzt, zwei Tage bevor er entlassen wird: »Manchmal ist es, als ob ich in einem anderen Land bin.«

Da hatte er einen hellen Moment, denn es stimmte: Das »Dritte Reich« gab es nicht mehr, die Bundesrepublik war noch nicht gegründet, die Deutsche Mark noch nicht eingeführt, die Mangelwirtschaft noch nicht vom Wirtschaftswunder abgelöst. Die Historikerin Svenja Goltermann, die psychiatrische Krankenakten ehemaliger Soldaten analysiert hat, spricht von einer »Verwandlungszone«, in der Prägungen des Nationalsozialismus, der Kriegs- und Nachkriegserfahrungen und Zukunftsängste ineinanderflossen und das Hier und Jetzt überlagerten.

Als Josef Sedlmeier nach dreieinhalb Jahren in sowjetischer Gefangenschaft am Münchner Hauptbahnhof auf seinen Anschlusszug wartete, sah er sich Illustrierte an. »Was haben die Menschen hier schon wieder für Sorgen? Man wählt eine Schönheitskönigin für alle nur erdenklichen Anlässe. Es gibt eine ›Miss Bein‹, eine ›Sex-Bombe‹, und die ›Schönste Frau der Welt‹ prangt Beifall heischend von allen Bildern. Schenkel-, Hüft- und Brustumfang sind genauestens angegeben. Wer soll an ihrer Schönheit zweifeln? Von uns Plenni (der russische Ausdruck für ›Kriegsgefangener‹) oder Heimkehrern ist nicht viel zu lesen. Wir hätten höchstens eine ›Miss Kohldampf‹ oder den ›Dürrsten Plenni‹ wählen können.«

Mental waren Krieg und Gefangenschaft noch lange nicht zu Ende. Die Männer hatten getötet oder waren Zeugen davon geworden. Wobei nicht jeder Tote gleich schwer auf dem Gewissen der Soldaten lastete, wie die Geschichte des ehemaligen Fahnenjunkers Ludwig D. zeigt.

Während seiner Nachtwache tauchte ein deutscher Leutnant auf. In der Dunkelheit hielt D. ihn für einen Russen und erschoss ihn. Zwar hatte er auf dem »Russlandfeldzug« sehr wahrscheinlich schon getötet – zum »Mörder« aber, wie er sich selbst nannte, wurde er erst durch die versehentliche Tötung eines Deutschen. Noch Jahre später träumte er davon.

Goltermann hat in Krankenakten etliche ähnliche Berichte gefunden: »Im Hinblick auf den Tod von feindlichen Soldaten stößt man hingegen nur äußerst selten auf ein explizites Schuldgefühl. Ihr Tod erschien als eine logische Folge des Kriegszustands, der vom Soldaten Gehorsam und Pflichtausübung erforderte, in dem darüber hinaus aber auch das Gefühl der eigenen existenziellen Bedrohung das Töten geradezu als einen der Vernunft folgenden Handlungszwang erscheinen ließ.«

Pflicht, Gehorsam, Glaube – damit rechtfertigten sich

viele für ihre Taten. Die Toten der Alliierten wurden mit denen der Deutschen aufgerechnet, als würde ihre Zahl dadurch kleiner. Der Bericht von Sedlmeiers Heimkehr schließt mit den Worten: »Ich möchte allen, die nach mir kommen, vor allem meinen Kindern und Kindeskindern wünschen, dass ihnen all das Leid, der Hunger und die Demütigungen erspart bleiben, die ich und mit mir Millionen Kameraden schuldlos erdulden mussten.«

Schuldlos erduldet, dieses Fazit ziehen viele Heimkehrer – »Viktimisierungsdiskurs« nennen es Zeithistoriker. Andere wagen den Perspektivwechsel, etwa ein niederbayerischer Wehrmachtsangehöriger, der später erzählt: »Ich habe gebetet, dass uns nicht die Russen besetzen. Weil ich weiß, was wir ihnen angetan haben.«

Zu diesem »Wir« ringen sich nur wenige Heimkehrer durch. »Es sieht so aus, als ob sich die Deutschen nun, nachdem man ihnen die Weltherrschaft verwehrt hat, in die Ohnmacht verliebt hätten«, beobachtete Hannah Arendt in ihrem 1950 veröffentlichten »Bericht aus Deutschland«. Sie spricht von einer »tief verwurzelten, hartnäckigen und gelegentlich brutalen Weigerung, sich dem tatsächlich Geschehenen zu stellen und es zu begreifen«.

Die alte Erziehung zur Härte, dazu die Verrohung im Krieg – es war eine brisante Mischung, die die Väter mit sich herumtrugen und in ihre Familien hinein. »Die Frau, die auf die Heimkehr des Mannes gewartet hat, und die Kinder, die selber so oft schon vom Vater in Russland erzählt haben, sind enttäuscht«, schreibt Josef Krahe, Lagerpfarrer im Grenzdurchgangslager Friedland, 1950 in einem Buch über die Rückkehrer. »Und wenn dann noch der Heimkehrer mit der ganzen Belastung der Kriegssitten und der Gefangenschaftsbräuche nicht schnell fertigwird, wenn er viele Kraftausdrücke und derbe Redewendungen nicht so leicht überwinden kann, wenn er nicht nur das Taschentuch, auch manche anderen Dinge noch für Überbleibsel einer verbürgerlichten, längst überholten Welt sieht, die endlich ausgeräumt werden müssen, dann werden diese Schwierigkeiten noch größer und auch bedrohlicher.«

Heide Schön (Name geändert), Tochter eines Spätheimkehrers, erinnert sich in ihrem Tagebuch an den Lottoschein, der ausgefüllt auf dem Küchenschrank lag und den sie nicht zur Annahmestelle gebracht hatte, weil ihr Vater es ihr nicht aufgetragen hatte und sie sich nicht eigenmächtig verhalten wollte. »Ich wurde vertrimmt nach Strich und Faden, weil ich den Schein nicht abgegeben hatte. Das war für ihn, als wenn er sonst gewonnen hätte. Aber er hat gar nicht gewusst, ob er gewonnen hätte. Das war diese ganze Enttäuschung über sein Leben. Er wurde niemals Lottokönig.«

Die Scheidungsraten schnellten in die Höhe: Wurden 1939 im Westen 30 000 Ehen, im Osten 14 000 geschieden, waren es 1948 in den Westzonen 87 000 und 38 000 in der Ostzone. Ein Grund dafür waren die vielen Blitzehen, die oft unmittelbar vor dem Einrücken der Männer überhastet geschlossen wurden. Ein anderer waren die zahlreichen losen Beziehungen der Nachkriegszeit zwischen

Frauen, die kaum Informationen hatten über den Verbleib ihrer Ehemänner, und jenen Männern, die schon wieder im Land waren. Solche Beziehungen wurden »Onkelehen« genannt, weil der neue Partner den Kindern oft als Onkel vorgestellt wurde.

Vielleicht am schwersten aber wog die Entfremdung, die sich zwischen den Eheleuten einstellte, wenn die Männer dann wieder zu Hause waren: Viele Frauen weigerten sich, wieder die anschmiegsame Gattin zu geben, nachdem sie sich und die Kinder jahrelang ohne Ernährer durchgebracht hatten. Und durchaus nicht alle Männer wollten und konnten ein neues Selbstverständnis entwickeln.

Viel Verständnis für ihre seelischen Verletzungen konnten die Heimkehrer nicht erwarten. Die Schlussfolgerung, die der SPIEGEL 1953 in einem Bericht über Strafgefangene in Niedersachsen zog – 41 Prozent von ihnen waren im Herbst 1949 Spätheimkehrer gewesen –, war für ihre Zeit sehr ungewöhnlich: Es handle sich um »keine Verbrecher, sondern Kranke«, hieß es dort.

Die herrschende Lehre nicht nur unter Psychiatern war bis dato eine andere. Der Mensch könne grundsätzlich beinahe grenzenlos viel Grausamkeit durchleben, ohne innerlich bleibenden Schaden zu nehmen, war man überzeugt. Und wenn er doch seelisch leide, so liege das an einer erblichen Vorbelastung. Psychische Schäden wurden als Begleitsymptome körperlicher Gebrechen interpretiert, vor allem als Folgen von Unter- und Fehlernährung.

Der Leiter der Psychiatrischen Universitätsklinik Tübingen, Robert Gaupp, schrieb 1940, es gebe »keine spezifischen Kriegsneurosen und Kriegspsychosen, aber psychopathisch veranlagte, namentlich ängstliche und gemütsweiche Naturen, die dem Ansturm der Schrecken und Gräuel des modernen Krieges häufig erliegen«. Diejenigen, denen die »biologische Gesundheit« fehle, vor allem Wille und Verstand, flüchteten sich instinktiv in die »befreiende Krankheit«.

Wo aber keine rein körperlichen Leiden diagnostiziert wurden, sahen die Rentenkassen keinen Anspruch auf Kriegsrente gegeben.

Traumatisierte Heimkehrer galten als Drückeberger oder Weicheier. Oder, nicht viel besser: Sie fühlten sich durch Schonung erniedrigt. Eltern und Schwester seien zwar rücksichtsvoll, so beschrieb es Helmut G., 20 Jahre alt, der mit einem Granatsplitter im rechten Oberschenkel nach Hause kam. Aber er werde nicht für voll genommen. Auch seine Geschichte hat die Historikerin Svenja Goltermann in ihrem Buch »Die Gesellschaft der Überlebenden« beschrieben. Darin analysiert sie, wie die Erfahrungen der Heimkehrer verschwiegen und verdrängt werden und so umso stärker gären. Helmut G. beweifelte, dass seine Familie ihn noch als »vollwertigen Menschen« ansehe. Er werde »wie ein kleiner kranker Junge« behandelt. Auf dem Hof konnte er nicht mehr hinlangen wie früher, und auf dem Tanzboden brauchte er sich als Versehrter auch nicht mehr blicken zu lassen.

Der Soldat, der Matthias' Vater ist, wartet draußen vor der Tür, bis die Mutter heimkommt. Abends schließlich sitzen alle zu Tisch, so hat es Lange später unter anderem Namen in einem Erinnerungsband aufgeschrieben. Der Vater holt Brot, Käse und Wurst aus seinem Rucksack. Er will seinem ältesten Sohn Andreas, zwölf Jahre alt, das Messer aus der Hand nehmen. »Lass ihn das Brot schneiden«, sagt die Mutter zum Vater, »er schneidet bei uns immer das Brot und teilt es aus. Er hat dich in der Not würdig vertreten.« Der Vater lässt ihn gewähren.

Matthias isst an diesem Abend so viel, dass er sich nachts übergibt. »Weil es zu gut war«, sagt die Mutter. »Es war nicht gut, weil es von dem fremden Mann war«, sagt Matthias.

## Wie viele Kriegsgefangene gab es?

Von rund 100 Millionen Soldaten gerieten im Zweiten Weltkrieg etwa 35 Millionen in Gefangenschaft – davon mehr als elf Millionen Deutsche. Im Herbst und Winter 1945 war mit 8,7 Millionen der Höchststand erreicht. 3,7 Millionen waren unter amerikanischer, 2,3 Millionen unter britischer, 450 000 unter französischer und 2,3 Millionen unter sowjetischer Herrschaft. Lager gab es in 20 Nationen, darunter auch Kanada, Norwegen, Südafrika, Jamaika, Australien und in den meisten Ländern Europas. Die letzten Soldaten aus westlicher Gefangenschaft kehrten 1948 zurück. Die Sowjetunion entließ 1949 etwa eine halbe Million Gefangene, doch auch nach 1950 blieben 28 711 Männer in der Sowjetunion. Circa 1,3 Millionen Deutsche galten 1950 als vermisst, im Westen waren es 100 000.

Wie Kriegsgefangene zu behandeln sind, ist in der Haager Landkriegsordnung und dem Genfer Abkommen von 1929 detailliert geregelt. Der »Gewahrsamsstaat« hat für ihren Unterhalt zu sorgen, die Verpflegung muss bestimmten Normen genügen, gesunde Soldaten (aber nicht Offiziere) können zu nicht militärischen und nicht gefährlichen Arbeiten herangezogen werden. Als einziges Siegerland verzichteten die USA darauf, Kriegsgefangene für die Kompensation ihrer Kriegsschäden einzusetzen.

In alliierten Lagern starben zahlreiche Kriegsgefangene. Berüchtigt waren die Zustände in den »Rheinwiesenlagern«, wo in der Obhut der US-Amerikaner 5000 bis 10 000 Deutsche umkamen. Für die Alliierten, die die Versorgung der eigenen Soldaten, der Zivilbevölkerung, der Flüchtlinge, der befreiten KZ-Häftlinge und ehemaligen Zwangsarbeiter organisieren mussten, hatten die Kriegsgefangenen keine Priorität, zumal das »Dritte Reich« seine Kriegsgefangenen oftmals unmenschlich behandelt hatte. Man schätzt, dass während des Zweiten Weltkriegs etwa 3,3 Millionen der sowjetischen Gefangenen (beinahe 60 Prozent) umgekommen sind – ermordet, verhungert oder weil sie nicht medizinisch versorgt wurden.

# ZEITZEUGEN

»Wenn ich berichten sollte, wie es mir in der Gefangenschaft ergangen war, was ich erlebt hatte, fühlte ich mich oft missverstanden. Über Schlimmes, das ich im Krieg oder während der Gefangenschaft miterlebt hatte, mochte ich nicht reden. Da erzählte ich lieber lustige Geschichten, wie die, als man mich im Kolchoselager Adamy beim Kartoffelklauen erwischt hatte, und wie schnell ich damals rennen musste. Doch meine Geschichten wurden nicht als spaßig empfunden, kamen gar nicht so an, wie ich es eigentlich gewollt hatte. So wurde ich immer vorsichtiger mit dem, was ich erzählte, und berichtete von Krieg und Gefangenschaft nur noch ungern. Den wahren Grund hat wohl keiner so recht verstanden.«

**Friedrich Neumann, Jg. 1926,**
**1948 nach Bramsche zurückgekehrt**

»Mit am schlimmsten war die Ungewissheit über das Schicksal unseres Vaters. Zu meinem 13. Geburtstag am 19. Februar 1945 schrieb er mir einen Brief, den ich noch heute besitze, voller Hoffnung, dass wir uns wiedersehen würden. Ich habe in dieser Zeit sehr oft geträumt, dass er zurückgekommen sei. Tatsächlich ist mein Vater im Chaos der letzten Kriegstage verschollen. Alle Nachforschungen sind ergebnislos geblieben. Im Gegensatz zur regulären Wehrmacht gab es für die Volkssturmmänner weder Uniformen noch Erkennungsmarken.«

**Peter Petersen, Jg. 1932, damals Hamburg**

»Auf der anderen Seite des kleinen Waldes sah man immer öfter kleine Gruppen heimkehrender Soldaten. Unsere Mutter schickte uns Mädchen mit Kaffee und Broten an eine Waldstelle, wo sich die Heimkehrer manchmal ausruhten. In einem solchen Moment hieß es plötzlich: ›Vati ist da!‹ Ich bekam das nicht mit. Die Bedeutung dieser Nachricht hatte in mir keinen Platz. Meine älteren Schwestern liefen ohne mich los, ins Haus. Ich blieb bei den Soldaten. Sie waren es, die mich sehr ernsthaft aufforderten, den Geschwistern zu folgen. Wie muss dieser Moment auf die Heimkehrer gewirkt haben, waren sie doch auch auf dem Weg zu ihren Familien. Ich kam nicht mehr rechtzeitig. Mein Vater musste ruhen. Wir lernten uns später kennen. Noch wusste ich gar nicht, wozu man einen Vater braucht.«

Doris Berger, Jg. 1941, damals Schonderfeld, Main-Franken

»Im Herbst 1948 wurde meine Mutter benachrichtigt, dass mein Vater aus sowjetischer Kriegsgefangenschaft entlassen werden sollte und wir ihn aus einem Sammellager des Roten Kreuzes abholen könnten. Ich habe das Datum vergessen, an das Wiedersehen kann ich mich aber erinnern, als sei es gestern gewesen. Mein Vater stand mit anderen in einem Haufen zusammen; ich habe ihn – bilde ich mir ein – als Erster erkannt, obwohl er dürr, ausgemergelt und zerlumpt aussah. Mein Vater wog nur noch 90 Pfund. Er verströmte einen unangenehmen Geruch, weil sich im Lager wohl niemand um die Zähne der Kriegsgefangenen gekümmert hatte. Er lag in den ersten Tagen fast nur auf der Couch in der Wohnküche, wo er den ganzen Tag über schlief und dabei schnarchte und röchelte. Ich habe mich geschämt, dass ich mich vor seinem Geruch geekelt habe, weil ich ja wusste, dass er nichts dafür konnte. Aufgrund seiner Kriegsverletzungen litt er unter permanenten Schmerzen. Er war so sehr mit sich selbst und seinen körperlichen Problemen beschäftigt, dass ich in diesen ersten Wochen keinen Gesprächskontakt zu ihm herstellen konnte. Mich erschreckte, als er einmal sagte: ›Das werde ich denen nie vergessen. Wenn es nächste Woche mit dem Ami gegen den Iwan ginge, ich wäre sofort wieder dabei.‹ Im Laufe der nächsten Monate und Jahre hat sich seine Grundeinstellung wieder normalisiert.«

Horst G. Schäfer, Jg. 1936, damals Eschwege

»Mein Vater blieb vermisst, wir haben nie eine Nachricht über ihn bekommen. Wir mussten ohne ihn aufwachsen. Meine Mutter träumte von ihm: heute Nacht war Hans da! Sie träumte fast jede Nacht von ihm, bis zu ihrem Tod, fünfzig Jahre später. Der Verlust des Vaters war eigentlich das Schlimmste! Aber er war nicht ungewöhnlich. In meiner späteren Klasse waren die Hälfte der Väter im Krieg gefallen. Das war die Normalität.«

Gerhard Kraft, Jg. 1941, damals Dossenheim bei Heidelberg

»Und dann kam mein Vater vom Krieg zurück. Eines Tages stand da ein abgemagerter Mann in der Wohnung, welcher wie ein Fremder wirkte, und meine Mutter sagte: ›Das ist Vati.‹ So, von da an änderte sich alles, jetzt herrschte wieder Zucht und Ordnung für den ›Sohnemann!‹.«

Günter Naumann, Jg. 1934, damals Nürnberg

»In den ersten Jahren nach Kriegsende kamen einige Väter aus der Kriegsgefangenschaft in die Siedlung zurück, mehr oder weniger krank und versehrt. Auch der Vater meines besten Freundes kehrte 1947 heim. Nur meiner blieb verschollen. Welche Vorteile es hatte, einen Vater zu haben, sah ich an meinem Freund. Sein Vater bastelte und baute mit ihm im Keller Seifenkisten, Schlitten, Flugdrachen und dergleichen. Wir erhielten 1948 die Nachricht vom Tod meines Vaters in russischer Kriegsgefangenschaft.«

Jürgen Gill, Jg. 1939, damals Butzbach

»Ich erinnere mich gut daran, dass eines Tages ein Mann mit Hut und Feder darauf bei uns die Treppe raufkam und ich zu meiner Mutter lief und sagte: ›Mama, der Förster kommt.‹ Der fremde Mann war mein Vater, den ich seit etwa vier Jahren nicht mehr gesehen hatte, also nicht erkannte.«

Hedy Denzel, Jg. 1940, damals Freiburg

»Am Morgen des 8. März 1946 erwachte ich durch ein mir bekanntes Husten. Das konnte nur mein Vater sein. Ich rannte ins Wohnzimmer. Tatsächlich, er war endlich wieder zu Hause. Sehr abgemagert und durch seine schwere Verwundung im Gesicht entstellt, aber sonst gesund. Die Narbe an seiner Wange wurde wegen ihres Aussehens von uns liebevoll ›Kaiserbrötchen‹ genannt, aber mein Vater hat sein Leben lang sehr unter dieser Entstellung gelitten. Besonders hat ihn ein Erlebnis getroffen, das er bei seiner Heimkehr hatte. Auf der Straße kamen ihm lachend kleine Kinder entgegen, aber als sie seine Narbe sahen, liefen sie schreiend davon. Das hat er nie vergessen.«

Mann, Jg. 1939, damals Hamburg

»Eines Tages kamen Wahrsagerinnen nach Altenau, denn die Altenauer Frauen erwarteten voller Ungeduld die Rückkehr ihrer Männer und wollten wissen, ob diese überhaupt noch lebten. Die Adressen der Wahrsagerinnen wurden jeweils als Geheimtipp weitergegeben. Unsere Mutti ging nicht hin, denn diese Wahrsagerinnen machten vielen Frauen oft keine Hoffnungen. Eine Nachbarin hatte sich deshalb auf dem Dachboden erhängt. Sie war die Mutter meiner Freundin. Wir standen zusammen am Grab und hielten uns an den Händen.«

Hilde Mück, Jg. 1936, damals in Altenau/Harz

»Mein Vater kam 1948 aus der Kriegsgefangenschaft zurück. Meine Mutter ging mit meiner Oma und meiner Tante zum Bahnhof, um ihn abzuholen. Doch sie verfehlten sich. Mein Vater nahm die Straßenbahn. Ich war allein zu Haus. Irgendwann klingelte es. Ich schaute aus dem Fenster. Unten stand ein Mann. Ich konnte ihn nicht erkennen, es war zu dunkel. Doch ich warf einfach den Schlüssel runter. Ich war ganz sicher, dass das mein Vater ist. Doch er hatte sich sehr verändert, ich hatte ihn drei Jahre lang nicht gesehen. Er trug keine Schuhe, sondern Lumpen an den Füßen, sein Körper war voller Hungerödeme. Meine Mutter hatte extra einen Topfkuchen gebacken.

Mein Vater verschlang ihn im Nu. Ich konnte nicht glauben, dass ein Mensch so schnell so viel essen kann.«

Ingrid Beier, Jg. 1937, damals Magdeburg

# »Aus dem Massengrab auferstanden«

*Wer überlebte, war oft lebenslang traumatisiert.*
*Bernhard Schulz war Soldat der deutschen*
*Wehrmacht – und verfluchte am Ende den Krieg.*
*1946 schrieb er auf, wie das Grauen in Russland*
*ihn innerlich zerriss.*

Von Katja Iken

*»Wenn diese verdammten Idioten nur Schluss machen*
*wollten«, schrieb Bernhard Schulz am 2. April 1945 seiner*
*Gerda. Der Journalist und Schriftsteller (1913–2003) hatte*
*den Krieg mehr als satt, er wollte nach Hause, seine Frau*
*und sein Baby im Arm halten, es sollte in diesen Tagen zur*
*Welt kommen. Schulz geriet in amerikanische Kriegsgefan-*
*genschaft und kehrte erst im Spätsommer 1945 zu seiner*
*Familie zurück.*

*Am eigenen Leib hatte er das Grauen des Zweiten Welt-*
*kriegs in Deutschland, Belgien, Frankreich und Russland er-*
*lebt. Krieg und Naziterror verarbeitete der »dörfliche Böll«*
*(so das »Oberbayerische Volksblatt«) in zahlreichen Roma-*
*nen, Kurzgeschichten und Artikeln. »Bleistiftumriss eines*
*Auferstandenen«: Mit dieser Überschrift versah Schulz den*
*folgenden Text. Er bezieht sich auf den Kampf um die zen-*

*tralrussische Stadt Suchinitschi, die Anfang Oktober 1941*
*von der Wehrmacht besetzt und knapp drei Monte später*
*von der Roten Armee zurückerobert wurde.*

*Der Autor spiegelt auf beklemmende Weise das lange*
*tabuisierte Kriegstrauma der Veteranen wider – die Un-*
*taten der Wehrmacht spart er freilich aus. Schulz hat den*
*Text 1946 verfasst und nie veröffentlicht: Den Verlegern war*
*der »Bleistiftumriss« zu brutal, erzählt sein Sohn, Ansgar*
*Schulz-Mittenzwei. Er hat SPIEGEL ONLINE den Text ge-*
*schickt und auch eine Website für seinen Vater eingerichtet*
*(www.bernhardschulz.de).*


Und er sprach: »Jüngling, ich sage dir, steh auf. « Da richtete sich der Tote auf und fing an zu reden.

Lukas 7,11–16

Ich bin, wenn ich das sagen darf, aus dem Massengrab
auferstanden. Ich bin krank. Ich bin vermutlich eine Zeit-
lang zu schlecht ernährt worden. Was an mir gesund war,
haben die Läuse gefressen. Das Fleckfieber war nicht das
Einzige. Auch das wolhynische Fieber befiel mich. Das tat
mir in den Schienbeinen am meisten weh.

Dann kam Malaria hinzu, in Schirokowka, glaube ich
wohl. Die Leber war geschwollen und die Milz einmal vergrößert. Die Erreger hochzeiteten in meinem Blut. Oh, als
ich krank war, lernte ich Blutbilder betrachten und Fieber-
kurven lesen. Ich unterhielt mich vortrefflich dabei.

Ich sagte eben, die Läuse fraßen an mir. Das ist ein Ausdruck, den ich eigentlich nicht verwenden dürfte. Ich bin längst nicht mehr so vornehm, wie ich früher war. Ich sage heute geradeheraus »fressen«. Die Läuse haben mich aufgefressen, nitschewo (Russisch für: Macht nichts. Anm. d. Red.).

Wissen Sie übrigens, was aus meinen erfrorenen Zehen geworden ist? Die sind im Gemüsegarten hinter der Baracke Sieben des Seuchenlazaretts in Shisdra beerdigt worden. Ich hoffe, dass sie dort einigermaßen selig ruhen.

Sehen Sie, die ganze Sache wäre ohne Bedeutung, wenn ich tot wäre. Aber ich bin nicht tot. Ich bin halb tot. Ich habe Glück gehabt, dass ich mit dem halben Tode davongekommen bin. Wahr ist, dass ich für ein Massengrab in Suchinitschi projektiert war. Nicht als Einzelner projektiert, sondern als Masse. Die Masse liegt zwei Kilometer westlich vom Bahnhof Suchinitschi, da wo die Schlucht ist.

Ich als Einzelner bin der Schlucht entronnen. Ich habe also einen Betrug begangen. Ich habe den Armeeführer um 4,3 Gramm Leichtmetall beschummelt. Das war meine einzige Korruption im Kriege, ich gestehe das ein. 4,3 Gramm – so viel wiegt nämlich die Hälfte einer Erkennungsmarke, dieser Eintrittskarte in »Walhall«. Die Hälfte wollte der Armeeführer haben, damit er meiner Mutter in Osnabrück melden konnte: »Gefallen auf dem Felde der Ehre.«

Das war faustdick gelogen gewesen. In Suchinitschi sind sie nicht gefallen, sondern von sibirischen Scharfschützen mit Gewehrkolben erschlagen worden. Und außerdem nicht auf dem Felde der Ehre, sondern bei 56 Grad Kälte zwischen Lokomotiven und Panjehütten. Wolken von Krähen ließen sich auf ihrem Fleisch nieder wie auf Holz.

Das war vielleicht ein Achtel Tod, den ich damals erlitt. Eine MG-Garbe zwitscherte durch meine Schenkel und versengte die weiße Haut. Das hat mich veranlasst wegzulaufen. Hinter mir brannte der Bahnhof lichterloh. In Popkowo wollten mir die Partisanen die Ohren abschneiden. Sie benutzten kleine Schälmesserchen dazu.

Aber in Popkowo hatte ich einmal einer Madka Schokolade aus einem Frontpäckchen geschenkt für ihre Kinder (ich versuchte, den Krieg wiedergutzumachen, indem ich mein Brot russischen Kindern gab).

Die Madka küsste meine erfrorenen Hände und sagte: »Dobre pan« (Guter Meister, Anm. d. Red.), und die Partisanen ließen mich in den Schnee hinausgehen. Dann schossen sie nach mir wie nach einem Fuchs. Das war wieder ein Achtel Tod. So kam ein Achtel zum anderen, und bisweilen waren es auch bloß Sechzehntel und Vierundzwanzigstel.

Jetzt nach meiner Entlassung, mitten in der Arbeit, oder sonntags in der Kirche oder abends auf dem Feuerwehrball oder wenn gesungen wird, kommen sie an, die Achtel und Sechzehntel Tode, diese Bruchstücke des Krepierens einer Menschenhülle, heulende Granaten und knisternde Grade Frost, Läuse, Mücken, Wanzen, Marschbefehle, Angriffsziele, Feuerpläne und die Schälmesserchen der Partisanen …

129

Wer dies liest, hat den Vorteil, dass er meine Aufer-
stehungsrede angewidert aus der Hand legen kann. Es
braucht ihn nicht zu interessieren, warum der eine ganz
tot und der andere halb tot ist. Der ganz Tote hat alles er-
ledigt. Ich, der ich halb tot bin, bin nicht mehr imstande,
etwas zu erledigen. Ich schreite nicht mehr. Ich taumele.
Ich bin immer ernst.

Ich stehe da und schaue auf meine Füße oder auf einen
Hausgiebel, und weiß der Himmel, was in mir vorgeht.
Ich beteilige mich an nichts mehr. Wer mich mitnimmt
auf einen Sängerball, muss sehen, wie er mit mir zurecht-
kommt. Wahrscheinlich gehe ich weg. Kann sein, dass ich
dann auf der Landstraße, an einen Baum gelehnt, stehen
bleibe.

Was ich sehe, sind weite öde Flächen Schnee und auf-
zuckendes Feuer von Geschützen. Was ich fürchte, sind
die mahlenden Raupen der Panzer und die schwellen-
den Bäuche der Panjepferdchen im Morast der Schnee-
schmelze. Was ich betrachte, sind die kahl geschorenen
Köpfe erhängter Mongolen und roter Mull von einem eis-
verkrusteten Wasserloch.

Was ich anstiere, sind weiße schwebende Pünktchen
über dem glitzernden Schnee, die einen Granatwerfer aufbauen und mich mit Feuer überschütten. Was ich begreife,
sind die Rohre der Ratschbumm, die sich auf den Fleck
zwischen meinen Augen einschießen.

Was ich haben will, sind Brot und Schmalz und Tabak
und Schnaps und ein Brief von daheim. Was ich besitze,
sind faulige Kartoffeln, Losanthintabletten, Patronen und

Klopse aus gefrorenem Pferdefleisch. Was ich kenne, sind Leichen, Krähen, Kapusta (Polnisch für Kohl, Anm. d. Red.), Läuse und Läuseeier. Was ich nicht kenne, sind Ausruhen und Schlaf und Vormichhinlächeln ...

Ich sagte schon, wenn ich tot wäre, brauchten wir nicht darüber zu reden. Aber ich bin nicht tot. Jedenfalls nicht ganz. Ich lebe. Das Leben besteht für mich aus Bruchteilen, wie auch der Tod für mich nur Bruchwerk ist: ein Achtel Granatsplitter im Kreuz, ein Achtel erfrorenes Zehenfleisch, ein Achtel vergiftetes Blut, ein Achtel angeknackte Lunge, ein Achtel verseuchte Milz, ein Achtel ...

Ich glaube, ich muss in Vierundzwanzigsteln rechnen. Der Tod geht nicht auf. Das ist das Schreckliche an mir.

# Was ist mit Vater passiert?

*Verschollen an der Ostfront: Wie so viele Kinder seiner Generation wuchs Alfred Lange-Schmeiss ohne Vater auf. Bis heute treibt ihn die Frage um, wo der Wehrmachtssoldat Bruno Lange starb – und wo er begraben liegt.*

Von Katja Iken und Corina Kolbe

*Alfred Lange-Schmeiss, Jahrgang 1943, kehrte als Kleinkind kurz nach Kriegsende mit seiner Mutter aus Thüringen nach Essen zurück. Die Heimatstadt lag in Trümmern, die elterliche Wohnung war geplündert. Von dem Vater fehlte seit Sommer 1944 jede Spur.*

Das Feldpostpäckchen kam aus Bonn-Duisdorf, ohne Datum. Der Absender lautete: »Kampf-Marschbatl. 1036, 4.Kp. z. Zt. Marschkp.6.G.u.A.B.78«. Darunter stand »Abwicklung«, das Wort war unterstrichen.

Die Sendung enthielt ein paar persönliche Sachen meines Vaters sowie einen kurzen Brief. Er sei bei den Abwehrkämpfen am 8.7.1944 versprengt worden, hieß es. Keine Ortsangabe, keine näheren Umstände, keine Grußformel am Ende.

»Von einer Bestätigung über den Empfang der eigenen Sachen bittet die Kompanie Abstand zu nehmen.« Eine unleserliche Unterschrift, zwei Gradbezeichnungen: Hauptfeldwebel, Stabsfeldwebel. Den Schmerz meiner Mutter konnte ich nur erahnen.

Einige Monate später war der Krieg beendet. An einem Abend voller Hoffnung brachen wir ins Unglück auf. Von Thüringen aus machten wir uns mit meiner Großmutter zunächst zu Fuß auf den Rückweg nach Essen.

Mit einer Brücke, die wir in der Dunkelheit unterqueren mussten, verbindet sich meine erste Kindheitserinnerung. Ein russischer Soldat patrouillierte darauf. Keinen Mucks sollte ich von mir geben, wurde mir eingeschärft. Meine Mutter war eine aparte junge Frau. Unter keinen Umständen sollte sie von den Russen entdeckt werden. Ich fürchtete zu ersticken, als mir meine Großmutter mit ihrer Hand unendlich lange den Mund verschloss. Vergebens, wir wurden entdeckt.

40 Jahre später sprach meine Mutter nur ein einziges Mal andeutungsweise über das, was dann geschah. Sie sprach leise, dann stockend, plötzlich schimmerten ihre Augen feucht. Eine gefühlte Ewigkeit hielt ich sie tröstend in meinen Armen.

Die Ankunft in Essen war unerfreulich. Unsere Möbel waren teils gestohlen, das silberne Essbesteck war unauffindbar, der Kohlenkeller ausgeräumt. Fremde Menschen hatten sich im Haus einquartiert und Zuflucht gesucht. Wärmende Fürsorglichkeit konnte mir meine Mutter in all dem Chaos nur unzureichend geben.

Ihre kleine Tochter war während des Krieges, nur wenige Wochen alt, an den Folgen eines Bombenangriffs gestorben. Ihr Mann war irgendwo im Osten verschollen. Eine Schwester meines Vaters sollte mich deshalb vorerst bei sich aufnehmen. Schotten in Oberhessen hieß der neue Fluchtpunkt.

Die Tante war wunderschön und mehrmals geschieden. Im Gegensatz zu meiner konservativ-bürgerlichen Mutter führte sie ein unkonventionelles Leben. Fast ein Jahr verbrachte ich in Schotten, danach war ich wie ein Nomade zwischen beiden Orten unterwegs. Bei meinen Zugreisen von und nach Essen trug ich ein Pappschild um den Hals, auf dem geschrieben stand, wo ich umsteigen musste. Irgendjemand würde sich schon um mich kümmern.

*Auch an den Hunger der Menschen und die Knappheit von Nahrungsmitteln in der Nachkriegszeit kann sich Alfred Lange-Schmeiss bis heute gut erinnern.*

Mit zweieinhalb oder drei Jahren brachte ich meine Mutter zum Weinen, als ich unbedacht ein kostbares Hühnerei zerstörte. In den Trümmern eines Nachbarhauses hatte ich etwas gefunden, das wie ein Stein aussah: weiß, oval und unwirklich leicht. Dieses Etwas zerbrach, als ich es meiner Mutter spielerisch zuwarf. Unter Tränen erklärte sie mir dann, was ich gerade getan hatte.

Jahre später beobachtete ich, wie auf der Berliner Brücke in Essen Hafergrütze ausgeschenkt wurde. Ab und an suppte die Grütze über die hingestreckten Teller hinweg auf die Straße. Ein alter Mann legte sich flach auf den Bauch und leckte den Brei vom Asphalt auf. Dieses Bild ist in mir wie eingebrannt. Wenn ich daran denke, spüre ich noch immer ein Gefühl hilfloser Verlorenheit.

Die zerbombten Häuser in Essen waren mir für viele Jahre Spielstätte, Zuhause und Fluchtpunkt. Ich war oft allein, weil meine Mutter arbeitete. Das Spielen in den Ruinen half mir dabei, das Gefühl der Verlorenheit abzumildern. Wie Goldsucher wühlten wir Kinder uns durch die Überreste der Gebäude. Beim Schrotthändler tauschten wir Metallstücke gegen Geld ein.

Schon mit einem Zehn-Pfennig-Stück, auch »Tacken« genannt, konnten wir uns Träume erfüllen. Nach Art der Raubtiere lernten wir früh, die gesichtete Beute blitzschnell zu sichern. Die älteren Kinder gingen dabei sehr rau vor. Der Stärkere war der Sieger.

*Im hessischen Schotten kam Alfred Lange-Schmeiss in Kontakt mit amerikanischen Besatzungssoldaten, die ihm Schokolade schenkten und seltsame Musik hörten.*

Das Herannahen amerikanischer Fahrzeugkolonnen hörte meine Tante schon von Weitem und schlüpfte rasch in ein schwarzes körperbetontes Kleid. Ich musste einen albernen blau-weißen Matrosenanzug anziehen. Wenn die schöne Frau mit mir, einem Zwerg mit blondem Lockenkopf, vor den Soldaten auftauchte, war uns deren Aufmerksamkeit sicher. Radebrechend scherzten sie mit der Tante – und ich wurde mit Süßigkeiten überhäuft.

Bei einem ihrer Manöver sah ich einmal Zelte, die versteckt am Waldrand aufgestellt waren. Seltsame Netze tarnten Jeeps und Panzer, die Gesichter der Soldaten waren bemalt mit grünen und braunen Streifen. Die Panzer stießen dröhnend schwarze Abgase aus. Ich verspürte Angst, gleichzeitig auch Faszination.

Soldaten saßen um ein Feuer, und durch das Lager schwappte leise mir völlig fremde Musik. Es war Blues, wie ich erst Jahre später erfahren sollte. Die Soldaten luden mich an ihr Feuer ein und reichten mir eine wärmende Decke. Schnell zauberte einer von ihnen heißen Kakao herbei.

Obwohl ich nicht verstand, was gesprochen wurde, fühlte ich mich beschützt. Die Stunden vergingen, man brachte mir immer wieder Schokolade und Plätzchen. Glücklich und müde starrte ich in die Glut des Feuers.

Eher unsanft verlief dagegen meine Begegnung mit einem englischen Soldaten in Essen. Auf seine Frage, ob ich den Kölner Dom sehen wolle, antwortete ich neugierig und naiv mit »Ja«. Gellend schrie ich dann »ja, ja, ja«, als er mich brutal an den Ohren hochzog und fragte, ob ich ihn jetzt sehe.

*Das Schicksal des Vaters blieb in all den Nachkriegsjahren ungewiss. Auch auf der Liste der letzten Soldaten, die aus sowjetischer Kriegsgefangenschaft freikamen, tauchte sein Name nicht auf.*

Nach Jahren des Wartens keimte im September 1955 Hoffnung auf. Bundeskanzler Konrad Adenauer hatte die Freilassung der letzten Kriegsgefangenen erreicht. Es waren knapp zehntausend. Nachts wurden im Rundfunk ihre Namen verlesen. Langsam, unendlich langsam verrannen die Stunden. Irgendwann starb die Hoffnung.

Meine Mutter schluchzte, weinte. Ich stimmte in ihr

Weinen ein, wir umarmten einander schützend und liebevoll. Immer, wenn diese Erinnerung später in mir hochkam, stockte meine Stimme, die Augen wurden feucht.

Heute, mehr als 60 Jahre später, blicke ich beim Niederschreiben meiner Erinnerungen nachdenklich in die Ferne. Zum ersten Male bleiben meine Augen trocken. Auch meine Mutter und die Tante sind inzwischen gestorben.

Außer einigen wenigen Fotos bleibt mir Vaters letzter Brief, geschrieben nahe Brest-Litowsk in einem Güterzug auf dem Weg zur Front. Und sein eigentliches Erbe an mich: eine vergilbte Postkarte mit einem Gedicht, das er sorgfältig mit schwarzer Tusche kalligrafiert hat.

---

Meinem kleinen Alfred

> Wohl bin ich deinem Lachen fern und seh'
> die hellen Augen nicht; doch wohnet tief
> in meinem Geist dein holdes Angesicht.

Der Krieg ist hart, mein liebes Kind:
Wenn fern von mir dein Leben blüht,
wo eine gute Mutter dir
dort singt dein reines Wiegenlied.

---

*Bruno Lange gehört zu den zahlreichen Verschollenen des Zweiten Weltkriegs, deren Schicksal wohl nie mehr aufgeklärt wird. Nach Angaben des Deutschen Suchdienstes des Deutschen Roten Kreuzes beläuft sich ihre Zahl aktuell auf mehr als 1,2 Millionen Menschen. Wie der Suchdienst im Januar 2018 bekannt gab, werden die Nachforschungen in Absprache mit dem Bundesinnenministerium Ende 2023 eingestellt.*

# »Die weitaus schlimmste Zeit«

*Wer heute noch von der Nachkriegszeit erzählen kann, war damals Kind. Und erlebte Hungersnot, verstörte Eltern, Zukunftsangst. Die Psychotherapeutin Christa Müller erklärt, warum diese Erfahrungen bis heute nachhallen.*

**Dr. Christa Müller**
ist Autorin von »Schatten des Schweigens, Notwendigkeit des Erinnerns« (Psychosozial-Verlag). Sie war wissenschaftliche Mitarbeiterin des Projekts Kriegskindheit der Universität München, das die langfristige Bewältigung der Kriegs- und Nachkriegserlebnisse untersucht hat. Heute arbeitet sie als Psychotherapeutin.

SPIEGEL: *Wir haben Zeitzeugen gebeten, ihre Erinnerungen aus der Nachkriegszeit zu schildern – und bekamen überwältigend viele Antworten. Sogar die Preise von Zigaretten auf dem Schwarzmarkt wissen einige noch. Warum ist die Erinnerung nach über 70 Jahren noch so lebendig?*
Müller: Viele Zeitzeugen konnten ihre Erlebnisse aus dieser Zeit nie richtig verarbeiten, denn lange hat sich niemand so recht dafür interessiert. Belastende, aber auch freudvolle Erinnerungen blieben deshalb unmittelbar

emotional im Gedächtnis gespeichert. Hinzu kommt, dass sich Erinnerungen an die Kindheit im Alter bei fast allen Menschen wieder verstärken.

*Über Kriegstraumata ist schon häufiger berichtet worden. Die Nachkriegszeit liegt aber bisher noch eher im Schatten – wie kommt das?*
Man ging lange davon aus, dass die Kriegskinder den stärksten Belastungen ausgesetzt waren. Das entspricht jedoch nicht den aktuellen Untersuchungsergebnissen. Auch diejenigen, die den Krieg als Kinder bereits miterlebt haben, beschreiben die Nachkriegszeit als die »weitaus schlimmste Zeit«. Sie litten unter Hunger und dem angstbesetzten Alltagsleben unter der Besatzung, unter den Spannungen durch die Entnazifizierung, dem Anblick von unzähligen kriegsversehrten Menschen. Und in den Familien gab es Übergriffe durch psychisch versehrte Kriegsheimkehrer, es gab eisiges Schweigen und völlig überlastete Mütter.

*Die Menschen, die die Nachkriegszeit als Kinder oder Jugendliche erlebt haben, sind für das Hitler-Regime und die Taten der Wehrmacht nicht verantwortlich, litten aber unter den Folgen wie etwa Flucht, Hunger, Wohnungslosigkeit. Welche Konsequenzen hat das für den Umgang mit dem Erlebten?*
Wer in dieser Zeit aufgewachsen ist, hatte es mit gewaltigen Umbrüchen zu tun, im Alltag, in der Familie, in der Gesellschaft. Fast alle Kinder mussten ihre Wertvorstel-

lungen nach dem Krieg neu zurechtrücken, neue Vorbilder finden. Viele haben sich mit der Opferhaltung ihrer Eltern identifiziert, bemerkten aber auch deren Widersprüche. Über all diese überfordernden Gefühle aber wurde nicht geredet. Die Botschaft von Eltern und Gesellschaft an die Kinder war: »Euch geht es gut, ihr habt keinen Grund zur Klage, es ist nun Friedenszeit.«

*Viele haben im Krieg den Vater verloren oder wussten lange nichts über sein Schicksal. Kinder haben Tote gesehen, haben Vergewaltigung von Müttern mitbekommen, die Angst der Erwachsenen erlebt. Wie wirkte sich das aus?*
Die Angehörigen der Kriegs- und Nachkriegsgeneration leiden in unterschiedlichem Ausmaß bis heute an körperlichen und psychischen Problemen. Diese stehen in unmittelbarem Zusammenhang mit ihrer belasteten Kindheit, das hat sich in verschiedenen Studien bestätigt. Häufig bringen die Betroffenen das jedoch gar nicht miteinander in Verbindung. Typisch sind Bagatellisierungen des eigenen Leids wie: »Wir haben das damals nicht als so schlimm empfunden, es ging allen so.« Die Nachkriegskinder haben oft wenig hilfreiche Überzeugungen ihrer Eltern übernommen wie die, keine Schwäche zu zeigen. Sie wurden als »Heulsusen« verhöhnt, hörten immer wieder Sätze wie »ein Indianer kennt keinen Schmerz«. Es mangelt vielen Angehörigen dieser Generation deshalb an Selbsteinfühlung, sie tun sich schwer, ihre eigenen Empfindungen zu spüren.

*Zwischen 1952 und 1961 gab es eine große psychologische Untersuchung, die »Deutsche Nachkriegskinder-Studie«, die den seelischen Verletzungen der Nachkriegsgeneration auf die Spur kommen wollte. Das Ergebnis war, dass die allermeisten Kinder keine Langzeitschäden davongetragen hätten. War das damals zu optimistisch?*

Diese Studie und andere Untersuchungen aus jener Zeit spiegelten die damalige Hoffnung wider, dass die Kinder noch zu klein waren, um zu realisieren, was um sie herum geschehen ist. Ich denke, das war deutlich zu optimistisch. Gerade kleine Kinder sind seelisch besonders verletzlich. Viele aus dieser Generation haben etwa bis heute starke Verlustängste. Andere berichten, dass sie noch immer bei Sirenengeräuschen Herzrasen bekämen. Aber in der Fachwelt besteht auch Einigkeit darüber, dass belastende Kriegserlebnisse nicht per se traumatisierend sind. Es gibt zahlreiche Menschen, die keine Langzeitschäden davongetragen haben. Das hängt vor allem damit zusammen, ob es psychisch stabile Bezugspersonen gab, die dabei geholfen haben, die Erlebnisse zu verarbeiten.

*Lässt sich auch bei Nachkriegserlebnissen eine Weitergabe von Traumata über mehrere Generationen hinweg beobachten, sodass ganze Familien von solchen Erlebnissen beeinflusst sind?*

Wenn traumatische Erfahrungen nicht verarbeitet und integriert werden können, bleiben diese für die Betroffenen eine lebenslange Belastung. Diese kann auch unbeabsichtigt und unbewusst an die eigenen Kinder weitergegeben werden. Man spricht auch von »Gefühlserbschaft«. So berichten Kinder der Betroffenen häufig von einer emotionalen Distanz ihrer Eltern. Da diese selbst viele schmerzvolle Erlebnisse überstanden haben, fiel es ihnen offenbar schwer, später Mitgefühl und Verständnis für die aus ihrer Sicht oft banalen Probleme ihrer Kinder aufzubringen.

*Wo stehen wir mit der Aufarbeitung der Nachkriegserfahrungen?*
Weder in den Familien noch in der Gesellschaft hat eine ausreichende Würdigung der Nachkriegsgeneration stattgefunden. Die Nachkriegskinder haben bis ins Alter über ihre Kindheit geschwiegen; kaum jemand hat die besonderen Bedingungen des Erwachsenwerdens in dieser Zeit hinreichend reflektiert. Die Aufgabe der nachfolgenden Generationen ist es, die verdeckten Spuren nicht nur des Nationalsozialismus, des Holocaust und des Zweiten Weltkriegs aufzuspüren, sondern auch die der Nachkriegszeit. Erst dann lassen sich diese Erfahrungen wirklich konstruktiv verarbeiten.

Interview: Eva-Maria Schnurr

# Wie Winfried A., 14,
# hinter den Ural verschleppt wurde

*Im Viehwaggon Richtung Osten: Kurz vor Kriegsende
wurde Winfried A., damals 14, gefangen genommen
und in ein sowjetisches Arbeitslager gekarrt. Das
Grauen dort kann er bis heute nicht vergessen.*

Von Katja Iken

*1930 wurde Winfried A., der hier anonym bleiben möchte,
in Rastenburg, Ostpreußen, geboren (heute: Ketrzyn, Polen).
Während seiner dramatischen Flucht fiel er im Frühjahr
1945 der Roten Armee in die Hände. Der 14-Jährige wurde
von seiner Familie getrennt und in ein Arbeitslager nahe
Karpinsk östlich des Uralgebirges abtransportiert.*

*Ein Schicksal, das damals viele Menschen ereilte: Als
»lebende Reparationen« wurden von 1944 bis Ende April 1945 mehrere Hunderttausend deutscher Zivilisten aus
den Ostprovinzen des Deutschen Reichs sowie aus den Sied-
lungsgebieten in Rumänien, Ungarn und Jugoslawien zur
Zwangsarbeit in sowjetische Arbeitslager verschleppt. Laut
Historiker Andreas Kossert überlebte fast jeder zweite der
Zivildeportierten, unter ihnen zahlreiche Frauen und Mädchen, die Lagerhaft nicht.*

*Winfried A. kehrte lebendig zurück: Im Herbst 1945 kam*
*er mit einem Transport nach Deutschland und begab sich*
*auf die Suche nach seiner Familie. Seine Mutter und den*
*jüngsten Bruder Erhard sah er nie wieder.*

Unsere Flucht endete in Pommern. In Neustadt an der
Rheda, westlich der Danziger Bucht, wurden meine Mutter, meine Brüder Ulrich und Erhard und ich mit vielen
anderen Deutschen von den Russen inhaftiert und in leer
stehende Häuser gepfercht. In jedem Zimmer mussten etwa
30 Menschen nebeneinander auf dem Fußboden schlafen.

Mitten in der Nacht wurde ich von Soldaten geweckt
und aufgefordert mitzukommen. Ich wusste nicht, dass
ich meine Mutter und Erhard zum letzten Mal sah. Nach
einem Verhör mitten in der Nacht musste ich das in Russisch aufgesetzte Protokoll unterschreiben, ohne es verstanden zu haben.

Ein russischer Wachposten mit Maschinenpistole stieß
mich die Treppe hinunter und machte die Kellertür hinter
mir zu. Es war stockdunkel, ich sah meine letzte Stunde
angebrochen. Ich spürte, dass da unten schon viele Menschen eingesperrt waren.

Etwa acht Tage später mussten wir zum Abmarsch an-
treten und wurden in Lauenburg in eine Kirche gesperrt.
Mittlerweile hatten wir alle Läuse, die wir zwischen den
Fingernägeln zerknackten.

Anfang April 1945 ging es in Richtung Osten, erst in
einem deutschen Personenzug, dann in Viehwaggons
mit jeweils 80 Männern und Frauen. Zwei Wochen lang

lagen wir auf Brettern, die dreistöckig übereinander angeordnet waren. Am 2. Mai erreichten wir Karpinsk im Bezirk Swerdlowsk, eine Stadt 80 Kilometer hinter dem Ural.

Viele Menschen hatten die strapaziöse Fahrt nicht überstanden. Die Überlebenden wurden bei heftigem Schneegestöber zu einem Lager getrieben, umgeben von Doppelzäunen und Wachtürmen. Die Toten wurden in einer Baracke meterhoch aufgestapelt. Eines Nachts wurden wir geweckt, um sie auf Lastwagen zu laden und dann zu verscharren. Gibt es etwas Schlimmeres? Zwei Mann fassten an, einer hinten, einer vorn. Die meisten Leichen waren nackt und bestanden fast nur noch aus Haut und Knochen.

Als der beaufsichtigende Soldat sah, dass ich mich übergeben musste, schickte er mich zurück in die Baracke. Erst am nächsten Tag erfuhr ich, dass die anderen Gefangenen bei eisiger Kälte im offenen Lkw auf den Leichen sitzen mussten. An einer Stelle mussten sie die Toten abwerfen und dann das Massengrab zuschaufeln.

Die Stärksten von uns mussten im Kohlebergbau arbeiten. Ich selbst musste im Lager anpacken, etwa beim Straßenbau und der Errichtung neuer Baracken. Bald war ich so schwach, dass ich beim täglichen Frühappell nicht mehr auf meinen Beinen stehen konnte. Im Lager gab es täglich neue Fälle von Durchfall und Ruhr. Gott sei Dank war sechs Tage nach unserer Ankunft im Lager der Krieg zu Ende. Man sagte uns eine schnelle Heimkehr zu – doch niemand wusste genau, wann wir tatsächlich abfahren würden. Erst im Herbst 1945 kam ich mit dem ersten Transport nach Deutschland zurück.

In Frankfurt (Oder) erhielten wir Entlassungsscheine in russischer Sprache. Wo sollte ich nun hin? Gemeinsam mit zwei Jungen, die ich aus dem Lager kannte, machte ich mich auf den Weg nach Berlin. Wir blieben noch lange zusammen und wurden Freunde. Horst kam aus Pommern und war wie ich 15 Jahre alt, Herbert aus Ostpreußen war 17. Wir hatten alle das Gefühl, das Schlimmste hinter uns zu haben.

In Berlin trauten wir unseren Augen kaum. Die Stadt war stark durch Bomben zerstört, aber das Leben pulsierte schon wieder. So kam es uns Dorfkindern jedenfalls vor. Im Kino liefen Filme wie »Iwan der Schreckliche«. Viele Menschen hausten in Kellern. Auch wir schliefen ein paar Nächte dicht gedrängt in einer überfüllten Unterkunft.

Bei den Berliner Hausfrauen müssen wir Mitleid erregt haben. Wir waren ja fast noch Kinder, halb verhungert und mit kurz geschorenem Haar. Man warf uns Brot aus dem Fenster zu, ohne dass wir geklingelt und gebettelt hätten. Wenn wir in einen Fleischerladen kamen und die Mützen abnahmen, bekamen wir sofort ein Stück Wurst. Das werde ich den Berlinern nie vergessen.

Irgendwann schickten uns die Behörden nach Vorpommern, da würden wir Arbeit finden. Ein Bauer im Kreis Demmin nahm mich bei sich auf, obwohl ich nicht der Stärkste war. Das Haus war zur Hälfte mit Flüchtlingen belegt, doch ich hatte ein eigenes kleines Zimmer. Meine Aufgabe war es, Kühe zu melken und Ställe auszumisten. Das hatte ich schon zu Hause gelernt, es war keine schwere Arbeit.

Die Wirtschafterin, die auch die Lebensgefährtin des Bauern war, behandelte mich sehr gut. Wir aßen immer gemeinsam in der Küche. Da sich mein Magen aber nicht so schnell auf reichliches Essen umstellen konnte, bekam ich starken Durchfall, den ich mit bitterem Wermut-Tee kurierte.

Mit meinen beiden Freunden ging ich auch zu den ersten Tanzvergnügungen im Dorf. Meist trank ich dabei viel Alkohol und genoss es, plötzlich aufzuleben. Nur wenn ich in ausgelassener Stimmung war, wagte ich es, Mädchen aufzufordern. Sie gaben mir aber regelmäßig einen Korb, und tanzen konnte ich in dem Zustand sowieso nicht.

Mitte 1946 erhielt Herbert die Nachricht, dass seine Mutter im nordfriesischen Tönning in der britischen Zone lebte. Zu dritt fuhren wir mit dem Zug bis kurz vor die Grenze zu Westdeutschland. Als wir zu Fuß weiterliefen, griff uns ein russischer Wachposten auf. Drei Tage lang waren wir ohne Essen in einem Hühnerstall eingesperrt, bevor uns die deutschen Behörden in der nächstgelegenen Stadt Boizenburg freiließen.

In einem Dorf fanden wir wieder Arbeit bei Bauern. Den ganzen Tag lief ich ohne Schuhe hinter einem Pflug her, den ich unter Einsatz all meiner Kräfte möglichst gerade in der Furche halten musste. Die Wiesen der Bauern lagen im Niemandsland zwischen der britischen und der russischen Besatzungszone. Eines Tages gelang Herbert auf diesem Weg die Flucht in den Westen. Horst und ich blieben.

Von meiner Familie gab es kein Lebenszeichen, obwohl ich mich beim Suchdienst gemeldet hatte. Eines Tages erhielt ich endlich Post, das erste Mal seit Beginn der Flucht. Es war eine Postkarte aus Ostpreußen von meinem damals elfjährigen Bruder Ulrich. Etwa 15 Kilometer von unserem Dorf Wittenberg entfernt lebte er in Mühlhausen, wo man viele Deutsche zusammengetrieben hatte.

Ulrich bekam zufällig einen Brief in die Hände, den ich an eine Nachbarsfamilie in Wittenberg geschrieben hatte. Ich wusste, dass sie aus Altersgründen nicht aus der Gegend fliehen wollte. Diese Familie wurde zwar nicht mehr gefunden, aber aufgrund des Absenders vermutete man, dass ich ein Verwandter von Ulrich sein könnte. Erstaunlich, wie die Post dort funktionierte.

Ich las, dass unsere Mutter und der fünfjährige Bruder Erhard die Strapazen der Flucht nicht überlebt hatten. In kurzer Folge musste Ulrich miterleben, wie zwei seiner nächsten Angehörigen beerdigt wurden. Ich stand auf dem Feld und weinte lange. Auf Ulrichs Karte fand ich auch die Adressen des Vaters und unseres Bruders Günter. Sie hatten von unserer Flucht nichts gewusst und ebenfalls nach Hause geschrieben, in der Hoffnung, Kontakt zu der Familie zu bekommen.

Der Vater war beim Volkssturm gewesen und wohnte jetzt in Parchim in Mecklenburg. Günter konnte von Königsberg aus mit dem Schiff flüchten und war in Schleswig-Holstein untergekommen. Beide erhielten gleichlautende Karten von Ulrich, auf denen meine Adresse stand.

Ulrich sahen wir erst im Dezember 1947 wieder, als er von Russland nach Deutschland ausreisen konnte. Seinen drei Postkarten war es zu verdanken, dass wir uns alle wiedergefunden hatten.

# Konfrontation mit der Hölle

*Auf Befehl der Amerikaner mussten Weimarer Bürger*
*am 16. April 1945 das KZ Buchenwald besichtigen.*
*Mit dabei war Edelgard Schlegelmilch, damals 17.*
*Was sie dort sah, verfolgt sie bis heute.*

Von Alexandra Frank und Katja Iken

Irgendwann an diesem ungewöhnlich warmen Frühlings-
tag konnte Edelgard Schlegelmilch nicht mehr. Als die
17-Jährige aufgefordert wurde, über einen Leichnam zu
steigen, der auf dem Boden vor ihr lag, verschloss sie die
Augen.

Da versetzte ihr ein amerikanischer Soldat mit der
Faust einen Schlag in den Rücken und schrie sie an. Sie
solle gefälligst die Augen wieder öffnen und sich alles ganz
genau anschauen: Dazu sei sie schließlich hier.

Edelgard Schlegelmilch gehorchte, kletterte über den
Toten, lief weiter, immer weiter, wie in Trance. Vorbei
an den ausgemergelten Leichen, dem Krematorium, den
Baracken voller Sterbender, Gepeinigter, Verhungernder.
»Es war so fürchterlich. Ich dachte: ›Das kann doch nicht
wahr sein. Du träumst doch, oder was ist hier los?‹«, sagt
die betagte Dame mit dem kurzen grauen Haar im Ge-

spräch. Edelgard Schlegelmilch, Jahrgang 1928, gehört zu den gut 1000 Menschen aus Weimar, die am 16. April 1945 auf Geheiß der amerikanischen Soldaten das KZ Buchenwald besichtigen mussten.

Hier Goethe, Schiller, Hochkultur – dort bestialische Terrorherrschaft: Nicht einmal zehn Kilometer liegen zwischen dem Zentrum von Weimar, Stadt der Dichter und Denker, und dem Konzentrationslager Buchenwald. 1937 auf dem Ettersberg errichtet, gehörte das KZ zu den größten im Deutschen Reich.

Fast 280 000 Menschen aus über 50 Nationen wurden in Buchenwald und seinen 139 Außenlagern ausgebeutet, gefoltert, zu medizinischen Experimenten missbraucht. 56 000 von ihnen überlebten das Martyrium nicht. Am 11. April 1945 trafen US-amerikanische Truppen im Lager ein. Was sie dort sahen, verschlug ihnen die Sprache.

Dwight D. Eisenhower, Oberbefehlshaber der alliierten Streitkräfte, besuchte Ohdruf, ein Außenlager des KZ Buchenwald, am 12. April 1945. In seinen Memoiren schrieb er:

*»Ich bin niemals imstande gewesen, die Gefühle zu schildern, die mich überkamen, als ich zum ersten Mal ein so unbestreitbares Zeugnis für die Unmenschlichkeit der Nazis und dafür vor Augen hatte, dass sie sich über die primitivsten Gebote der Menschlichkeit in skrupelloser Weise hinwegsetzten. (…) Nichts hat mich je so erschüttert wie dieser Anblick.«*

Zutiefst schockiert über das, was sie vorgefunden hatten, entschieden die Amerikaner: Weimars Bevölkerung muss umgehend mit dem Ausmaß der Gräueltaten konfrontiert werden. »Der Kommandierende General hat gestern Nacht befohlen«, so Erich Kloss, kommissarischer Oberbürgermeister von Weimar, »dass mindestens 1000 Einwohner der Stadt, davon die Hälfte Frauen, das Lager Buchenwald und die zugehörigen Lazarette heute noch besichtigen.«

Vor allem Angehörige der NSDAP sollten auf den Ettersberg mit. »Sie müssen kräftig genug sein, die Anstrengungen des Marsches und der Besichtigung (Dauer etwa sechs Stunden, rund 25 km Marschweg) auszuhalten«, so Kloss. Die Amerikaner dokumentierten die Entnazifizierungsmaßnahme in zahlreichen Fotos – auch Filmaufnahmen entstanden, wie hier zu sehen:

Die Zwangsbesichtigung dokumentiert u.a. eine von der Gedenkstätte Buchenwald produzierte DVD. Der Zufall wollte, dass auch Edelgard Schlegelmilch, Flüchtling aus Ostpreußen und erst seit wenigen Tagen in der Stadt, mit ins KZ gehen musste. Am Morgen sei die Polizei gekommen und habe alle Hausbewohner aufgefordert, sich unten im Hof einzufinden: »Wir stellten uns in einer Reihe auf. Dann hieß es: ›Du kommst mit, und du, und du.‹ Auch auf mich zeigte ein Uniformierter mit dem Finger.« Da Schlegelmilch erst 17 Jahre alt war, meldete sich ihre Tante freiwillig, um sie zu begleiten.

Zu Fuß marschierten die Menschen bis zum Lager. Hinter dem Tor warteten mehrere Insassen – laut Schlegelmilch empfingen sie die Weimarer mit den Worten: »Habt ihr uns eure Kinder zum Fressen mitgebracht?«

Die Männer hätten die Bürger umgebracht, wären sie ohne Polizei gekommen, so Schlegelmilch: »Unfassbar wütend waren die, was man ja auch verstehen kann.«

Die Weimarer wurden gezwungen, sich das gesamte Lager anzuschauen. Auch wurden ihnen Präparate der SS-Pathologie präsentiert. Darunter, so Schlegelmilch, ein aus Menschenhaut gefertigter Lampenschirm. Er habe Ilse Koch gehört, erklärte man den Anwesenden, der Ehefrau des KZ-Kommandanten Karl Koch.

Ob das stimmt, konnte nie zweifelsfrei geklärt werden. Fest steht: Für die Existenz eines solchen Lampenschirms gibt es mehrere glaubwürdige Zeugen. Und: Koch, die »Hexe von Buchenwald«, war berüchtigt für ihre Grausamkeiten gegenüber Gefangenen. Einer von ihnen: Rolf Weinstock, Buchenwald-Häftling Nr. 59000. Auch er war an jenem 16. April 1945 zugegen. Und schilderte, wie die Menschen reagierten:

*»Angesichts der Scheußlichkeiten, die ihren Augen geboten wurden, schrien die Frauen auf, einige fielen in Ohnmacht (...). Aber auch die Männer mussten sich zwingen, ihre Gefühle zusammenzuhalten. Immer und immer wieder fragten sie sich und schauten sich an: › Wie ist so etwas möglich? Warum haben wir nie etwas davon erfahren?‹«*

Laut Schlegelmilch verbrachten die Weimarer den ganzen Tag auf dem Ettersberg. Etwa zwei Stunden lang habe man bei glühender Hitze auf dem Krematoriumshof ausharren müssen, direkt neben einem Leichenwagen. »Es war ein grauenvoller Gestank«, sagt die heute 89-Jährige, beim Erzählen stockt ihr die Stimme.

Margarete Bourke-White, die erste US-Kriegsberichterstatterin, fing die Szenerie fotografisch ein. Über ihre Erfahrung schrieb die Reporterin später:

*»Dieser Apriltag in Weimar hatte etwas Unwirkliches (...). Ich sagte mir ständig vor, ich würde erst dann an das unbeschreiblich grässliche Bild in dem Hof vor mir glauben, wenn ich meine eigenen Fotos zu sehen bekäme. Die Kamera zu bedienen war fast eine Erleichterung, es entstand dann eine schwache Barriere zwischen mir und dem bleichen Entsetzen, das ich vor mir hatte.«*

Sie habe sich kaum noch auf den Beinen halten können, erzählt Schlegelmilch – auch weil man ja den ganzen Tag nichts habe essen dürfen. Irgendwann setzte sich die 17-Jährige einfach auf den Boden, »mitten rein in den Dreck«.

Nach wie vor kann sie sich nicht vorstellen, dass die Weimarer Bescheid gewusst hatten über die Verbrechen dort oben auf dem Ettersberg, in direkter Nachbarschaft. Fassungslosigkeit sei das Gefühl gewesen, das damals alle einte. Reporterin Bourke-White:

*»Als die Zivilisten immer wieder riefen: ›Wir haben nichts gewusst! Wir haben nichts gewusst!‹, gerieten die Ex-Häftlinge außer sich vor Wut. ›Ihr habt es gewusst‹, schrien sie. ›Wir haben neben euch in den Fabriken gearbeitet. Wir haben es euch gesagt und dabei unser Leben riskiert. Aber ihr habt nichts getan.‹«*

Bis zum Abend wurden die Menschen im Konzentrationslager festgehalten, so Schlegelmilch. Obwohl die Sperrstunde längst überschritten war: »Wir hatten große Angst, dass wir nie mehr dort wegkommen. Dass sie die Häftlinge freilassen und uns einsperren.«

Erst gegen 21 Uhr am Abend, erzählt sie, wurden die Tore geöffnet. »Wir stießen ein Dankgebet gen Himmel aus und rannten, so schnell wir konnten, den Ettersberg hinunter.« Als Schlegelmilch vor der Wohnungstür stand, entledigte sie sich ihrer kompletten Kleidung – um den Leichengeruch nicht mit hineinzunehmen.

Die Besichtigung des Lagers beschäftigte in den Tagen und Wochen danach die ganze Stadt – auch Richard Kade. Der Weimarer Probst und Superintendent schrieb eine Erklärung, die am Sonntag, den 22. April 1945, in allen evangelischen Kirchen Weimars verlesen wurde. Sie gipfelte in dem Satz: »So dürfen wir vor Gott bekennen, dass wir keinerlei Mitschuld an diesen Gräueln haben.«

Der 16. April 1945 verfolgte Schlegelmilch jahrelang bis in ihre Träume. Nachts sei sie oft im Schlaf aufgeschreckt: »›O mein Gott, ich bin noch immer da oben‹, dachte ich dann für einen kurzen Moment.« Das KZ Buchenwald hat sie nie mehr besucht, auch kein anderes. »Da bringt mich niemand mehr hin«, sagt die zweifache Urgroßmutter resolut.

Für Holocaust-Leugner wie die 90-jährige Ursula Haverbeck hat Edelgard Schlegelmilch eine klare Botschaft: »Wenn mir heute einer erzählen will, das hätte es alles gar nicht gegeben, da kann ich nur sagen: Ich habe es mit eigenen Augen gesehen! Und werde es nie, nie mehr vergessen.«

# Als Hitler aus den Schulbüchern verschwand

*Umerziehung, »Reeducation«, war ein wichtiges Ziel der Alliierten. Vor allem in den Schulen sollten nun demokratische Ideen vermittelt werden. Aber nicht überall gelang der Neuanfang mit unbelasteten Lehrern.*

Von Georg Bönisch

Einiges war anders als vorher, als nach Kriegsende in Würzburg die Schule wieder begann: »Wir bekamen einen Deutschlehrer, der uns schon 1944 im Turnen unterrichtet hatte. Damals mussten wir vor jeder Stunde zackig ›Sieg heil‹ rufen, wenn es nicht zackig war, mehrfach wiederholen. Jetzt betete er vor jeder Stunde mit uns«, erinnert sich ein damals Elfjähriger.

Hitler und seine Politik waren 1945 Vergangenheit – und damit auch die nationalsozialistische Bildungspolitik. Nun ging es darum, dass »nazistische und militärische Lehren völlig ausgemerzt werden und die Entwicklung demokratischer Ideen ermöglicht wird«. So hatten es die Alliierten im August 1945 im Potsdamer Abkommen beschlossen.

Umerziehung, »Reeducation«, hieß das Schlagwort, und vor allem in den Schulen sollten die neuen Ideen ab sofort gelehrt werden. Überlegungen dazu gab es bereits länger. Schon ein Jahr nach Beginn des Zweiten Weltkriegs hatten Fachleute in den USA wie in Großbritannien begonnen, die irgendwann notwendig werdende Reeducation zu diskutieren. Dies galt als strategisches Muss schon deshalb, so analysiert der Göttinger Pädagogikprofessor Karl-Heinz Füssl, weil erkennbar die »liberale Erziehung eines der ersten Opfer im totalitären NS-Staat« gewesen sei, ein »phantasmagorischer Akt der Barbarei«.

Die Nazierziehung war bewusst antiintellektuell. Ziel sei ein »Heranzüchten kerngesunder Körper«, das »Hineinbrennen« von »Rassesinn« und »Rassegefühl«, schrieb Hitler in seinem Pamphlet »Mein Kampf«. Der Schüler wurde getrimmt auf Krieg und Überlegenheitsgefühl, die Schülerin auf die spätere Mutterrolle – wirkungsmächtige, von der Schule unabhängige Organisationen wie die »Hitlerjugend« und der »Bund Deutscher Mädel« sorgten darüber hinaus für eine besondere Treuebindung an den »Führer«.

Die Lehrer waren überwiegend willige Helfer bei der politischen Erziehung. Die allermeisten waren Mitglieder der Hitler-Partei NSDAP, etliche von ihnen auch Ortsgruppenleiter.

Für die Nachkriegsüberlegungen der Alliierten spielte das Erziehungswesen folgerichtig eine zentrale Rolle. »Hitler hatte bewiesen«, schreibt der Zeithistoriker Christoph Kleßmann, »dass der Erfolg einer Ideologie in hohem

Maße auch von ihrer Akzeptierung durch die Jugend abhing« – deshalb galt das besondere Augenmerk der Lehrerschaft und deren Hilfsmitteln: Lehrplänen, Schulbüchern, Büchereien generell.

Doch zwischen Planung und Wirklichkeit lagen Welten. Zum einen gab es kaum intakte Schulgebäude, in der britischen Zone zum Beispiel waren sie fast zu 80 Prozent zerstört. Und wenn die Mauern noch standen, gab es keine Fenster, kaum Bänke, keine Kohle für die Öfen.

Dass im Herbst 1945 gegen vielerlei Bedenken überall die Schulen wieder eröffnet wurden, hatte nicht nur pädagogische Gründe: Nach Monaten der Anarchie sollten Kinder und Jugendliche von der Straße und aus den Trümmerfeldern geholt werden.

Natürlich fehlte, nach Beginn der verordneten Entnazifizierung, das notwendige Lehrpersonal. Mancherorts waren von zehn Lehrern neun entlassen worden, das durchschnittliche Lehrer-Schüler-Verhältnis lag anfangs bei fast 1:90. Die deutsche Lehrerschaft existierte quasi nicht mehr. Ein Notstand, den die Alliierten so nicht vorhergesehen hatten.

Um manche der früheren Lehrer zurückzubekommen, drohten Eltern mit Streiks. Pennäler eines Kasseler Gymnasiums, die 1946 kurz vor dem Abitur standen, stellten ihrem geschassten Klassenlehrer gar eine Art Persilschein aus. Der für die Entnazifizierung verantwortlichen Spruchkammer teilten sie mit, der Mann sei nicht nur

»besonders tüchtig«. Er habe auch nie »antisemitische, antireligiöse oder irgendwelche andere nationalsozialistische Propaganda« betrieben.

Anfangs sollten »Schulhelfer«, ganz kurz ausgebildet, die Lücken schließen; auch Ruheständler und von den Nazis schon 1933 entlassene Pädagogen – etliche von ihnen ebenfalls jenseits der Pensionsgrenze. Doch es waren viel zu wenige. Die absehbare Folge: Bald unterrichteten wieder Ex-Parteigänger Hitlers, in Bayern etwa wurden 50 bis 60 Prozent der ehemaligen Lehrer wieder in Dienst gestellt. So kam es dazu, dass Lehrer, die bis 1945 noch mit zackigen Hitler-Parolen grüßten, nun zum Morgengebet mahnten.

Im Ostteil Deutschlands, nunmehr Sowjetische Besatzungszone (SBZ), gehörten von knapp 40 000 Lehrkräften bei Kriegsende fast 72 Prozent der NSDAP an, etwa 20 000 wurden entlassen. Wer sich freilich in den »Dienst des Aufbaus« stellte, für den gab es durchaus noch eine Chance.

Die Sowjets hatten es vorgemacht, und KPD und SPD, die später zur SED zwangsfusioniert wurden, exekutierten die Order der sowjetischen Aufseher: Abschaffung des »Bildungsprivilegs einzelner Schichten«, Aufbau einer demokratischen Einheitsschule für alle, »Besetzung der Lehrerstellen mit Antifaschisten«.

Und die mussten irgendwoher geholt und in Schnellkursen rasch ausgebildet werden. Bauern, Arbeiter, vor allem junge Menschen, manche keine 20 Jahre alt, standen nun vor den Klassen. Sie hießen »Neulehrer«, taten sich

*Die Wiese vor dem Reichstag war 1947 in Parzellen eingeteilt. In den improvisierten Schrebergärten pflanzten Berliner Gemüse, um sich selbst zu versorgen.*

*Mädchen in Notunterkunft im Hungerwinter 1946/47*

*Der polnische Fotograf Davis Seymour dokumentierte
das Nachkriegselend von Kindern und Frauen in
Europa, unter anderem 1947 in Essen. Diese Frau
hauste mit ihrem Töchterchen in einem Keller.*

*Mädchen mit Trümmern, 1945*

*Mühevoll begannen die Menschen, die Trümmer wegzuräumen (Dresden, 1946).*

*Männer kehrten zurück und verzweifelten, weil sie ihre Familie nicht fanden (in Frankfurt am Main, 1946).*

*Besonders Kinder litten unter Hunger und der schlechten Versorgungslage (in Wetzlar).*

*In den Ruinen des Römerbergs in Frankfurt am Main treten 1948 Artisten auf.*

*Zwischen den Ruinen und Schuttbergen wuchs eine neue Generation heran –*
*oft versorgt und betreut von den Großmüttern (Essen, 1947).*

*Wer wie dieses Baby in Essen (1947) zwischen Trümmern aufwachsen musste,*
*konnte Traumatisierungen davontragen. Doch über die Gefühle der Nach-*
*kriegsgeneration wurde nie viel geredet.*

*In langen Trecks zogen Männer, Frauen und Kinder aus den ehemaligen Ostgebieten nach Deutschland. Die alte Heimat gab es nicht mehr, eine neue war noch nicht in Sicht.*

*Vielerorts waren Übergriffe auf Frauen sichtbar – hier eine Szene mit einem Rotarmisten in Berlin. Dennoch blieb sexuelle Gewalt lange eine Thema, über das man nicht sprach.*

*Viele Kinder haben noch nie einen Menschen mit anderer Hautfarbe gesehen, schwarze US-Soldaten werden deshalb oft bestaunt wie hier 1947 in Berlin.*

*In guter Erinnerung haben viele Zeitzeugen die amerikanischen Carepakete mit Lebensmitteln wie Corned Beef, Schweineschmalz und Bohnenkaffee. Sie kamen nicht von der Armee, sondern wurden von einer privaten Hilfsorganisation nach Europa verschickt, etwa zehn Millionen Pakete erreichten zwischen 1946 und 1960 Westdeutschland.*

*In Hoechst bei Frankfurt am Main demonstrierte 1946 ein amerikanischer Soldat, wie man Football spielt.*

*Unterrichtsmaterial aus der Nazizeit war inzwischen untersagt. In Köln wurden die alten Lehrbücher sogar verbrannt.*

*Kurt Schumacher, Vorsitzender der SPD, mit seiner Lebensgefährtin Annemarie Renger (1951). Renger stützt den schwer kranken Schumacher, der durch eine Arm- und Beinamputation im 1. Weltkrieg beeinträchtigt war.*

mit dem Lehrstoff oft schwer und wurden verhöhnt: als »Kommunisten-Lümmel« oder »Sechs-Wochen-Ferkel«.

Paul Wandel, Chef der »Deutschen Zentralverwaltung für Volksbildung« und KPD-Mitglied seit 1926, rühmte die Bildungsreform als »gelungene und wertvolle Sache«, die »eine tief gehende Regeneration des ganzen Schullebens« gebracht habe – der Lehrerstand war entprofessionalisiert worden.

Strengstens verboten war es, Bücher aus der NS-Zeit zu benutzen, selbst wenn Texte und Bilder überklebt waren. Die Sowjets sorgten für Papier, bald konnte gedruckt werden. Die Lesebücher gaben bestimmte Themen vor, das fürs erste Schuljahr hieß »Guck in die Welt«. Positiver Effekt des radikalen Wandels: Da die Neulehrer meist von Reformpädagogen aus der Weimarer Zeit angeleitet waren, wurde die Prügelstrafe abgeschafft, ein Übel der alten Pädagogik.

Doch die naive Linientreue gegenüber der SED, der die allermeisten Neulehrer den beruflichen Aufstieg zu verdanken hatten, zeigte sich bald im Unterricht. Von »Indoktrination« spricht der Historiker Hans-Ulrich Wehler: Die »krudeste Orthodoxie des Leninismus/Stalinismus« sei »eingepaukt« worden, »mit dem Anspruch auf überlegene Welterklärung«.


In den westlichen Besatzungszonen verzichteten die Alliierten auf weitreichende Reformen. Zwar versuchten sie, die in ihren jeweiligen Heimatländern erprobten Schulsysteme zu etablieren. Die Franzosen mühten sich, das »bildungspolitisch radikalste und innovativste Regime« zu sein, so der Wehler-Kollege Wolfgang Benz. Ihre Sprache sollte erste Fremdsprache sein, pädagogisches Ziel war »soziale Auslese und Elitenbildung«. Die Briten favorisierten die Gemeinschaftsschule. Und auch die Amerikaner hielten eine Gesamtschule für das ideale Modell und die beste Lösung.

Realisiert wurde davon jedoch kaum etwas. Drei Faktoren in der Politik der Westalliierten bremsten die Reformer. Erstens hatten sie erklärt, der »kulturelle Wiederaufbau sollte vornehmlich das Werk der Deutschen selber sein«. Woraus, zweitens, folgte, dass den Deutschen auch die Hoheit über das Bildungswesen zugestanden wurde – das führte jedoch zur Konservierung des klassischen dreizügigen Schulsystems aus Kaisers und Weimarer Zeiten. Und, drittens, verhinderte der heraufziehende Kalte Krieg ambitionierte Neuerungen: Man wollte die westdeutsche Gesellschaft auf keinen Fall durch eine Veränderung im Schulsystem destabilisieren.

Dennoch galt die Reeducation im Westen als Erfolgsmodell. Denn immerhin gelang es, »mithilfe des Mediums Schulbuch« tatsächlich »Erziehung und Bildung der jungen Generation zu beeinflussen«, sagt die Wissenschaftlerin Gisela Teistler. Zwar mangelte es anfangs an Büchern, schließlich aber wurden 4500 Bände sämtlicher Fachrichtungen publiziert, viele von ihnen Nachdrucke von Werken aus den Zwanzigerjahren. Deren Auflage im Jahr 1947 betrug trotz aller Papierknappheit fast 22 Millionen Exemplare, eine wirkliche »Investition in eine neu aufzubauende Gesellschaft« (Teistler).

Für die Schulbuchautoren war das oft eine wahre Plackerei. Um sie bei Kräften und Laune zu halten, spendierten die zuständigen Besatzungsoffiziere höhere Lebensmittelrationen.

# ZEITZEUGEN

»Wir kriegen Fräulein Kebbel, ein junges Mädchen von 19 Jahren. Sie soll mit einer völlig überfüllten Klasse von über 60 Schülerinnen und Schülern fertigwerden. Es ist hoffnungslos. Gelernt haben wir nicht viel.«

Vera Bestgen, Jg. 1937, damals Calbe an der Saale

»In meiner Grundschule hatten die Zeugnishefte auf dem Einband ein viereckiges Loch, da prangte früher das Hakenkreuz. Es wurde eben improvisiert, so auch bei allem Schulmaterial. Unser Mathelehrer war gelernter Kellner, der Geschichtslehrer von Beruf Kunstschmied, beide hatten nur noch einen Arm. Es gab auch Probleme bei der Wissensvermittlung, da die Neulehrer keinerlei pädagogische Ausbildung hatten und sie gleichzeitig den zu vermittelnden Stoff selbst nicht beherrschten. Auch im Geschichtsunterricht gab es Probleme mit der Aussprache von Fremdwörtern und historischen Begriffen.«

Frau, Jg. 1939, damals Waldenburg, Sachsen

»Unterricht ganz neu. Es war ungewohnt, den Lehrer morgens mit Guten Morgen zu begrüßen und nicht mehr wie vor Kurzem mit Heil Hitler. Auch vieles, was wir noch in den letzten Monaten vor dem Ende lernen mussten, war nicht mehr gefragt: z.B. das Geburtsdatum von Hitler oder die Namen der Kinder von Goebbels.«

Wolfgang Adam, Jg. 1935, damals Berlin

»Wie viele andere Kinder habe ich mir in dieser Zeit angewöhnt, sehr eng zu schreiben, denn das sparte Papier und Hefte. Uns war auch später schwer verständlich, einen Rand – meistens gefaltet – zu lassen. Da aber dessen Überschreiben vom Lehrer rot eingekreist wurde, sahen viele Seiten wie blutbeschmiert aus.«

Peter Hasenbein, Jg. 1938, damals Kiel

»Im ersten Nachkriegsjahr fand der Unterricht unserer Schulklasse in einem kriegsbeschädigten benachbarten Privathaus statt. Die Fenster hatten keine Scheiben, sondern ›Rollglas‹. Das ist ein dünnes Fliegengitter mit einer Cellophanschicht, kaum durchsichtig, keinerlei Wärmedämmung und bei Wind mit Geräusch ein- und ausbeulend. Die Schüler nahe der Fensterfront saßen in Hut und Mantel und froren dennoch. In der hintersten Reihe des schmalen Zimmers kamen die Schüler am Kachelofen vor Hitze fast um. Unsere Schulklasse hatte eine gemischte Zusammensetzung: Einheimische, die von der ersten Klasse an dabei waren, hereingeschneite Flüchtlinge unter-

schiedlicher Landesteile und sogar einzelne Kriegsteilneh-
mer. Außer einer Schultafel stand z.B. für den Physikunterricht
nichts zur Verfügung. Wir nannten das ›Kreidephysik‹. Auch der
Musikunterricht war ohne Hörbeispiele.«

Mann, Jg. 1930, damals Hannover


»Im Lyzeum wehte ein neuer Wind. Es wurden sogenannte
›Junglehrer‹ eingestellt, die uns beibringen sollten, was wir früher alles falsch gemacht hatten in unserem Leben. Sie schrieben ›wier‹ mit ›ie‹, genauso ›dier‹ statt ›dir‹.«

Edith Fischer, Jg. 1930, damals Jena


»In unserer Schule gab es kaum noch Fensterscheiben, stattdessen waren die Fenster mit Pappe verklebt. Da es keine funktionierende Heizung mehr gab, behielten alle Kinder ihre Mäntel und Schals an, teilweise auch die Mützen. Der Lehrer war
noch der Lehrer W., den wir in der ersten Klasse gehabt hatten.
Aber jetzt sagte er: ›Guten Morgen, Kinder‹, und nicht mehr
›Heil Hitler‹, wie damals.«

Barbara Sleghart-Mothes, Jg. 1936, damals Ludwigshafen


»Die ersten Schulstunden wurden wieder angeboten, aber es
gab keine Bücher, keine Stifte, keine Hefte. Wir schrieben auf
den freien Rändern von Zeitungen. Unser erstes Zeugnis nach
dem Krieg musste jeder auf zusammengebasteltem Papier
vorbereiten, sodass die Lehrer nur noch die Noten einsetzen

mussten. Da auch kein Schulraum zur Verfügung stand, hatten wir wechselseitig bei Klassenkameraden in Privatwohnungen der nicht ausgebombten Eltern Unterricht.«

Liesel Schütze, Jg. 1932, damals Hildesheim

»Die alte Fibel für Anfänger durfte nicht mehr benutzt werden, weil sie nationalsozialistisches Gedankengut enthielt. Aber auf dem Schulboden hatte unser Schulleiter einen Stapel ›Die Hühnerfibel‹ gefunden. Sie war über viele Wochen unser Übungsbuch zum Lesenlernen. So wurden wir, zumindest theoretisch, Experten in Hühnerzucht, kannten die verschiedensten Hühnerrassen, lernten vieles über Hühnerfutter, Hühnerhaltung, Federn und Körperbau des Geflügels.«

Anke Schulz-Böcker, Jg. 1935,
damals in der Altmark, Sachsen-Anhalt

»Von der Schule bekamen wir ein Lesebuch, das wir mit einem anderen Kind teilen mussten. Wer das Buch nach der Schule mit nach Hause nahm, musste es am Nachmittag dem anderen Kind bringen. Die Texte im Lesebuch waren von unseren Besatzern geprägt. Es wiederholten sich ständig die Wörter ›Marshallplan‹ und ›ERP‹. Wir wussten nicht, was das ist, die Lehrerin erläuterte es nicht. Dass wir ohne ›Marshallplan‹ wahrscheinlich verhungert wären, war uns nicht klar.«

Frau, Jg. 1937, damals Klein-Nordende bei Elmshorn

»Mein Klassenlehrer war ein ehemaliger Maurer, und das Dilemma war, dass er vor allem die Rechtschreibung nicht beherrschte und viele Wörter falsch an die Tafel schrieb. Wenn Mutti mich zu Hause (vorsichtig) korrigieren wollte, musste sie mit Widerstand rechnen, denn ich geriet jedes Mal in einen schweren Konflikt. Es gab keine Hefte zu kaufen, und so füllten einige die leeren Rückseiten der Poesiealben ihrer Mütter mit ihren Schreibübungen.«

Gisela Hermsen, Jg. 1938, damals Köttich
bei Weißenfels, Sachsen-Anhalt

# Englisch für eine Flasche Milch

*Ihre Schüler zahlten in Naturalien: Nach Kriegsende
verschlug es Erna Elisabeth Nordmann aufs platte
Land, wo sie Bauern die Sprache der Besatzer lehrte.
Ihr Sohn Harald bekämpfte die Not mit Winnetou.*

Von Katja Iken und Corina Kolbe

*Mit seiner Mutter und zwei jüngeren Brüdern floh Harald
Nordmann (Jahrgang 1937) im April 1945 aus dem zerbombten Berlin nach Schleswig-Holstein. Der Vater war
drei Jahre zuvor als Wehrmachtssoldat in Russland gefallen. In den kleinen Ort Hademarschen, wo die Familie unterkam, rückten bei Kriegsende britische Besatzungstruppen
ein.*

Die Zukunft war ungewiss, es fehlte an allem. Unsere Mutter besaß nicht einmal mehr ein Küchenmesser, aber sie
hatte einen entscheidenden Trumpf in der Hand: ihren
Beruf als Englischlehrerin. In der Nazizeit war es verdächtig gewesen, sich für die Sprache des Feindes zu interessieren. Nach Kriegsende erlebte die Sprache jedoch plötzlich
eine Hochkonjunktur.

Schon wenige Tage nachdem am 6. Mai 1945 die ersten britischen Panzerspähwagen durch das Dorf gefahren waren, gab meine Mutter im größten Krankenzimmer des örtlichen Lazaretts Unterricht. Um sie herum saßen verwundete deutsche Soldaten, andere lagen in ihren Betten.

Zum Glück wollten auch Bauernsöhne Englisch lernen. Eine Flasche Milch für eine Stunde Englisch: Das war damals die Währung. Als Flüchtlinge verbesserten wir auf diese Weise unseren sozialen Status, und im Jahr darauf wurde unsere Mutter an der Mittelschule des Ortes angestellt.

Mit den britischen Besatzern gab es in Hademarschen kaum Probleme. Bei einigen besser gestellten Hausbesitzern wurden Engländer einquartiert, was wir als ausgleichende Gerechtigkeit empfanden. Meine Mutter nutzte oft die Gelegenheit zum »small talk«, um ihre Sprachkenntnisse aufzufrischen. Einmal reichte mir ein Soldat von einem Panzer herab statt der erhofften Schokolade Bier in einer halben Kastanienschale und lachte, als ich beim Probieren mein Gesicht verzog.

In der Zeit hatte ich oft schlimmen Hunger. Vor Verzweiflung biss ich sogar in Seife, aß rohe Steckrübenschnitze mit Salz und musste mich danach übergeben. Überall bekam ich Eiterbeulen, weil der Körper wegen der Unterernährung keine Abwehrkraft mehr besaß. Eine große Beule am Kopf musste in der Krankenstation bei unzureichender Betäubung aufgeschnitten werden.

Von einigen Nachbarn erfuhren wir in dieser schwierigen Lage viel Menschlichkeit: Die Frau von Pastor Templin schräg gegenüber schob mir verstohlen eine Packung

Kartoffelmehl zu. Die Verkäuferin rührte die Milch in der Kanne nicht um, sondern schöpfte abgesetzte Sahne von ganz oben – laut der Lebensmittelkarte hätte uns nur Milch zugestanden.

Als wir auf dem Stoppelfeld von Bauer Struve arbeiteten, kam der junge Sohn heraus und stopfte uns Ähren in die Tasche. Und zu Weihnachten 1945 schenkte uns der alte Herr Rohdewoldt einen selbst gedrechselten Kerzenständer aus Buchenholz, auf dem die Zahl »1945« eingeschnitzt war. Noch heute steht er auf meinem Schreibtisch.

Im Winter 1946/1947 litt ich nicht nur unter dem Hunger, sondern auch unter der eisigen Kälte. Die Temperatur in unserer Stube fiel auf fünf Grad, nachts bildete sich eine Eisschicht in der Waschschüssel. Mit dem Feuerhaken schmolz ich Gucklöcher in die dauerhaft dick vereiste Fensterscheibe.

In eine Decke eingewickelt, mit Handschuhen und einer Pudelmütze auf dem Kopf saß ich dann in der Sofaecke und verschlang 30 Karl-May-Bände, die uns die Nachbarin lieh. So träumte ich mich aus Hunger und Kälte mitten in Winnetous Welt hinein.

Durch eine glückliche Fügung kamen aus den weiten Prärien der USA bald Essenpakete zu uns. In der Not erinnerte sich meine Mutter an ein junges amerikanisches Ehepaar, das sie an der Universität in Berlin kennengelernt hatte.

Der angehende Theologe Paul Sheldon und seine Frau Emily waren damals spindeldürr und hungerten sich durch ihr Studium. Meine Großeltern luden sie oft nach

Hause ein, um sie ein wenig aufzupäppeln. »Noch nie in meinem Leben habe ich einen Menschen so schnell so viel essen gesehen«, meinte damals meine rundliche Großmutter.

Wir fragten uns nun, wo die Sheldons inzwischen wohnen könnten. Nach langem Grübeln sprang meine Mutter eines Tages wie elektrisiert auf und schrie: »Springfield, Illinois!« Auf der Stelle schrieb sie an »Reverend Sheldon«.

Schon nach ein paar Wochen brachte uns der Postbote das erste Care-Paket, das wir mit großem Jubel begrüßten. Darin fanden wir nicht mehr benötigten amerikanischen Heeresproviant wie Kaffee, Kekse, Corned Beef, Zigaretten, Schokolade. Diese Kostbarkeiten tauschten wir bei den Bauern gegen Fleisch und andere Lebensmittel ein. Für ein Pfund Kaffee gab es immerhin eine fette Gans.

Am meisten faszinierte mich eine flache messingfarbene Blechdose, die ebenfalls in dem Paket steckte. »Emergency Ration« stand in eingeprägten Buchstaben auf dem Deckel. Weiter war zu lesen, dass diese »Notfallration« nur mit Genehmigung eines Offiziers verzehrt werden dürfte.

In diesem Fall war unsere Mutter der Offizier und ordnete an, die Büchse zu öffnen. Sie enthielt eine dunkelbraune, klebrige, süße Masse, die herrlich schmeckte. Diesen Geschmack würde ich immer wiedererkennen. Eine solche Büchse habe ich bis heute aufbewahrt.

Meine Mutter konnte sogar noch weitere Unterstützung aus dem Ausland mobilisieren. Ihr fiel der Schulleiter Raymond King ein, der mit seiner Frau Mary in New Malden bei London lebte. Mehr als zehn Jahre vorher hatte sie ihn

171

bei einem Studienaufenthalt in England kennengelernt. Damals wollte er Erna Elisabeth unbedingt heiraten – doch sie entschied sich für Dr. Claus Jürgen Nordmann, meinen Vater, der nun in Russland begraben lag.

Meine Mutter fasste sich ein Herz und schrieb an Raymond, der ihr nichts nachtrug und umgehend half. Da Lebensmittel auch in England knapp waren, schrieb er an eine gute Bekannte in Schweden. Nach einigen Wochen erhielten wir ein »Schwedenpaket« mit großen Blöcken Schmelzkäse, Büchsen voller Trockenmilch und drei Paar Kinderstiefeln, ein unvorstellbarer Luxus.

»Milch«, so lernte ich damals, hieß auf Schwedisch »mjölk«. Kichernd versuchten wir, die fremdartigen Namen auszusprechen. In einer leeren Trockenmilchdose, die ich immer noch besitze, bewahrten wir jahrzehntelang Backgewürze auf.

In den Jahren danach ging es für uns allmählich aufwärts. 1948 kam ich auf das Gymnasium in der Kreisstadt Rendsburg und lernte Latein. Das war Ehrensache, denn unser Vater war schließlich Lateinlehrer gewesen. Wie man dank Bildung überleben kann, hatte ich in Hademarschen ja aus nächster Nähe miterlebt. Zu den Sheldons hielten wir jahrzehntelang Kontakt. Das Ehepaar King kam 1950 erstmals wieder nach Deutschland, und später besuchten wir sie in England.

Von unserer Helferin in Schweden, deren Namen ich nicht mehr wusste, erhielt ich 2005 ein unverhofftes Lebenszeichen. Elisa Steenberg aus Stockholm, inzwischen hoch in den Neunzigern, meldete sich auf einen Text hin, den ich in einem Internetforum veröffentlicht hatte. Endlich konnte ich mich für ihre großherzige Unterstützung bedanken.

Aus der deutschen Katastrophe habe ich Konsequenzen gezogen und mein Leben darauf verwendet, für eine demokratisch gewählte Regierung zu arbeiten: Nach einem Jurastudium war ich jahrzehntelang in Ministerien der Landesregierung von Nordrhein-Westfalen tätig.

Wenn ich heute, inzwischen 80, daran denke, welche Gestalten jetzt auf der rechten Seite des Deutschen Bundestags sitzen, dann steigt mein Blutdruck, und ich muss an Hegel denken: Der Philosoph war der Ansicht, aus der Geschichte sei nur zu lernen, dass Völker und Staaten nichts aus ihr lernten. Auch die Bemerkung von Friedrich dem Großen nach dem Siebenjährigen Krieg kommt mir in den Sinn:

»Denn es ist eine Eigenschaft des menschlichen Geistes, dass Beispiele keinen bessern. Die Torheiten der Väter sind für ihre Kinder verloren; jede Generation muss durch eigenen Schaden klug werden.«

Ich bleibe zuversichtlich, dass es uns Deutschen von heute gelingen wird, Friedrich II. zu widerlegen. Und Hegel auch.

# Amerika läuft nicht weg

*In Frankfurt am Main lag das Hauptquartier der*
*US-Truppen. Wohl nirgends sonst im Land haben*
*die Amerikaner so viele Spuren hinterlassen wie hier.*
*Ein Streifzug durch die Region.*

Von Judith Reker

Deutschland in den Sechzigerjahren. Ein junger Mann
im Schwäbischen, er heißt Joschka Fischer, hört im Radio
zum ersten Mal die Songs von Bob Dylan. Freiheit und
Möglichkeit sprechen aus ihnen, das macht großen Eindruck auf den Fotografenlehrling. So groß, dass er die
Ausbildung hinschmeißt, nach Frankfurt am Main zieht
und in die Studentenbewegung eintaucht. Von da führt
der Weg bis zum Außenminister und Vizekanzler.

Der Radiosender hieß AFN, American Forces Network,
und funkte eigentlich für US-Soldaten im Ausland. Auch
für die Truppen der US-Besatzungsmacht in Deutschland
von 1945 an. Aber Deutsche konnten mithören und taten
es zu Abertausenden, jahrzehntelang. So rollten auf den
Radiowellen neue Impulse nach Deutschland, deren Aus-
läufer bis in die Gegenwart reichen.

Was für ganz Deutschland gilt, ist in Frankfurt beson-

174

ders spürbar. Hier stand ab Kriegsende das Hauptquartier der US-Besatzungsmacht. Zwar kam Amerika nicht erst in Gestalt von GIs und Radiowellen nach Frankfurt – die Beziehungen sind vielfältig und alt. Der Dinosaurier aus Wyoming zum Beispiel war schon viel früher da. 1907 schenkte das American Museum of Natural History dem Senckenberg Naturmuseum das Skelett des Diplodocus longus. Dort steht das Tier bis heute.

Doch fast 50 Jahre US-Besatzung haben besonders tiefe Spuren in der Stadt und ihrer Umgebung hinterlassen. Manche sind offensichtlich, wie die noch heute im Rhein-Main-Gebiet stationierten US-Truppen. Andere haben sich in die Menschen eingeschrieben, die die Besatzung erlebt haben. Schließlich finden sich Fährten auch in Parks und Institutionen, und manch einer sagt, sogar die Frankfurter Skyline sei ein Vermächtnis der Besatzungszeit.

Im März 1945 hatte die US-Armee die Stadt eingenommen. Die Stadt? »Frankfurt ähnelt einer Stadt, so wie ein Haufen Knochen und ein eingeschlagener Schädel in der Steppe einem prämierten Hereford-Ochsen ähneln.« So sah es der amerikanische Schriftsteller John Dos Passos, der 1945 das Trümmerfeld am Main besuchte. Rund 26 000 Tonnen Bomben waren zuvor auf die Stadt gefallen, die einst schöne Altstadt mit ihren fast 2000 Häusern war abrasiert.

»Frankfurt würde anders aussehen ohne die Amerikaner«, sagt Peter Cachola Schmal. Der Direktor des Deutschen Architekturmuseums zieht eine schnurgerade Linie von Ursache zu Wirkung: Mit der US-Besatzungsmacht war die politische Macht in Frankfurt eingezogen. Nichts lief ohne die Zustimmung der Amerikaner, folgerichtig wurden 1948 zwei zentrale neue Finanzinstitutionen ebenfalls in Frankfurt gegründet, die Bank deutscher Länder, Vorgängerin der Deutschen Bundesbank, und die Kreditanstalt für Wiederaufbau, heute KfW. Weitere Banken folgten, heute sind es mehr als 200.

»Ohne die Banken«, erklärt der Architekturkritiker Schmal, »hätte es nicht diesen Druck auf die Entwicklung gegeben. Der führte dazu, dass man Hochhäuser bauen musste.« Denn Frankfurts Fläche ist klein, es gab gar keine andere Möglichkeit, als in die Höhe zu bauen. So wuchsen in der Stadt so viele Wolkenkratzer wie sonst nirgends in Deutschland. »Ohne die Hochhausplanungen wiederum hätte es die 68er-Hausbesetzungen nicht gegeben«, sagt Schmal. Die Grundstücksspekulationen waren der Auslöser für den sogenannten Frankfurter Häuserkampf, der sich bis in die Siebzigerjahre zog. Joschka Fischer wieder mittendrin.

Nicht nur die Bankentürme kamen wegen der Amerikaner nach Frankfurt, auch Horst Hudek. Der Friseur wurde 1938 im hessischen Korbach geboren, etwa 150 Kilometer entfernt. Nach seiner Lehre arbeitete er zum ersten Mal mit 18 Jahren in einer US-Kaserne. Das gefiel ihm. »Der Dollar stand eins zu vier, das Trinkgeld war auch besser.« Deshalb überlegte er keinen Augenblick, als 1963 das Offizierskasino der US-Streitkräfte in Frankfurt einen Friseur suchte.

Rund 30 Jahre lang ging er von da an in der Zentrale der Macht ein und aus. Die lag auf dem Gelände des ehemaligen Chemieunternehmens I. G. Farben. Den markanten Bau hatten die Amerikaner zum Hauptquartier der Alliierten Streitkräfte gemacht. Der Grund war ein pragmatischer: Das Gebäude war einer der wenigen intakt gebliebenen großen Bauten in Westdeutschland.

Bis zum Abzug der US-Armee aus Frankfurt Anfang der Neunzigerjahre frisierte Horst Hudek die Offiziere. Die wählten zwischen Crew Cut (Bürstenschnitt) und Flat Top (Kastenschnitt).

Heute betreibt Hudek einen Friseursalon im Städtchen Bad Vilbel, das an Frankfurt grenzt. Das mittlerweile weiße Haar schneidet er sich immer noch selbst. Mittags geht er nun gern in den Keller des Salons, um für einen Moment die Beine hochzulegen. Im Keller leben auch der Rock 'n' Roll und die Erinnerungen. Bilder von US-Stars bedecken die Wände – Elvis Presley, Humphrey Bogart und Marilyn Monroe, Muhammad Ali. Dazwischen stecken amerikanische Flaggen und steht eine Jukebox. Elvis, Bill Haley »und unsere natürlich auch: Peter Kraus, Ted Herold«, das ist Horst Hudeks Musik.

Die Musik der Amerikaner, ihre Autos, ihre entspanntere Art, wie er sagt, all das hat ihn nachhaltig beeindruckt. »Es gab ja eine Zeit, da hieß es ›Ami go home‹. Wie aber der Amerikaner dann abgezogen ist, da haben sie geflennt: die Taxifahrer, die Gastronomie, alle, die von den Amis gelebt haben. Denn die haben zum Aufbau nach dem Krieg doch wesentlich beigetragen.«

Vollständig abgezogen ist die US-Armee aber nicht aus dem Rhein-Main-Gebiet. Die Pioneer-Kaserne in Hanau etwa schloss erst 2008, in den Achtzigerjahren war sie die größte in Deutschland. Die Lucius-D.-Clay-Kaserne in Wiesbaden ist seit 2012 das Hauptquartier der US-Landstreitkräfte in Europa. Auch Einheiten der Luftwaffe sind dort stationiert und der früher legendäre Radiosender AFN.

Das amerikanische Generalkonsulat ist ebenfalls noch da, es ist eine der größten diplomatischen US-Vertretungen weltweit. Rund tausend Menschen arbeiten im ehemaligen US-Militärhospital, das in der NS-Zeit ein Krankenhaus der deutschen Luftwaffe war. 100 000 amerikanische Babys kamen hier zwischen 1945 und dem ersten Irakkrieg zur Welt, darunter ein Kind des ehemaligen US-Außenministers Colin Powell.

In Frankfurt geblieben sind auch die Bäume aus Amerika. Zum Beispiel die Roteichen im Stadtwald, die Anfang der Fünfzigerjahre an den Wegesrändern gepflanzt wurden. Und die Mammutbäume im Botanischen Garten. Der große Bergmammut ragt heute 25 Meter auf. Er soll zwischen 1949 und 1952 vom damaligen amerikanischen Hochkommissar John McCloy gestiftet worden sein. Ganz genau weiß es niemand, denn detaillierte Aufzeichnungen gibt es erst seit den Siebzigerjahren. Auch zwei Küstenmammutbäume, die so hoch werden können wie kein anderer Baum, stehen im Botanischen Garten. Mindestens einer, sagt der Kustos, sei in den Fünfzigerjahren gepflanzt worden.

Zu dieser Zeit studierte Ingrid Fischer Wirtschaft an der Universität Frankfurt. Vorlesungen besuchte sie in einem Saal des Senckenberg Naturmuseums. Die Uni war dankbar für jeden großen Raum, den sie kriegen konnte. »In der Pause sind wir dann immer um die Dinosaurier herumgelaufen und haben den Stoff diskutiert.«

Fischer wurde 1935 in Frankfurt geboren. Den Krieg verbrachten sie und ihr Bruder auf dem Land, »getrennt, das wünschte mein Vater, weil er wollte, dass nach dem Krieg wenigstens einer von uns noch lebt«. Nach dem Wirtschaftsstudium, ein Auslandsjahr in den USA inklusive, unterrichtete sie an einer Fachschule für Wirtschaft. Und sie wurde Mitglied im International Women's Club, IWC, einem Verein, der ohne die US-Besatzung nicht entstanden wäre.

1947 hatte eine andere Frankfurterin den Klub gegründet. Elisabeth Norgall wollte, dass sich nach dem Krieg die Frauen für Frieden und Völkerverständigung organisieren. Norgall, die in Oxford studiert hatte und für die US-Armee arbeitete, scharte eine Handvoll Deutsche und Amerikanerinnen um sich, darunter Ellen McCloy, die einflussreiche Ehefrau des Hochkommissars.

»Mein erster Eindruck war nicht positiv. Ich dachte: blöder Weiberklub«, erinnert sich Fischer. Sie sitzt in der Bibliothek ihres Hauses im Frankfurter Stadtteil Sachsenhausen. Eine Perlenkette an ihrem schmalen Hals schimmert wie warmes Licht. Fast also wäre nichts geworden aus ihrer Mitgliedschaft im IWC. Doch auf den zweiten Blick gefiel ihr die Vereinigung. Sie trat 1968 bei, war sogar ein Jahr lang Präsidentin und schwärmt nun davon, dass es »ein Klub ist, in dem man wirklich etwas tun und sich einbringen kann«. Freunde fürs Leben habe sie dadurch gewonnen.

Inzwischen hat der International Women's Club of Frankfurt rund 500 Mitglieder aus 50 Ländern. Neben sogenannten Interessengruppen – zum Beispiel zu Weltliteratur, Golf, Blumen und Gärten – spielt soziales Engagement eine große Rolle. Dazu gehören ein Krankenhausdienst, Aktivitäten in Alten- und Kinderheimen und Wohltätigkeitsveranstaltungen wie der jährliche Weihnachtstee, zu dem der Frankfurter Oberbürgermeister einlädt.

Wäre Ingrid Fischer heute Wirtschaftsstudentin in Frankfurt, würde sie ihre Seminare auf dem Campus Westend besuchen. Das ist das ehemalige I.-G.-Farben-Gelände, die Universität hat es vor einigen Jahren von der US-Armee übernommen. Zwischen den Vorlesungen legen die Studierenden gern eine Pause in der Eisenhower-Rotunde ein. Der Name steht in geschwungener Schrift auf der Eingangstür. Der hohe Saal mit bodentiefen Fenstern wurde in den Achtzigerjahren restauriert und im Gedenken an den ersten Militärgouverneur der US-Besatzungszone und späteren US-Präsidenten benannt. Ein Stockwerk höher hatte Eisenhower sein Büro.

Den meisten Studierenden, die heute in der Rotunde sitzen, sagt das alles nichts. Frage: Wer war Dwight D. Eisenhower? Patricia, 19 Jahre, studiert Philosophie: »Jetzt fühle ich mich dumm. Ich habe keine Ahnung.« Helena, 20 Jahre, Germanistikstudentin: »Ich weiß es wirklich nicht.« Schließlich weiß doch noch einer die Antwort. Jakob, 23-jähriger Student der Philosophie. Er hat sich noch mehr Gedanken gemacht: »Es ist doch ziemlich interessant, welche Geschichte in dem Gebäude hier steckt, von der Nutzung durch die I. G. Farben während der NS-Zeit, mit ihrer Zyklon-B-Herstellung für die Vernichtung im Holocaust, über die Nutzung durch die Besatzung bis jetzt als Ort des freien Wissens.«

Ein anderer Ort des Wissens, der ohne Amerika wohl niemals so bedeutsam geworden wäre, war das Institut für Sozialforschung. 1949 kehrte der Philosoph Theodor W. Adorno aus den USA zurück. Die Frankfurter Universität hatte ihm 1933 wegen »nichtarischer Abstammung« die Lehrbefugnis entzogen, das gesamte Institut ging ins Exil in die USA. Dort hatte Adorno gemeinsam mit Max Horkheimer die »Dialektik der Aufklärung« geschrieben, ein grundlegendes Werk der Philosophie des 20. Jahrhunderts. Als »Frankfurter Schule« wurde ihre gesellschaftskritische Forschung aus den USA heraus international bekannt. Adornos Vorlesungen in Frankfurt wurden zu Massenereignissen.

Auch Ingrid Fischer saß im Hörsaal. »Ich hatte fünf Kumpels, und einer hat gesagt: Jetzt gehen wir zu Adorno. Ich habe gefragt, wer ist denn das, Adorno? Da war ich vielleicht 18, 19 Jahre alt. Na, und dann sind wir da zusammen hin, haben uns die Vorlesung angeguckt und nix verstanden.«

Während Adorno neue Ideen in die gebildeten Frankfurter Kreise trug, war das Medium der Massen der amerikanische Soldatensender AFN. Schluss mit deutschem Heimatgeschnulze – AFN brachte Bob Dylan zu Joschka Fischer und Rock, Jazz, Country und Pop in Tausende Wohn- und Schlafzimmer. Seit seiner Gründung 1943 in London auf Sendung, war die Reichweite von AFN Deutschland zu seinen Hochzeiten enorm. Doch die abnehmende Truppenzahl in Deutschland seit dem Ende der US-Besatzung machte den teuren Betrieb zunehmend unattraktiv. Im Januar 2017 gab AFN die reichweitenstarke UKW-Frequenz 98.70 MHz an das Deutschlandradio ab.

Heute funkt der Sender mit bescheidenen 500 Watt und sieben Mitarbeitern aus einem Studio in Wiesbaden. Es steht in einem farblosen Bungalow auf dem Gelände der Lucius-D.-Clay-Kaserne. Auch Gary Bautell arbeitet jetzt hier. Der 75-Jährige ist ein Urgestein des Senders, er kam 1962 nach Frankfurt und leitete viele Jahre lang AFN Radio Europe.

»In den Sechzigern hatten wir wahrscheinlich an die 400 000 Soldaten als Hörer«, sagt Bautell. Die Zahl der deutschen Hörer kennt er nicht. Aber sie war hoch, das merkten die Radioleute an den Säcken voller Fanpost und den vielen Anrufen vor allem junger Frauen.

Eine Radioshow, die Bautell moderierte, hieß »Music in the Air«. Mit seinem samtigen Bass schnurrt er noch einmal die Einleitungsmoderation: »Doo doo doo, doo doo – listen, there's music in the air.« Daraufhin, erzählt er, folgte eine Stunde lang instrumentelle Popmusik, Easy Listening, von Bands wie 101 Strings und Guy Lombardo. »Langweilig, aber es war gute Dinnermusik«, sagt Bautell. »Später habe ich erfahren, dass viele deutsche Familien ihr Abendessen auf den Beginn der Show gelegt haben, sieben Uhr.«

Hin und wieder landen auch heute noch Lebenszeichen von treuen Fans in Bautells Posteingang. Erst kürzlich eine E-Mail. Ein Oberstleutnant a. D. der deutschen Luftwaffe erkundigte sich nach einem Song aus der »Gene Price Radio Show«. »Gibt es jemanden aus der älteren Generation auf dem Stützpunkt oder bei AFN, der sich noch an diese wunderbare Show erinnert?«, fragte er hoffnungsvoll.

So haben die Jahrzehnte der US-Besatzung ihre Abdrücke zurückgelassen, haben Menschen geprägt und Orte und Politik. Und die Spuren selbst verändern sich weiter. Mammutbäume schichten Jahresringe, historische Namen wie Eisenhower verblassen. Zeitzeugen begraben Träume.

Der Rock 'n' Roll wird für immer Horst Hudeks Musik bleiben, doch Amerika als Sehnsuchtsort, den er einmal im Leben besucht haben will, ist dem Friseur im Lauf der Jahre abhandengekommen. Drei Anläufe hat er unternommen, das Land, das ihn so stark geprägt hat, zu besuchen. Einmal wurde das Kind krank, einmal klaute ihm jemand kurz vor der Reise sein Auto. Beim dritten Versuch sagte seine Frau, sie hätte gerade so eine schöne Küche gesehen. »Da habe ich mir gedacht: Amerika läuft uns nicht weg.« Sie kauften die Küche für 20 000 D-Mark und haben sie noch. Das war vor mehr als 30 Jahren.

Über Amerika sagt Hudek heute beiläufig: »Ich bin drüber weg.«

# Mit der Seifenkiste zur Demokratie

*Die Mutter repariert Nylonstrümpfe der GI-Frauen,
der Sohn trägt die »Stars and Stripes« aus: Diether
Sieghart landete 1946 im bayerischen Moosburg und
lernte als Elfjähriger den »American Way of Life«
lieben.*

Von Katja Iken

*Diether Sieghart wurde 1934 in Petershofen/Petrkovice
(bis 1939 Tschecheslowakei, bis 1945 Oberschlesien, heute
Tschechien) geboren. Wenige Tage vor Kriegsende starb sein
Vater bei einem russischen Panzerangriff. Im Frühjahr 1946
wurde der Elfjährige mit seiner Mutter und den vier klei-
nen Geschwistern aus der Tschechoslowakei vertrieben, per
Viehwaggon ging es nach Bayern. In Moosburg landete die
Familie in einer verschimmelten Wohnung.*

Als wir eingezogen waren, sagte unsere Mutter: »Bitte
schwärmt aus und versucht, irgendwo Hausrat zu bekommen, damit wir kochen und essen können.« Die Müllkip-
pen waren unsere ersten Anlaufstellen.

Neben alten Tellern und rostigen Töpfen fand ich dort
die Sprungfeder einer Matratze. Schnell versah ich sie mit

einem geschnitzten Holzgriff, um damit Eischnee und Schlagsahne herzustellen. Mutter sagte mit einem traurigen Lächeln: »Wir haben doch weder Eier noch Sahne!« Dieses erste Bastelstück hob sie bis zu ihrem Tod auf.

Nach wenigen Tagen erfuhren wir, dass die Amerikaner in Moosburg die Jugend- und Kulturorganisation GYA (German Youth Activities) aufbauten. Ziel: Über die Jugendlichen wollten die Amerikaner der deutschen Bevölkerung Demokratie und den »American Way of Life« näherbringen.

Es gab dort verschiedenste Sportangebote wie Boxen, Softball und Baseball, Klettern und Kunstradfahren. Zudem Sprachkurse und Fotolabors mit kompletter Einrichtung, Werkstätten für Flugzeug-Modellbau, Holz- und Textilarbeiten, einen literarischen Zirkel und Filmvorführungen. Sogar Ausflüge für Jugendliche ins Gebirge und Fahrten zu Sportwettkämpfen wurden angeboten, alles kostenlos und bestens organisiert.

Am Schwarzen Brett des GYA entdeckte ich, dass ein Zeitungsjunge mit Fahrrad zum Austragen der Zeitschriften »Stars and Stripes« und »New York Herald Tribune« gesucht wurde. Ich bewarb mich bei Herrn Hannemann, einem am GYA-Projekt beteiligten Deutschen, musste ihm aber mitteilen, dass ich für mein erstes Fahrrad am Schrottplatz noch nicht alle Teile gefunden hatte. Und wir zu arm seien, um ein neues Fahrrad zu kaufen.

Er besprach die Situation mit US-Kollegen und stellte mir dann Geld für ein Guericke-Rad zur Verfügung, das ich abstottern durfte. Stolz und glücklich war ich damals.

Die Zeitungen kamen sehr früh mit einem US-Liefer-wagen. Noch vor meinem Schulunterricht musste ich alle Villen und Wohnungen abfahren, in denen US-Offiziere einquartiert waren, dort die Zeitungen abgeben und am Monatsanfang kassieren.

Wenn Offiziere ihren Einsatzort verlegten oder in die USA zurückmussten, kamen die bezahlten Zeitungen weiter bei mir an, ich konnte sie an Soldaten gegen Script-Dollars frei verkaufen. Das waren wichtige Zusatzeinnahmen zusätzlich zur Sozialhilfe, später zur Witwen- und Waisenrente.

Herr Hannemann, der die Notlage unserer Familie erkannt hatte, beschaffte uns eine zweite Einnahmequelle: Vornehmlich für die Frauen der US-Offiziere, aber auch für wohlhabende Deutsche war ein Reparaturdienst für Nylonstrümpfe eingerichtet worden – unsere Wohnung war Annahme- und Abrechnungsstelle.

Neben Geldeinnahmen für den Zeitungsdienst gab es von den Frauen der US-Offiziere oft Geschenke wie Sü-ßigkeiten und Konserven – begehrte Tauschobjekte. Als »Newspaper-Delivery-Boy« hatte ich Zugang durchs Gartentor und ging an meist kläffenden Hunden vorbei bis zur Haustür, um die Zeitung abzugeben oder einzuste-cken.

Beim Rückweg schlich ich zur Mülltonne und holte Comics und Modezeitungen heraus, die ich gegen Pausenbrote, Obst und Bücher eintauschen konnte. Dass meine Mitschüler diese Bücher ihren Eltern entwendeten, ahnte ich, ohne jedoch ein so heikles Thema anzusprechen.

Neben den GYA-Kursen veranstalteten US-Soldaten noch andere Aktionen. So warfen sie aus Flugzeugen Geschenke und Süßigkeiten aller Art mit kleinen Fallschirmen über der Stadt ab. Wir Vertriebenen waren wenig begeistert, weil die Fallschirme meist in Gärten landeten, zu denen nur Einheimische Zutritt hatten.

Mehr Spaß bereiteten uns die von den Amerikanern ins Leben gerufenen Seifenkistenrennen: US-Familien übernahmen Patenschaften sowie die Kosten für Radsätze von Opel und freuten sich, wenn wir die Spendernamen auf die Fahrzeuge malten. Ich bastelte für meinen Bruder Wolfgang eine stromlinienförmige Soap-Box mit Federung der Hinterräder, wir tauften sie »Leslie«.

Besonders wichtig war für uns die von den Amerikanern eingeführte Schulspeisung: Auf dem Schulhof des Domgymnasiums wurden in den Pausen oder gegen Mittag Haferflockenbrei mit Rosinen, Eintopf und Suppen ausgeteilt. Ich hatte von einer Moosburger Müllkippe einen Alubehälter organisiert, der etwa 1,5 Liter fasste. An der Außenseite war der schiefe Turm von Pisa eingraviert: die wunderschöne Arbeit eines Soldaten, der wohl in Italien im Einsatz war.

Wir Vertriebenen waren immer hungriger als unsere einheimischen Mitschüler. Häufig so hungrig, dass wir sie ansprachen: »Lass mich bitte einmal abbeißen«, was uns große Überwindung kostete. Vor allem die ärmere Moosburger Bevölkerung unterstützte uns Vertriebenen sehr, aber auch wenige Wohlhabende. Von einem Bäckerssohn bekam ich oft knusprige Semmeln gegen Mithilfe beim nächsten Test. Er soll es später bis zum Volksschulleiter gebracht haben, worüber ich mich wirklich freute.

Moosburger Radsportler organisierten mit dem GYA auch Radrennen. Da wir »Newcomer« uns keine Rennräder leisten konnten, montierten wir die Schutzbleche und andere nicht benötigte Ausrüstungen von unseren Fahrrädern ab. Wochenlang trainierten wir auf der alten B11 zwischen Moosburg und Landshut. Und überlegten, ob und wie man sich mit Kaffee, schwarzem Tee und Traubenzucker in Form bringen könnte.

Bei einem Rennen setzte ich mich sogar gegen meinen Trainingspartner Bruno von Mengden durch und gewann als Erster in unserer Altersklasse. Als Preis hatten die US-Soldaten einen aus Schaffell hergestellten Fliegeranzug gestiftet. Ich konnte ihn später bei meinen Abiturvorbereitungen in einem eiskalten Zimmer gut gebrauchen.

Die Amerikaner machten sich mit ihren Aktionen, ihrer Musik und ihrem Einfluss auf die Jugend nicht nur Freunde. Es gab Altnazis in allen Kreisen der Bevölkerung, vor allem bei den wohlhabenden Bürgern und in den Vereinen. Als ich über Herrn Hannemann und einen sportbegeisterten US-Offizier das Angebot erhielt, dass die Amerikaner mit schwerem Gerät unsere geplante Aschenbahn am östlichen Ortsrand von Moosburg kostenlos bauen würden, war im Verein der Teufel los.

Amerikagegner zwangen uns jugendliche Leichtathleten, mit Schaufel und Spaten in mühevollster Arbeit die Aschenbahn und die Sprunggruben selbst auszuheben – und in Kauf zu nehmen, dass die Laufbahn nicht waagerecht, sondern mit leichtem Gefälle ausgebaut werden musste.

Andere diffamierten Frauen, die sich mit Amerikanern eingelassen hatten, als »Amihuren«, selbst wenn es feste Beziehungen waren oder sogar zu Ehen führten. Unter den Verleumdern: Geschäftsleute, die unter anderem durch Schwarzhandel reich geworden waren, und einige, die im Moosburger Karneval reihenweise junge Mädchen mit Sekt und starken Alkoholika verführten und ihre eigenen Frauen betrogen.

Neben Freizeitbeschäftigungen, GYA, Zeitungsaustragen und Strumpfreparaturdienst gab es noch wichtigere Aufgaben: Holz sammeln, in den Dörfern rund um Moosburg Lebensmittel hamstern sowie im Herbst »Fallobst-, Ähren-, Kartoffel- und Zuckerrübennachlese« auf den abgeernteten Feldern, mit Erlaubnisschein der Gemeinde.

Natürlich waren wir auch Schwarzfischer. Zunächst waren wir dort unterwegs, wo US-Soldaten mit Handgranaten Hechte ohne Angelschein und »Petri Heil« fischten und uns danach den Beifang an Weißfischen, Forellen und anderen kleinen Fischen überließen. Als die US-Verwaltung das verbot, lernten wir, mit den Händen zwischen den Ufersteinen Forellen zu greifen, mit mehrzackigem, selbst geschmiedetem Gerät in der Strömung stehende Fische aufzuspießen oder zu schnüren.

Ein französischer Kriegsgefangener zeigte mir, wie man Weinbergschnecken sammeln und zubereiten konnte, was allerdings äußerst mühsam war. Und Roma (wir nannten sie damals Zigeuner), die unter der Isarbrücke ihren

Wohnwagen aufgestellt hatten, brachten mir bei, wie man Igel in Lehm packen und dann in der Glut garen konnte.

Erst als ich in einem Indianerbuch gelesen hatte, wie köstlich Bisam schmeckte, konnten wir uns überwinden, »Wasserhasen« auf die Speisekarte zu setzen. Es wurden köstliche Gerichte.

# Brennnesselsuppe und scharfe Munition

*Knappe Lebensmittel, blühender Schwarzhandel:*
*Eric Keppel floh mit seiner Familie gegen Kriegsende*
*vor der Roten Armee. Hier erzählt er von dem langen*
*Weg aus Ungarn in ein neues Leben in Frankreich.*

Von Katja Iken

*1944 flieht der siebenjährige Eric Keppel, geboren in Kolozs-*
*vár (Cluj Napoca, Klausenburg), mit seinen Eltern und dem*
*älteren Bruder Max vor der Roten Armee gen Westen. Aus*
*Nordsiebenbürgen, damals Teil des von den Nazis besetzten*
*Staates Ungarn, schlugen sie sich über Österreich bis nach*
*Deutschland durch und erleben das Kriegsende im Frühjahr*
*1945 in Oberfranken.*

*Von dort aus gelangen sie in die französische Besatzungs-*
*zone und leben zeitweise in einem Sammellager für Flücht-*
*linge und Vertriebene (»Displaced Persons«). Vater István,*
*ein Architekt, findet Arbeit in einer Kaserne in der Pfalz.*
*Mutter Margit, geborene Prokop, darf mit Eric im Mai 1948*
*nach Frankreich ausreisen. Vier Monate später ist die ganze*
*Familie in Paris wiedervereint.*

192

Im August 1945 hört die Mama im Radio, dass die Demarkationslinie der sowjetischen Besatzungszone über Nacht in das Hinterland von Coburg verlegt wurde, nur 30 Kilometer von uns entfernt. Voller Panik beschließt sie, dass wir so schnell wie möglich weiter nach Westen flüchten müssen, am besten nach Frankreich.

Im Handumdrehen hat sie unsere Abreise organisiert. Im Hauptbahnhof der oberfränkischen Stadt Lichtenfels drängen sich Tausende Flüchtlinge. Alle wollen Richtung Westen, manche warten schon seit vier oder fünf Tagen. Niemand weiß, wann ein Zug ankommen wird und wohin man fahren kann. Wir bauen eine Burg aus Koffern und stellen uns darauf ein, hier länger kampieren zu müssen.

Plötzlich stürzt die Mama außer Atem auf uns zu: »Schnell, Kinder, ein Transport wird in wenigen Minuten abfahren. Ich habe schon Plätze reserviert, der Zugführer wird uns helfen.« Im Holzwagen hat sich ein Dutzend Flüchtlinge eingerichtet. Die Kinder dürfen oben auf dem Gepäckhaufen sitzen. Wir verbringen die gesamte Fahrt an der Lüftungsluke, mit herrlichem Blick auf die sonnenüberflutete Landschaft. In Fenne bei Saarbrücken steigen wir schließlich aus, denn der Zug fährt nicht weiter.

Für etwa ein halbes Jahr kommen wir in einem Zimmer im Bahnhofsgebäude unter. Anfangs gibt es kaum etwas zu essen, wir haben ständig Hunger. Die Mama sammelt morgens Brennnesseln und kocht daraus eine eklige Brühe. Erst später wird es wieder Brot und Kartoffeln geben.

Auf dem Bahnhof geht es immer aufregend zu. Die

Amerikaner haben angefangen, ihre Truppen wieder nach Hause zu schicken. Die Transportzüge halten oft in Fenne, wo die Soldaten aussteigen und auf dem Bahnhofsgelände in kleinen Gruppen essen. Wir stromern herum, weil wir wissen, dass sie freundlich sind und gern Leckereien verteilen. So bekommen wir oft Bonbons, Schokolade, Ananas und anderes geschenkt.

In Februar 1946 herrscht plötzlich Aufregung. Die französischen Besatzer entscheiden, dass Ostflüchtlinge und Vertriebene, sogenannte Displaced Persons (DPs), nur noch in Sammellagern leben dürfen. Mit dem Zug werden wir nach Pirmasens in Rheinland-Pfalz geschickt.

Unser Lager ist eine heruntergekommene ehemalige Kaserne der Wehrmacht. Hier leben Polen, Rumänen, Ungarn, Griechen und andere Menschen, die nicht in ihre Ursprungsländer zurückkehren wollen, aus Angst vor den Kommunisten. Anfangs wohnen wir zu sechst in einem sehr kleinen Zimmer. Die Mama schafft es aber schnell, für unsere Familie ein Einzelzimmer zu bekommen. Wir schlafen in zwei Etagenbetten. Für einen Tisch und einen Kocher bleibt kaum Platz.

Die Verhältnisse sind erbärmlich. Der Schwarzmarkt blüht, Gangsterbanden schaffen es, aus der Versorgung des Lagers für sich Profit zu schlagen. Die Lebensmittelrationen werden plötzlich auf etwa ein Zehntel der ursprünglichen Menge reduziert. Manche munkeln, die französische Lagerführung stecke mit den Schwarzmarktbanden unter einer Decke.

Alle träumen von Auswanderung und lernen Fremdsprachen. Der Papa ist das anerkannte Multisprachtalent und spielt den Oberlehrer. Jeden Abend versammeln sich drei bis vier Erwachsene in unserem Zimmer. Wir Kinder werden ermuntert mitzulernen. So komme ich zu meinen ersten Französischkenntnissen.

Die Mama näht jetzt schicke Kleider für Polinnen. Die Geschäfte laufen prächtig, sie weiß nicht mehr, wie sie alle Aufträge erledigen soll. Wir schwimmen plötzlich im Wohlstand! Neben Brennnessel-Gemüse haben wir durch den Schwarzmarkt genug zu essen, während die monatlich ausgeteilten offiziellen Rationen immer kleiner werden.

Waffen und Munition gibt es in den Kellern der Gebäude in Hülle und Fülle: Die frühere Wehrmacht-Kaserne wurde bis zuletzt als Ausbildungslager benutzt und dann zu Kriegsende im Chaos verlassen. Durch die Luken kriechen wir hinunter, es stinkt entsetzlich.

Wir nehmen Kugeln, Patronen und Handgranaten mit, um abseits des Lagers »Krieg« zu spielen. Besonders beliebt: Leucht- und Platzpatronen in ein Feuer werfen und warten, bis es knallt. Eines Tages bekommt der Bruder eine Platzpatrone ins Knie. Wir kriegen mächtigen Ärger mit der Mama.

Im Prinzip dürfen die Insassen das Lager nicht verlassen. Aber jeder kennt den Trick, um unbehelligt nach Pirmasens zu gelangen: Man muss den polnischen Wachen höchstens zwei oder drei Zigaretten geben.

Ein französischer Offizier erfährt, dass der Papa Diplom-Architekt ist und Französisch spricht. Auf diese

Weise findet er eine Stelle als ziviler Bauingenieur in einer Kaserne der französischen Armee in Baumholder in der Pfalz. Am 16. Mai 1946 können wir das Lager endlich für immer verlassen. Der Papa arbeitet nun im Planungsbüro der Kaserne. Jeden Tag steht er frühmorgens auf, um mit dem Zug acht Kilometer hinzufahren, abends kommt er sehr spät nach Hause.

In der Kaserne gibt es eine Zwergschule für Kinder der französischen Offiziere. Die Mama beschwatzt die Lehrerin, Madame Lacroix, bis sie meinen Bruder und mich als »Gasthörer« aufnimmt. In Herbst 1946 fängt für uns der Unterricht an. Wir dürfen ganz hinten Platz nehmen und mithören. Es wird uns eingebläut, nicht zu mucksen: nur die »Krautohren« aufmachen, nie den Mund. Beim ersten Stören fliegen wir raus!

Nach ungefähr vier Wochen werden wir zum ersten Mal von Madame Lacroix abgefragt. Da niemand in der Klasse eine kniffelige Grammatik-Frage beantworten kann, kommen die zwei dummen Flüchtlingskinder von hinten an die Reihe. Sie staunt nicht wenig, als wir die richtige Antwort heraussprudeln. Ab diesem Tag sind wir vollwertig anerkannte Schüler und werden bald von den Familien unserer neuen Freunde eingeladen. Ich steige zum Schulbesten auf, auch Max wird immer ganz oben glänzen.

Der Papa wird von der Kaserne in Naturalien bezahlt. Wenn er samstags von der Arbeit nach Hause kommt, schwer beladen mit Lebensmitteln und einem riesigen Kanister Weißwein, sieht er aus wie ein fröhlicher Schwarz-

196

markt-König. Um für gute Stimmung zu sorgen, verteilt die Mama einen Großteil der Viktualien an die Nachbarn im Dorf. Samstagabend geht es in unserem Wohnzimmer zu wie auf einem Basar.

1947 bereitet die Mama unsere Emigration aus Deutschland vor. Die politische und wirtschaftliche Lage ist zu der Zeit katastrophal. Es sieht so aus, als würde das Land niemals wieder auf die Beine kommen. Leider ist es uns aber kaum möglich, legal nach Frankreich oder in einen anderen Staat zu übersiedeln.

Voraussetzung für eine Emigration nach Frankreich ist, dass sich eine Familie bereit erklärt, uns aufzunehmen und zu versorgen. Auf der Suche nach einer solchen Empfangsfamilie fahren wir mit dem Zug in Städte wie Köln, Frankfurt und Saarbrücken. Sie sind nur noch Ruinenfelder – allein in den Außenbezirken sieht man unzerstörte Häuser.

In Köln überqueren wir einmal den Rhein über eine fürchterliche Behelfsbrücke. Vor Angst stehen mir die Haare zu Berge. In Frankfurt am Main übernachten wir In einem ehemaligen unterirdischen Luftschutzbunker vor dem Hauptbahnhof. In den Gängen ist ein riesiges Matratzenlager eingerichtet, das unendlich lang erscheint.

In April 1948 hat die Mama gute Aussichten auf eine Einreisegenehmigung für Frankreich – allerdings nur mit einem Kind. Wenn alles klappt, will die Mama von Frankreich aus versuchen, den Papa und Max im Rahmen einer Familienzusammenführung nachzuholen.

Mit der Mama fahre ich nach Freiburg im Breisgau, wir

werden in einem Transitlager für Emigranten einquartiert. Im Vergleich zu Pirmasens ist es luxuriös – saubere Betten, Duschen, gutes Essen. Wir können uns frei bewegen, allerdings sind die Tage mit Behördengängen ausgefüllt. Die Wartezeiten sind lang, weil so viele Menschen das Land verlassen wollen.

Nach etwa zehn Tagen Schlangestehen erhält die Mama endlich Einlass und verkündet mir danach freudestrahlend: »Es hat geklappt! Ein Zug fährt noch heute Abend nach Paris, wir müssen schnell unsere Sachen packen.«

Am 21. Mai 1948 kommen wir frühmorgens in Paris an. Als die Basilika Sacré-Coeur, die ich schon von Bildern kenne, majestätisch auf der rechten Seite auftaucht, läuft es mir kalt den Rücken herunter. In wenigen Wochen, ja sogar Tagen werde ich zum begeisterten Franzosen, zum Pariser. Die Erinnerung an Deutschland verblasst immer mehr, an die früheren Elendstage will ich gar nicht mehr denken.

Vater und Bruder kommen im September heimlich aus Deutschland nach. Der illegale Grenzübertritt hat allerdings Konsequenzen: Anfang 1949 eröffnet die französische Justiz ein Strafverfahren gegen den Diplom-Architekten Keppel. Er wird zu einem Bußgeld von 5573 Francs verurteilt, ersatzweise zu Gefängnis. Die Internationale Flüchtlingsorganisation IRO, eine UN-Sonderorganisation, kommt uns aber zu Hilfe – und am 15. Juni 1949 wird er amnestiert.

*Um in Frankreich leben und arbeiten zu können, besitzt Eric Keppel den sogenannten Nansen-Pass, ein Dokument für staatenlose Flüchtlinge und Emigranten. Nach dem Abitur verlässt er Frankreich, um in Aachen zu studieren. 1974 wird der promovierte Kernphysiker und dreifache Vater in Deutschland eingebürgert.*

# Das Geheimnis der Mutter

*Etwa 400 000 »Besatzungskinder« gab es nach dem
Zweiten Weltkrieg – doch über dieses Thema wurde
lange nicht gesprochen. Manchmal nicht einmal
in den Familien.*

Zu Hause hatten wir eine Keksdose, ein hässliches Ding, in
der meine Mutter interessante Sachen aufbewahrte, Briefe
von Freundinnen, alles Mögliche. Darin war auch ein Foto
eines Soldaten, den ich ganz sympathisch fand. Ich war
sieben oder acht, als ich meine Mutter gefragt habe, ob ich
das Bild haben kann. Sie hat es erlaubt, und ich habe das
Bild fortan bei meinen Schätzen aufbewahrt. Der Soldat
ist mein leiblicher Vater. Das hat sie mir nicht gesagt.

Während meiner Pubertät gab es ständig Streit. Als ich
16 Jahre alt war, ist es während eines Streits aus meiner
Mutter herausgeplatzt: Ich solle etwas dankbarer sein gegenüber meinem Stiefvater – damals nannte ich ihn Papa.
Es sei nicht selbstverständlich, dass er mich gut behandelt,
weil er ja gar nicht mein Vater sei. Mein Vater sei Amerikaner. Ich bin aus allen Wolken gefallen. Ich konnte mir gar
nichts darunter vorstellen. Sie hat auch nicht mehr erzählt.

Ich kann mich nicht dran erinnern, dass ich danach mit
irgendwem darüber gesprochen habe. Das war früher einfach anders, man sprach über vieles nicht.

Aber später stellte sich heraus: Alle außer mir wussten es. Sogar meine kleine Halbschwester. Als meine Mutter 2008 starb, hat meine Schwester mir erzählt, dass sie schon mit acht Jahren erfahren habe, dass ich einen anderen Vater hätte. Die Großmutter, also die Mutter meines Stiefvaters, hatte es ihr gesagt. Auch meine Cousinen und Cousins, bei denen ich in den Ferien war, wussten es.

Dort, wo meine Mutter herkam, arbeiteten praktisch alle jungen Frauen in derselben Fabrik. Allen war klar: Erna hat ein uneheliches Kind von einem Amerikaner. Aber keiner hat mir gegenüber ein Sterbenswörtchen darüber verlauten lassen.

Ich war total wütend. Ich hatte keine Vorstellung davon, was ein Besatzungskind ist. Eine frühe Erinnerung sind die Flüchtlingskinder an meiner Grundschule, die von anderen Kindern gemobbt wurden. Das habe ich nicht verstanden, das weiß ich auch noch.

Ich habe die Atmosphäre zu Hause als sehr bedrückend empfunden. Erst als ich von zu Hause weggegangen war, konnte ich mir meinen Weg suchen. Schließlich habe ich die Familie meines Vaters gefunden. Auch die wussten alle längst, dass es mich gibt. 2012 bin ich in die USA geflogen und habe die Familie kennengelernt, darunter meinen Halbbruder. Mein Vater war zu jener Zeit schon fast 30 Jahre tot.

Protokoll: Judith Reker

**Ilona Laudien**

wurde 1946 im hessischen Naumburg geboren. 1948 heiratete ihre Mutter, die Familie zog nach Dortmund. Laudien war Fremdsprachenkorrespondentin und lebt in Kassel. 2011 gründete sie dort die Selbsthilfegruppe »Amerikanische Besatzungskinder«. Ihren leiblichen Vater ermittelte sie mithilfe der Organisation »GI Trace«.

# KAPITEL III

# Vom Neuanfang

Es war ein langer Weg bis zur Staatsgründung 1949 – und niemand hatte zunächst geplant, dass zwei deutsche Staaten entstehen würden. Die politischen Strukturen und die Wirtschaft aber entwickelten sich in Ost und West immer weiter auseinander, immer heftiger prallten die Interessen der Alliierten aufeinander. Die deutsche Teilung, das Nebeneinander von Bundesrepublik und DDR, wurde zum kompliziertesten Erbe der Nachkriegszeit. Selbst nach der Wiedervereinigung sind die Folgen noch spürbar.

# Wie ein Schulterschluss zur Spaltung führte

*Auch das Parteiensystem formierte sich nach 1945 neu.*
*Die SPD stand nun vor der heiklen Frage, wie sie es mit den*
*Kommunisten halten solle.*

Von Sebastian Borger

Wennigsen, 15 Kilometer südwestlich von Hannover, das
Hotel Calenberger Hof liegt gleich neben dem Bahnhof
und wirbt mit seiner guten Anbindung an die Messe. Eine
gewaltige Gedenkplatte an der Hotelfassade erinnert daran, dass an dieser Stelle deutsche Nachkriegsgeschichte
geschrieben wurde: Am ersten Oktoberwochenende 1945,
fünf Monate nach Kriegsende, trafen sich im damaligen
Bahnhofshotel Petersen erstmals wieder führende Sozialdemokraten Deutschlands, verstärkt durch Mitglieder des
Londoner Exilvorstands. Gemeinsam wollten sie entscheiden, wie sich die Partei im Nachkriegsdeutschland neu
formieren sollte.

Ein weiterer Gedenkstein zeigt übergroß das Konterfei
Kurt Schumachers – und illustriert damit das wichtigste
Ergebnis der Zusammenkunft: Der überzeugte Anti-
kommunist Schumacher verhinderte in Wennigsen eine
engere Zusammenarbeit mit der Kommunistischen Partei
Deutschlands (KPD). Er wehrte nicht nur den Führungsanspruch des innerparteilich weit links stehenden »Ber-

liner Zentralausschusses« unter Otto Grotewohl ab. Er entschied damit letztlich auch, dass die SPD in den drei westlichen Besatzungszonen einen anderen Weg gehen würde als im Osten.

Die Teilung der deutschen Sozialdemokraten und deren spätere Selbstaufgabe in der sowjetisch besetzten Zone (SBZ) ist in vieler Hinsicht ein Lehrstück.

Es spiegelt die sehr unterschiedlichen Konsequenzen wider, die traumatisierte Politiker aus dem katastrophalen Untergang der Weimarer Republik zogen. Und zudem ist die Sezession ein Vorbote des Kalten Kriegs, der schließlich auch das Land spaltete. Denn natürlich stand die Wieder- oder Neugründung der SPD wie die aller Parteien im verwüsteten, chaotischen, Hunger leidenden Deutschland unter der Kuratel der Siegermächte. Und deren Vorstellungen von der Zukunft klafften von Anfang an stark auseinander.

Sowohl Amerikaner wie Briten blieben noch bis Mitte August 1945 auf den Krieg im Pazifik fokussiert, zudem erlebten beide in diesem Jahr einen Machtwechsel: Dem übermächtigen Präsidenten Franklin D. Roosevelt folgte der außenpolitisch unerfahrene Harry S. Truman; der Imperialist Winston Churchill wurde vom bedächtigen Sozialisten Clement Attlee abgelöst. Bis die neuen Apparate eine Deutschlandpolitik formuliert hatten, vergingen Monate. Frankreich erhielt seine Besatzungszone erst mit der Potsdamer Konferenz und blockierte lange eine landesweit einheitliche Strategie.

Hingegen »schien die Sowjetunion sehr viel besser als

die übrigen Besatzungsmächte zu wissen«, so der Historiker Horst Möller, »welche Ziele sie in ihrer Zone erreichen wollte und mit welchen Mitteln sie realisierbar waren«: Auf der Basis einer Zusammenarbeit mit den Westmächten sollten die neue Einflusszone in Osteuropa sowie deutsche Reparationen in Milliardenhöhe gesichert werden. Und ganz klar war auch von Anfang an, dass der KPD im politischen Leben eine führende Rolle zukommen müsse – am besten in Gesamtdeutschland, notfalls aber nur in der SBZ.

Eines immerhin hatten die Politiker in Ost und West gemeinsam, die nun damit begannen, das politische Leben nach dem Nationalsozialismus wiederzubeleben: Die Erfahrungen der Weimarer Republik steckte ihnen – es waren beinahe ausschließlich Männer, und fast alle waren schon damals politisch aktiv gewesen – in den Knochen. Ende der Zwanziger-, Anfang der Dreißigerjahre hatte die zersplitterte und zerstrittene Parteienlandschaft Regierungsbildungen immer schwieriger gemacht, bis sich zuletzt Hitlers NSDAP als scheinbar übergreifende Alternative gerieren konnte.

Viele der Politiker wünschten sich einen Neuanfang: größere politische Einheiten, weg von der Parteienvielfalt der Vorkriegszeit, auch, um einer ähnlichen Entwicklung künftig vorzubeugen. Der gemäßigten Rechten gelang diese Neuorganisation beinahe reibungslos. Viele Konservative waren sich einig, dass die Aufteilung in konfessionelle Parteien – das katholische Zentrum hier, die protestantisch geprägten DVP und DNVP dort – zu Weimars

Untergang beigetragen habe. So entstanden in Bayern die CSU, im Rest des Landes die CDU als überkonfessionelle christliche Parteien.

Auch unter den Sozialdemokraten hatte es während der erzwungenen Politikpause unter Hitler lange Diskussionen darüber gegeben, warum Weimar gescheitert war und wie ein Neuanfang aussehen könnte. Sollte die ehrwürdige Partei die Spaltung der Arbeiterklasse überwinden und den Schulterschluss mit den Kommunisten proben? Oder war die KPD zu abhängig vom großen Bruder in Moskau, musste sie gar als Statthalterin sowjetischer Interessen bekämpft werden?

Dieses waren die beiden Extrempositionen in einem ideologischen und persönlichen Streit, der die Sozialdemokraten jahrelang, spätestens aber vom Moment der bedingungslosen Kapitulation im Mai 1945 an beschäftigte. Auf der Konferenz von Wennigsen traten die Differenzen offen zutage. Natürlich gab es regionale Unterschiede zwischen den einzelnen Besatzungszonen, ebenso individuell sehr unterschiedliche Herangehensweisen an den Wiederaufbau des Landes und seiner politischen Strukturen. Der Gegensatz aber zwischen der harten Ablehnung der sowjetischen Deutschlandpolitik und dem Versuch, mit den Kommunisten zu kooperieren, durchzog die Partei. Und diesen Dualismus verkörperten die Anführer der beiden Lager, Kurt Schumacher und Otto Grotewohl.

Der promovierte Jurist Schumacher führte die Gegner einer Zusammenarbeit mit den Kommunisten an. Er war in Wennigsen 49 Jahre alt, versehrt aus dem Ersten Weltkrieg heimgekehrt, Staatsrechtler vom rechten SPD-Flügel, brillanter Debattenredner schon vor 1933. Der exponierte Kritiker von Nazis und Kommunisten war zehn Jahre im Konzentrationslager gewesen, gezeichnet; charismatisch, klar, autoritär. »Wie sah dieser Mann aus: fast nur Haut und Knochen, ein Schmerzensantlitz; aber welche Kraft ging von dieser Stirne aus, und welche Gewissheit strahlte aus diesen Augen!«, so beschrieb der SPD-Intellektuelle Carlo Schmid, einer der Väter des Grundgesetzes, das Phänomen Schumacher.

Ihm gegenüber stand der gelernte Buchdrucker Grotewohl, Befürworter eines Zusammenschlusses: Er war 51, zu Beginn der Weimarer Republik Linksabweichler und USPD-Mitglied, später Minister und ein Provinzfürst im Freistaat Braunschweig, dann in der SPD-Reichstagsfraktion eine graue Maus. Zur Nazizeit überwinterte er als Lebensmittelhändler, unterstützt von Freunden; von der Gestapo zwar misstrauisch beäugt, aber nie länger als einige Monate inhaftiert. Ein gut aussehender, musischer Mann mit Interessen jenseits der Politik, ein Hobbymaler.

Der gebürtige Westpreuße Schumacher, der lange in Stuttgart politisch aktiv gewesen war, hatte das Kriegsende in Hannover erlebt. Dort musste er die ersten politischen Schritte unter Aufsicht der Briten machen. Anfangs fehlten ihm persönliche politische Netzwerke, doch seiner intellektuellen Brillanz und seinem autoritären Führungsstil ordneten sich in der hannoverschen Provinz alle unter. Die Zögerlichkeit der Briten, die Parteien wieder offiziell zuzulassen, steigerte die Prominenz des »Büros Dr. Schumacher« sogar, sie behinderte die Wiederbelebung der alten SPD-Strukturen nicht.

In Berlin hingegen standen Grotewohl und seine SPD-Kampfgefährten von Anfang an im Schatten der Kommunisten – die Sowjetische Militäradministration (SMAD) bestimmte es so. Die Marschroute der KPD wurde bis ins Detail mit Moskau abgesprochen, seit Anfang Mai 1945 die »Gruppe Ulbricht« ins noch brennende Berlin zurückgekehrt war und mit dem Wiederaufbau der Parteistrukturen begann.

Die Parteien in der SBZ konstituierten sich schneller als in den Westzonen; bereits mit Befehl Nummer zwei machte die SMAD im Juni 1945 den Weg für »antifaschistische« Parteien frei. Schon mit den Namen der Parteien erhoben die Gründer einen Führungsanspruch für ganz Deutschland – ganz im Sinne der sowjetischen Besatzer –, wenngleich sie das auch den Parteifreunden im Westen gegenüber leugneten. Während die bürgerlich-konservativen Kräfte Kölns – übrigens zunächst ohne den langjährigen Bürgermeister Konrad Adenauer – zunächst eine Christlich-Demokratische Partei CDP aus der Taufe hoben, wählte man in Berlin den erheblich grandioseren Titel »Christlich-Demokratische Union Deutschlands«. Bald nannte sich die Berliner Führung »Reichsleitung der CDU«.

Auch bei der SPD firmierte die Berliner Parteispitze unter dem Etikett »Zentralausschuss der Sozialdemokratischen Partei Deutschlands« (ZA). An dessen Spitze stand bald Grotewohl, die Partei verfügte schon früh über ein stattliches Büro und eine eigene Zeitung, anders als die Genossen in Hannover. Eigentlich paradox, schließlich waren sich viele, unter ihnen Grotewohl selbst, gar nicht so sicher, ob sie ihre alte Partei eigentlich wiederhaben wollten. Sie drängten darauf, nach den bitteren Erfahrungen der Weimarer Republik Sozialdemokraten und Kommunisten einander anzunähern.

Noch aber war das nicht im Sinne Moskaus. Kooperations- oder sogar vereinigungswillige Sozialdemokraten stießen bei den KPD-Leuten auf taube Ohren. Dabei näherte sich die SPD in der SBZ kommunistischen Forderungen an: Der SPD-Gründungsaufruf forderte deutlich radikaler als das im Vergleich dazu sehr taktisch formulierte KPD-Dokument die Verstaatlichung der Schlüsselindustrien und die sozialistische Gesellschaft. Und er sprach vom Ziel der Einheit der Arbeiterschaft, die Grotewohl am 17. Juni 1945 öffentlich beschwor: »Das höchste und wertvollste Gut der Arbeiterklasse ist die Einheit. Unbefleckt und rein wollen wir sie einst in die Hände der nachfolgenden Generationen legen, damit sie uns nicht später den Vorwurf macht: Ihr habt Euch in großer Stunde klein gezeigt.«

So etwas wäre Schumacher nicht über die Lippen gekommen. Sein Antikommunismus speiste sich aus den Erfahrungen der frühen Dreißigerjahre, als die Kommunisten gemeinsam mit den Nazis die Republik kaputt prügelten. Den Hass auf die KPD-ler bewahrte Schumacher auch durch die langen Jahre im KZ hinweg.

Distanz aber empfand Schumacher nicht nur zu Kommunisten, sehr viele Deutsche erregten seinen Widerwillen: »Wenn man sie so reden hört, muss man glauben, dass der einzige Nazi in Deutschland Adolf Hitler gewesen sei«, klagte er. Freilich musste, wer für diese Deutschen Politik machen will, sich auf deren Befindlichkeit einstellen – in Umfragen der ersten Nachkriegsjahre erklärten rund die Hälfte der Westdeutschen, der Nationalsozialismus sei eine »gute Idee« gewesen, lediglich »schlecht durchgeführt«. Schumacher, der mit seiner überalterten Partei diese Gesellschaft prägen und neu gestalten wollte, passte sich den Tönen der Zeit an. Er entwickelte eine Sozialismus-Rhetorik mit nationalistischen Tönen und bediente damit die Gefühle jener Millionen von Mitläufern oder gar Überzeugten – es war eine Mischung aus Ersatzdroge für NS-Langzeitabhängige und viel heißer Luft: Entweder die neue deutsche Demokratie werde sozialistisch sein, teilte der SPD-Chef mit, oder sie werde nicht sein. Entweder sei der Sozialismus demokratisch, oder er sei kein Sozialismus.

Nicht nur nationalistische, auch antikapitalistische Stimmungen waren weit verbreitet. Allerdings waren auch diese sehr vage. Irgendwie sozialistisch, irgendwie gemeinwirtschaftlich sollte die Zukunft aussehen – das fanden Intellektuelle und Politiker von ganz links bis weit in die entstehende CDU hinein. Das kapitalistische Wirtschaftssystem sei »den staatlichen und sozialen Lebensinteressen des deutschen Volkes nicht gerecht geworden«, hieß es noch 1947 im Ahlener Programm der CDU.

Das hätte ein Anknüpfungspunkt für die Sozialdemokraten sein können, hätte die Partei verstanden, für ihre

Position besser zu werben, geschmeidiger jenseits der Stammklientel nach Wählern zu suchen. Doch dafür argumentierte Schumacher zu apodiktisch, war er zu beseelt von der führenden Rolle, die seiner Partei nun einmal zustehe, wie er fand. Sein Weltbild bestand aus tiefem Schwarz und ganz hellem Weiß. Die CDU war für ihn die Partei des reaktionären Großkapitals. Und die KPD war in seinen Augen eine »fremde Staatspartei«, also Interessenvertreterin einer ausländischen Macht, nicht etwa nur von dieser stark beeinflusst.

So redete der spätere SPD-Chef schon im Sommer 1945. Er ahnte mehr, als er wissen konnte, aber seine Ahnungen waren realistisch. Auch den Parteifreunden im Osten wurde langsam deutlich, welche Rolle ihnen im Schulterschluss mit der KPD zugedacht war: die des intellektuellen und personellen Blutspenders. Aus allen Ecken der SBZ mehrten sich die Beschwerden braver SPD-Funktionäre, denen die KPD-Leute das Wasser abgruben, sie aus ihren Positionen verdrängten, schlimmer noch: beim sowjetischen Geheimdienst denunzierten.

Schumacher fühlte sich in seiner Ablehnung der Kommunisten bestätigt. Auch Grotewohl und seine engsten Gefolgsleute gingen vorsichtig auf Distanz zur KPD, ohne freilich die Vereinigungsrhetorik ganz aufzugeben. Nicht zu Unrecht fürchteten sie, die Besatzungsmacht könnte das übel nehmen. Beispiele dafür gibt es genug: Eine programmatische Rede Grotewohls, in der er vorsichtig die Behandlung der Kriegsgefangenen durch die Sowjets kritisierte, gab die SMAD-Zensur nur entschärft frei.

Mit dieser Berliner Rede reagierte Grotewohl Mitte September 1945 auf die »Politischen Richtlinien«, die Schumacher zusammen mit der Einladung für die Zusammenkunft der SPD in Wennigsen verschickt hatte. Das Treffen war zunächst als »Reichskonferenz« geplant und wurde später auf ein Koordinationstreffen herabgestuft. Im Vorfeld trat immer deutlicher die Rivalität zwischen den Neugründungen der verschiedenen Besatzungszonen zutage.

Die Bühne des Versammlungsraums zierte ein riesiges Porträt des Parteiheiligen Karl Marx, eine Arbeiterkapelle spielte auf. Gemütliche Stimmung kam dennoch nicht auf, zu hart prallten die Gegensätze aufeinander. Grotewohl verteilte hektografierte Kopien seiner Rede, in der er den Berliner Zentralausschuss bis zur Wahl eines ordentlichen Parteivorstandes im ganzen Reich als »Treuhänder und Sachwalter« anpries.

Schumacher hingegen attackierte in seiner zweieinhalbstündigen Ansprache demonstrativ die kommunistische Konkurrenz. Der hagere, einarmige Mann legt nicht nur den Finger auf die Wunde, er bohrt darin herum. Das Sowjetsystem entspreche »nicht den gegenwärtigen Entwicklungsbedingungen in Deutschland«, zitierte er aus dem KPD-Gründungsaufruf vom Juni 1945 und höhnte: den gegenwärtigen vielleicht nicht, aber zukünftigen? »Das Prinzip der Diktatur wird nicht negiert, sondern zurückgestellt.« Schumacher ahnte vielleicht, dass Stalin selbst den KPD-Aufruf redigiert hatte. Den Kommunisten warf er Verlogenheit vor, weil sie ihre Mitschuld am Scheitern der Weimarer Republik zu beschönigen suchten.

Die Berliner, so wurde jetzt klar, hatten keine Chance, ihren Führungsanspruch durchzusetzen. Es würde nicht einmal zu einer gemeinsamen Linie zwischen der SPD im Osten und jener in den westlichen Zonen kommen. Erfolglos kehrten die Berliner in die Reichshauptstadt zurück, wo ihre Lage immer ungemütlicher wurde. Denn nun waren es plötzlich die Sowjets und ihre KPD-Vasallen, die die Sozialdemokraten zu einer Vereinigung drängten – die sie doch bisher immer abgelehnt hatten. Anlass dafür waren die katastrophalen Wahlergebnisse für kommunistische Parteien in Ungarn (17 Prozent) und Österreich (5,4). Bei den Gemeinderatswahlen in Hessen kam die KPD im Januar 1946 auf 5,7 Prozent, abgeschlagen hinter SPD (44,5) und CDU (31).

Im deutschsprachigen Raum konnten die Kommunisten, anders als bei Tschechen, Franzosen und Italienern, kaum punkten – zu stark blieben die Vorbehalte der Deutschen, die von den Nazis mit einem Propaganda-Trommelfeuer gegen den Bolschewismus belegt worden waren. In der Ostzone und unter den Flüchtlingen im Westen gab es zudem Ressentiments durch »die Begegnung mit der siegestrunkenen Roten Armee«, wie ein Historiker die massenhaften Vergewaltigungen und Plünderungen dezent umschreibt. Wahllos bauten die Rote Armee und ihre Helfer deutsche Fabriken ab und verfrachteten sie auf Züge in die Sowjetunion, wo die Anlagen manchmal unbeachtet verrosteten. Sogar das zweite Gleis im Streckennetz der Reichsbahn wurde großteils demontiert, der wirtschaftliche Aufbau und die Versorgung der Bevölkerung wurden dadurch zusätzlich erschwert. Popularität konnten die Kommunisten so nicht erlangen.

Für die Ostsozialdemokraten, weitgehend von Schumacher und den Genossen in den Westzonen isoliert, begann nun ein Monate während Kampf gegen die erdrückende Umarmung der KPD. Grotewohl exponierte sich im November mit einer Rede, deren zentraler Satz lautete: »Die Einheit muss ein Akt der Selbstbestimmung sein, niemals das Ergebnis eines Druckes, eines inneren Zwanges.« Die geplante Ausstrahlung im Rundfunk wurde abgesagt, auch der Abdruck in den Zeitungen von den Sowjetzensoren verboten.

Doch trotz der klaren Worte: Im Nachhinein äußerten einstmals enge Weggefährten des späteren ersten DDR-Ministerpräsidenten Zweifel, ob Grotewohl Ende 1945 noch mit ganzem Herzen für die Sache der Sozialdemokraten stritt. Die Aufseher bei der SMAD zogen zunehmend die Daumenschrauben an, das wussten schon die Zeitgenossen. Der ZA-Sprecher Grotewohl sei »als ein Verwandelter« von einem Gespräch bei der SMAD zurückgekehrt, kolportierte damals Jakob Kaiser, einer der Berliner CDU-Gründer. Ob die Sowjets den ebenso ehrgeizigen wie wankelmütigen Mann unter Druck setzten, womöglich gar erpressten? Es gibt darüber keine Gewissheit. Grotewohls DDR-Biograf Heinz Voßke beschreibt einen Termin bei Marschall Georgi Schukow, dem SMAD-Chef, mit den vielsagenden Worten: »Die Begegnung blieb für Otto Grotewohl ein unvergessliches Erlebnis.«

Hätte Schumacher den von SMAD und deutschen

Kommunisten bedrängten Parteifreunden im Osten helfen können oder müssen? Noch zweimal traf sich der westdeutsche SPD-Chef mit den ungeliebten Berliner Genossen. Diese wünschten sich einen gesamtdeutschen Parteitag, der ihnen ein wenig Schutz gegen die Nachstellungen der Sowjets bieten sollte. Ob das die Sowjets und die KPD gebremst hätte, lässt sich bezweifeln. In jedem Fall lehnte Schumacher ab.

Enge Weggefährten Grotewohls, auch einstige überzeugte Befürworter der Vereinigung mit der KPD, setzten sich in den ersten Monaten 1946 in den Westen ab, weil sie eine Einigung unter Zwang nicht mitmachen wollten. Grotewohl hingegen blieb in Berlin und wurde am 21. April 1946 unter den Klängen von Beethovens »Fidelio«-Ouvertüre gemeinsam mit KPD-Chef Wilhelm Pieck Co-Vorsitzender der neuen Sozialistischen Einheitspartei SED. Viele der rund 680 000 SPD-Parteimitglieder in der SBZ sahen darin eine Unterwerfungsgeste, darauf deutet eine Urabstimmung unter Westberliner Sozialdemokraten hin. 82 Prozent lehnten die Vereinigung ab, während gleichzeitig 61 Prozent eine enge Zusammenarbeit mit den Kommunisten befürworteten.

Im Herbst 1946 erzielte die SPD bei den letzten freien Wahlen in Gesamtberlin knapp 49 Prozent, während sich die SED (knapp 20) noch hinter der CDU (22) wiederfand. Selbst im Ostteil der Stadt erhielt sie nur 30 Prozent. Im Rest der SBZ waren die Sozialdemokraten ohnehin faktisch verboten; viele ihrer Wähler liefen bei den Landtagswahlen 1946 im Osten zur CDU und der liberalen LDP über, die jeweils 24,5 Prozent erzielten – gemeinsam also etwas mehr als die 47,5 Prozent für die SED.

Angesichts solch enttäuschender Ergebnisse gingen Walter Ulbricht, Pieck und Grotewohl in den folgenden Jahrzehnten das Risiko freier Wahlen nicht noch einmal ein. Genau das hatte Schumacher in Wennigsen vorhergesagt.

## Die Interessenvertreter

*Das Parteiensystem der Nachkriegszeit unterschied sich von dem vor 1933. Einige Organisationen wurden wiederbelebt, viele aber auch neu gegründet.*

## Parteien in den Westzonen

Sozialdemokratische Partei Deutschlands (SPD):
1933 von den Nazis verboten, 1945 reaktiviert. Unter Vorsitz Kurt Schumachers auf einem national-neutralistischen Kurs.

Christlich-Demokratische Union (CDU):
gründete sich 1945 neu als überkonfessionelle Partei. Unter Vorsitz Konrad Adenauers für Westbindung Deutschlands und Föderalismus.

Christlich-Soziale Union (CSU):
1945 als bayerische Schwesterpartei der CDU neu entstanden. Konservativ und föderalistisch.

Freie Demokratische Partei (FDP):
1948 als liberale Partei aus vormals regionalen Organisationen gegründet. Unter Vorsitz von Theodor Heuss auf Koalitionskurs mit der CDU.

Kommunistische Partei Deutschlands (KPD):
1933 von den Nazis verboten, 1945 wiederbegründet. Ab 1946 eng angebunden an die SED in der Sowjetzone.

Bei der Wahl zum ersten, 1949 gewählten Deutschen Bundestag gab es noch keine allgemeine Fünfprozenthürde, deshalb waren außerdem im Parlament vertreten: die Bayernpartei (partikularistisch), die Deutsche Partei (nationalkonservativ), die Deutsche Zentrumspartei (katholisch), die Wirtschaftliche Aufbauvereinigung (rechtspopulistisch), die Deutsche Konservative Partei – Deutsche Rechtspartei (deutschnational und unterwandert von Altnazis) und der Südschleswigsche Wählerverband (dänische Minderheit).

## Parteien in der Sowjetischen Zone

Sozialistische Einheitspartei Deutschlands (SED):
1946 unter sowjetischem Druck fusioniert aus KPD und

SPD, zunächst linkssozialistisch, ab 1947/48 kommunistisch.

Die SED wurde ab 1948/49 zunehmend unterstützt von gelenkten »Blockparteien«: den Ostlandesverbänden der CDU, der 1945 neu gegründeten Liberaldemokratischen Partei Deutschlands (LDP), die sich an Mittelschichten und Bildungsbürgertum wandte, der 1948 gegründeten Demokratischen Bauernpartei (DBD), die Landwirte einband, und der auf Wunsch Stalins 1948 geschaffenen National-Demokratischen Partei Deutschlands (NDPD), die ehemalige Wehrmachtsoffiziere und frühere NSDAP-Mitglieder ansprach.

# DOKUMENT

## Maskiert kämpfen!

*Wie baut man im Osten den Sozialismus auf, ohne Schuld an der deutschen Teilung zu tragen? Ein Vorschlag von Josef Stalin.*

*Am 18. Dezember 1948 empfing der russische Staatschef Josef Stalin in Moskau die führenden SED-Politiker Wilhelm Pieck, Otto Grotewohl und Walter Ulbricht zu einem vertraulichen Gespräch. Die Teilung Deutschlands in Ost und West war inzwischen offensichtlich, doch wie sollte der Osten in dieser Situation weiter vorgehen? Auszüge aus dem Protokoll, das erst nach der Wiedervereinigung Deutschlands öffentlich wurde:*

Genosse Stalin fragt, ob man es nicht so machen kann, dass einige gute Kommunisten im Westen in die SPD gehen, sich vom Kommunismus lossagen und dann die SPD von innen heraus zu zersetzen beginnen. Ist eine solche Taktik zulässig? Genosse Stalin ist der Ansicht, dass die deutschen Kommunisten den Kampf zu offen führen. Die alten Teutonen zogen nackt in den Kampf mit den Römern, doch erlitten Verluste. Genosse Stalin scheint es, dass die deutschen Kommunisten in dieser Hinsicht etwas an die Teutonen erinnern.

Doch diese Methode fordert viele Opfer und erreicht nicht immer ihr Ziel. Man muss sich maskieren, denn es

vollzieht sich ein angespannter Kampf unter sehr kompli-
zierten Bedingungen.

Genosse Stalin unterstreicht, dass man in der sowjetischen Zone eine solche vorsichtige Politik betreiben muss,
dass man nicht direkt zum Sozialismus gehen kann, sondern nur im Zickzack und mit Umgehungsmanövern,
denn die Bedingungen in Deutschland sind schwierig
und diktieren eine vorsichtigere Politik. Genosse Stalin
bemerkt scherzhaft, dass er deshalb auf seine alten Tage
Opportunist geworden ist.

Genosse Stalin bemerkt: Es ist völlig verständlich, dass
sie nicht die Initiatoren der Spaltung Deutschlands sein
wollen. Wenn jedoch im Westen eine separate westdeutsche Regierung geschaffen wird, dann muss auch in Berlin
eine Regierung geschaffen werden.

Genosse Stalin meint, dass es zweckmäßiger ist, sie
provisorische deutsche Regierung zu nennen. Das wird
ein Hinweis darauf sein, dass diese Regierung provisorisch existiert, solange es keine Vereinigung Deutschlands geben wird. Weiter fragt Genosse Stalin, ob die
Führer der SED befürchten, dass sie bei Wahlen nicht
die Mehrheit bekommen werden? Kann hier die SMAD*
helfen und eine einheitliche Liste für die Wahlen anord-
nen?

---

* Sowjetische Militäradministration in Deutschland, die oberste Be-
  hörde in der Sowjetischen Besatzungszone von Juni 1945 bis zur
  Gründung der DDR im Oktober 1949.

Genosse Stalin sagt, dass eine nicht gewählte Regierung nichts taugt. Wenn es im Westen Wahlen geben wird, dann müssen auch in der Ostzone Wahlen sein. Anderenfalls wird man schreien, dass die Regierung in der Ostzone undemokratisch ist, was sie in eine schlechte Lage bringen wird. Gen. Stalin sagt, dass die wichtigsten Führungspersönlichkeiten der Partei an der Regierung beteiligt sein müssen. Die Regierung muss Autorität haben, in ihr müssen Leute mit Autorität vertreten sein, anderenfalls wird man sagen, dass das keine wahre Regierung ist, weil die Hauptpersonen nicht eingetreten sind.

Pieck stellt die Frage der Schaffung deutscher Staatssicherheitsorgane bei der Kriminalpolizei. Genosse Stalin fragt, ob für die deutsche Polizei zuverlässige Leute ausgewählt worden sind und wie die Polizei bewaffnet ist. Genosse Stalin fragt, ob man die Polizei der Zone in eine Armee umwandeln kann. Ulbricht bittet um die Erlaubnis, deutsche Staatssicherheitsorgane zu schaffen. Stalin sagt: Das wäre gut.

Aus: Jochen P. Laufer, Georgij P. Kynin (Hg.): Die UdSSR und die deutsche Frage 1941–1949. Dokumente aus russischen Archiven, Band 4; Berlin 2012; S. 209 ff.

# Opa zwischen Goethe und Stalin

*Warum war sein Großvater Politiker in der DDR
geworden, fragte sich Redakteur Uwe Klußmann.
Er suchte nach Erklärungen. Und rekonstruierte
einen durchaus typischen Lebensweg.*

Bei meinem ersten Besuch in der DDR, im Juli 1975, ging
ich in Wernigerode zum Friedhof. Ich suchte das Grab
eines DDR-Politikers, über den es im Nachruf seiner Partei 1959 hieß: »Bis zu seiner letzten Stunde kannte unser
Parteifreund kein Ausruhen vor der politischen Verantwortung für Partei und Staat.« Dieser Mann war mein
Großvater Carl Klußmann. Auf seinem Grabstein stand:
»Alles Lebendige ist nur ein Gleichnis.«

Die Zeile stammte aus den Schlussworten von Johann
Wolfgang von Goethes »Faust II«. Erst 30 Jahre später
habe ich nachgelesen, dass es im Text weitergeht: »Das
Unzulängliche / Hier wird's Ereignis; Das Unbeschreibliche / Hier ist's getan.«

Ich habe meinen Opa nicht kennengelernt, er starb zwei
Jahre vor meiner Geburt. Doch seine Biografie weckte
früh mein Interesse an der DDR-Geschichte. Sie war trotz
aller Besonderheiten typisch für eine deutsche Existenz
in der Nachkriegszeit – ein Beispiel dafür, wie die Jahre

nach 1945 nicht nur das Land, sondern auch die politische Haltung Einzelner geprägt haben. Über Hitler erschrocken, auf der Suche nach neuen Werten, wurde mein Opa einer jener Bürgerlichen, die sich zunächst mit den sowjetischen Besatzern und später mit der DDR arrangierten. Einer derer, die den sozialistischen Staat vor allem auch deshalb stützten, weil er ein deutscher Staat war.

Mein Vater erzählte mir viel von meinem Opa. Oft habe ich seine Fotos im Familienalbum betrachtet. Dort war ein Endzwanziger zu sehen, als Leutnant 1918 im Ersten Weltkrieg auf dem Balkan. Einige Seiten weiter hinten sah ich ein anderes Foto, vier Jahrzehnte später: Mein Opa bekommt 1957 einen kleinen Blumenstrauß zur Wiederwahl als Kreisvorsitzender der Liberal-Demokratischen Partei Deutschlands (LDPD). An der Wand hängt ein Porträt des DDR-Präsidenten Wilhelm Pieck, neben meinem Opa stehen zwei schmalgesichtige, hagere Funktionäre.

Mein Großvater war Getreidehändler und Bildungsbürger. Ich fragte mich schon als Jugendlicher: Was verband ihn mit einem Staat, der von Kommunisten geführt wurde? Sicher spielten autoritäre Prägungen aus der Kaiserzeit eine Rolle, aber wesentlich wurde auch sein spätes Entsetzen über das NS-Regime.

Mein Opa war nie in der NSDAP. Ein Foto von 1940 aber zeigt ihn stolz neben seinem ältesten Sohn, Leutnant der Luftwaffe. Doch die Kehrseite des Krieges wurde ihm im Sommer 1944 dramatisch bewusst. Sein jüngster Sohn, mein Vater, kehrte nach der Schlacht um Sewastopol auf der Krim schwer verwundet nach Wernigerode zurück. Ein Jahr lang konnte er sich nur auf Krücken bewegen.

Schlimmer noch war das Schicksal eines Freundes meines Großvaters, Hans Georg Klamroth. Die Gestapo hatte den Offizier nach dem Attentat des 20. Juli als Mitwisser verhaftet und am 26. August 1944 in Berlin-Plötzensee hingerichtet.

Das war ein Schock für meinen Opa. Nach der Kapitulation im Mai 1945 sprachen mein Vater und mein Opa oft über die Lehren aus der Hitlerzeit. Beide wollten ein anderes, friedliches, demokratisches Deutschland, im Geiste Johann Wolfgang von Goethes, so jedenfalls sah es mein Großvater.

Deshalb gehörte er im Juli 1945 zu den Mitbegründern der Liberal-Demokratischen Partei (LDP) in Wernigerode. Die neue linksliberale Kraft warb für die »Achtung der Menschenwürde« und warnte vor »jeder nationalistischen Überheblichkeit«. Doch die Partei hatte ein Problem: Die Besatzungsmacht war die Sowjetunion. So litten die Ostliberalen bald am Zwiespalt zwischen Goethe und Stalin.

Zunächst durfte die LDPD im Oktober 1946 bei Wahlen zu Kreis- und Landtagen gegen die SED antreten. Sie erhielt in Sachsen-Anhalt bei der Landtagswahl 29,9 Prozent. Mein Opa wurde damals erstmals zum Abgeordneten im Kreistag von Wernigerode gewählt.

Das weiß ich aus Akten der LDPD, wie die Partei ab 1951 hieß. Das Material haben mir Mitarbeiter des Archivs des Liberalismus in Gummersbach zugänglich gemacht. Fast alle Unterlagen stammen aus den Fünfzigerjahren. Erst damals erfasste die Partei systematisch Daten ihrer Mitglieder und Funktionäre. Aus der unmittelbaren Nachkriegszeit gibt es kaum Schriftliches.

Von meinem Vater weiß ich: Mein Opa hatte ab 1945 Kontakt mit Offizieren der sowjetischen Kommandantur in Wernigerode. Die kauften bei ihm Hafer für ihre Pferde und zahlten bar. Zuvor hatten sie die Banktresore der Besiegten leer geräumt.

Er wollte mehr wissen über die siegreichen Russen. Deshalb trat er 1948 in die Gesellschaft zum Studium der Kultur der Sowjetunion ein, geleitet von dem hochgebildeten Wirtschaftswissenschaftler Jürgen Kuczynski. Weil mein Großvater sich schon früh diesen Sowjetstudien gewidmet hatte, wurde er Anfang der Fünfzigerjahre mit einem kleinen Kreis von LDPD-Funktionären zu Wladimir Semjonow eingeladen.

Der war Berater der sowjetischen Militäradministration in Berlin gewesen und hatte an geheimen Beratungen mit Stalin teilgenommen. Semjonow, später Botschafter in der DDR, fragte seine Gäste, wie sie sich die Wiedervereinigung vorstellten. Mein Opa fühlte sich im Dialog zweier belesener Kahlköpfe ernst genommen. Er hoffte auf freie Wahlen mit Zustimmung Moskaus.

An der innenpolitischen Enge aber änderte das nichts. Von 1951 an verfolgte die LDPD einen SED-nahen Kurs. Der Parteivorsitzende Hans Loch drängte die Mitglieder brieflich, sich eine »eindeutige Weltanschauung« zuzulegen, den »neu gewordenen Liberalismus«. Dazu empfahl er den Mitgliedern das Studium der Werke von »Marx,

Engels, Lenin und Stalin«. Auch mein Opa bekam so einen Brief.

Marx, Lenin und Stalin waren gewiss nicht das, was ihn interessierte. Aber er fügte sich der Parteidisziplin. »Wenn wir Bürgerlichen nicht mehr mitarbeiten«, sagte er meinem Vater, »wird die Politik der DDR nicht besser.« Doch mit Schrecken sah mein Opa im Dezember 1952, wie prekär die Lage der Liberaldemokraten geworden war. Sein Bekannter Karl Hamann, einer der führenden LDPD-Politiker, wurde von der Staatssicherheit verhaftet, wegen angeblicher »Sabotage« – ein häufiger Vorwurf in der Stalin-Ära. Deswegen war auch mein Vater 1951 zu einer einjährigen Haftstrafe verurteilt worden.

Die Konsequenz meines Opas war Anpassung. Nach der Niederschlagung des Aufstands vom 17. Juni 1953 ließ er sich zum LDPD-Kreisvorsitzenden wählen. Sein Vorgänger war geschasst worden, er hatte gefordert, es müssten »die Führenden der SED zur Rechenschaft gezogen werden«. Mein Opa hingegen war so loyal, dass die Stasi keine Akte über ihn anlegte. Die Staatsnähe fiel ihm umso leichter, je mehr die DDR auch preußische Züge annahm, etwa mit der 1956 gegründeten Nationalen Volksarmee.

Deren Armeeorchester begrüßte am 4. Juli 1957 bei sonnigem Wetter vor der Kongresshalle in Weimar die Delegierten des zentralen LDPD-Parteitags mit Marschmusik. Unter den Delegierten war auch mein Großvater. Den Weg zum Parteitag hatte ihm eine Beurteilung des LDPD-Bezirksvorstands Magdeburg geebnet. Darin war vom »ständigen vorbildlichen Einsatz des Parteifreundes Klußmann« die Rede.

Dazu passte auch sein Interview in der Magdeburger SED-Zeitung »Volksstimme« im Juni 1957. Den vergilbten Zeitungsausschnitt hielt ich schon als Schüler in der Hand und bemerkte die bemühte Funktionärssprache. In dem Interview sagte er, es gelte »für jeden Menschen in der Deutschen Demokratischen Republik, sich zu diesem Staat zu bekennen«. Diese Äußerung war kein Einzelfall. Zwei Monate zuvor hatte er in einem LDPD-Blatt dazu aufgerufen, »auch den Letzten zu überzeugen zu tätiger Mitarbeit«. Dabei waren nicht einmal seine drei Kinder von der DDR überzeugt.

Sie alle lebten inzwischen in Westdeutschland. Dort besuchte mein Opa im Sommer 1958 meinen Vater, die DDR gestattete dies. Die Gespräche von Vater und Sohn kreisten um das Thema deutsche Einheit, so hat es mir mein Vater später erzählt. Beide waren sich in ihren Ansichten durchaus nahe. Mein Vater, damals FDP-Mitglied und SPIEGEL-Leser, stimmte dem zu, was Herausgeber Rudolf Augstein geschrieben hatte: Eine »österreichische Lösung« eines neutralen vereinten Deutschland sei wünschenswert.

Dafür hatte auch mein Opa 1955 als Delegierter eines LDPD-Parteitags gestimmt, für »ein Deutschland, frei von Besatzungstruppen, frei von militärischen Paktsystemen«. Den Sowjets gefiel dies »Dokument der nationalen Verantwortung«. Denn ein vereintes Deutschland außerhalb der Nato war für sie durchaus eine Option.

Mein Opa sah vor allem Adenauers Anlehnung an die USA als Hindernis für die Einheit: »Wenn wir die Wiedervereinigung nicht bekommen«, sagte er meinem Vater, »dann kannst du dich bei Adenauer bedanken.« Eine »Konföderation der deutschen Staaten«, für die mein Opa und seine LDPD damals plädierten, hatte im Westen keine Chance.

Mein Opa starb 1959, den Mauerbau erlebte er ebenso wenig wie die Mauertoten und die fortgesetzte Unterdrückung der Opposition in der DDR. Ich habe mich oft gefragt, wie er darauf reagiert hätte. Ob er weiter angepasst geblieben wäre, in der Hoffnung, zumindest bescheidene Ziele durchsetzen zu können? Und ich habe mich gefragt, wie ich selbst mich verhalten hätte, an seiner Stelle. Ich weiß darauf keine Antwort. Zu unterschiedlich sind die Lebenserfahrungen der Zwischenkriegsgeneration und jener Nachgeborenen, die in der Bundesrepublik aufwuchsen.

In einem Punkt sollte mein Großvater recht behalten. Auf dem LDPD-Kreisparteitag in Ilsenburg sagte er im März 1957: »Der Weg zur Wiedervereinigung führt über die Verständigung der deutschen Staaten.« Nur ahnte er nicht, dass bis dahin noch 33 Jahre vergehen würden. Und dass nur das jüngste seiner Kinder die Vereinigung noch erleben würde, als Rentner.

# Der steinige Weg zum Wunder

*Hunger, Tauschgeschäfte und zerstörte Betriebe –*
*die ökonomische Situation war 1945 desolat.*
*Würde das Land je wieder auf die Beine kommen?*

Von Jan Puhl

Seit Wochen ist es eiskalt in Deutschland, die Temperaturen sinken und sinken, auf minus zehn Grad und darunter; die Menschen in den provisorisch hergerichteten Wohnungen, in Gartenhütten und Kellern frieren jämmerlich. Eisblumen verschatten die Fenster sogar am Tag, selbst nachts im Bett tragen Kinder und Erwachsene Mäntel, Schals und Mützen.

Und es wird noch schlimmer: Die kältesten Monate des Jahrhunderts stehen bevor, als in der Silvesternacht 1946 in der Kirche St. Engelbert in Köln-Riehl ein Kardinal eine bemerkenswerte Predigt hält. »Wir leben in Zeiten, da in der Not auch der Einzelne das wird nehmen dürfen, was er zur Erhaltung seines Lebens und seiner Gesundheit notwendig hat, wenn er es auf andere Weise, durch seine Arbeit oder durch Bitten, nicht erlangen kann«, predigt Josef Frings.

Mit anderen Worten: Die Kirche erlaubt Diebstahl, zumindest Mundraub ist moralisch jetzt vertretbar, urteilt der wichtigste katholische Geistliche des Landes. Stehlen heißt im Volksmund künftig nur noch »fringsen«.

Die ungewöhnliche Ansage des Kardinals kommt in einem Moment, in dem das Land in Trümmern und in Schneewehen liegt, völlig am Boden. Vom »Tausendjährigen Reich« ist wenig mehr als die Reichsmark übrig, aber die ist nichts mehr wert. Und ohnehin gibt es kaum etwas zu kaufen, vor allem nicht das Wichtigste: Essen und Briketts. Die Produktion an Industriegütern ist 1946 auf ein Drittel des Vorkriegsniveaus gesunken. Schwarz- und Tauschhandel, Schiebung und Diebstahl bestimmen das Wirtschaftsleben. Über 100 000 Menschen werden in diesem Winter nach Schätzungen an den Folgen von Hunger und Kälte sterben.

Noch kann niemand ahnen, dass dieses geschundene Land in wenigen Jahren ein Wirtschaftswunder erleben wird, zumindest im Westen. Noch würde kaum jemand glauben, dass ausgerechnet die Besatzungsmächte der Nation wieder auf die Beine helfen werden. Und noch weiß niemand, dass auch deutsche Politiker mitwirken werden an dem, was sich später als »soziale Marktwirtschaft« zum Erfolgsmodell der Bundesrepublik entwickeln wird – und die Spaltung des Landes in einen kapitalistischen Westen und einen sozialistischen Osten vertieft.

## Die Organisierer

Kohlenklau ist nicht erst seit der bischöflichen Billigung eine Massenbewegung. In Scharen fallen ausgemergelte Menschen an den Haltesignalen über die Züge mit der schwarzen Ladung her. Die Überfälle finden nicht selten des Nachts statt, es stehlen Angestellte ebenso wie Arbeitslose, Frauen, Kinder, Ärzte, Ingenieure. Denn selbst wer noch Arbeit hat, kann oft nur mit irgendwie »Organisiertem« die Familie vor dem Erfrieren retten.

Amerikanische Zigaretten sind die Währung auf dem Schwarzmarkt. GIs lassen sie sich stangenweise von zu Hause schicken und bringen sie in Umlauf gegen das, was die Deutschen noch haben, gegen Bilder, gegen Antiquitäten.

Die Deutschen kaufen davon Lebensmittel, zwielichtige Händler können fast alles besorgen, einige von ihnen werden reich. Lastwagen verlieren auf der Fahrt von den Bauernhöfen oder aus den Fabriken in die Stadt »überschüssige Ware«.

In Massen ziehen die Städter auf das Land, versuchen, Kartoffeln, Gemüse oder Speck zu ertauschen, zu »hamstern« und zu Hause weiterzuverkaufen, nicht selten sammeln sie die Reste auf den abgeernteten Feldern, um überhaupt etwas zu essen zu haben.

Die Korruption blüht, Besatzungssoldaten verdienen mit, genauso wie die deutsche Verwaltung und sogar Regierungsstellen. Betriebe bezahlen ihre Angestellten in Naturalien, etwa mit Schnaps- oder Kohledeputaten.

Deutschland hat sich in ein Zeitalter der Tauschwirtschaft zurückkatapultiert. Und 1949 leben allein in den drei Westzonen sogar sechs Millionen mehr Menschen als vor dem Krieg, Flüchtlinge aus den verlorenen Ostgebieten. Frust und Wut greifen um sich.

## Die Besatzer

Den Besatzern kann die gereizte Stimmung nicht gefallen, schließlich wollen beide, Westmächte und Sowjetunion, die Bevölkerung von den Vorzügen ihres Systems überzeugen.

Doch ihre Wirtschaftspolitik ist in den ersten beiden Jahren nach Kriegsende kaum geeignet, die Deutschen für sich einzunehmen. Auf der Konferenz in Potsdam im August 1945 beschließen die Siegermächte, die Industrie des Reiches zu demontieren und in die Siegerländer zu verfrachten. So soll wenigstens ein winziger Teil der enormen Schäden kompensiert werden, die Deutschland im Krieg angerichtet hat. Jede Besatzungsmacht hat sich grundsätzlich aus ihrer Zone zu bedienen, der Sowjetunion sind zusätzliche Entschädigungen aus den Westzonen versprochen.

In Ostdeutschland werden zwischen 30 und 55 Prozent aller Industriegerätschaften abmontiert und weiter nach Osten geschafft. Zudem beginnt die Verstaatlichung schon bald nach Kriegsende: Die Sowjets enteignen Betriebe und fassen sie in »Sowjetischen Aktiengesellschaften« (SAG) zusammen. Anfang der Fünfzigerjahre werden diese Staatseigentum der DDR.

Im Westen gehen vor allem die Amerikaner und Briten deutlich behutsamer vor: Nur knapp 3,5 Prozent der Anlagen werden deshalb demontiert. Trotz aller Härten in der »Zusammenbruchsgesellschaft« sei Deutschland glimpflich davongekommen, urteilt der Historiker Hans-Ulrich Wehler in seiner »Deutschen Gesellschaftsgeschichte«: Das Industriepotenzial war am Kriegsende zu rund drei Vierteln erhalten, eine Tatsache, die das kommende westliche Wirtschaftswunder überhaupt erst möglich machte.

Schon Anfang 1947 zeichnet sich ab, dass die Besatzungsmächte Deutschland entgegen dem Potsdamer Abkommen nicht als wirtschaftliche Einheit betrachten. Der Wiederaufbau wird immer mehr zur Arena des Ost-West-Konflikts.

Washingtons Politik folgt seit Beginn 1947 der Truman-Doktrin. Danach soll der Kommunismus eingehegt werden (»Containment«), indem die USA ihr gesellschaftliches und wirtschaftliches Modell exportieren. Freiheit und Wohlstand sollen die hungernden Massen nicht nur in Deutschland, sondern möglichst in ganz Europa von der sozialistischen Versuchung fernhalten. Falls Deutschland und seine Wirtschaft weiter in Ketten lägen, so warnt der frühere amerikanische Präsident Herbert Hoover, werde ganz Europa in Lumpen leben.

## Die Politiker

Im Juni 1947 genehmigen die Amerikaner und Briten die Bildung eines Wirtschaftsrates für die aus britischer und amerikanischer Zone gebildete Bizone, der die Wirtschaft ankurbeln und die Versorgung verbessern soll. Er besteht zu Beginn aus 52 Abgesandten der Landtage, ist also mit einer hohen demokratischen Legitimation versehen. Einer ihrer Direktoren wird 1948 der parteilose Ludwig Erhard. Er gilt als Vater der sozialen Marktwirtschaft, also jener Form des staatlich abgefederten Kapitalismus, die bald Erfolgsgeschichte schreiben soll.

In der Ostzone steht ihm ein Mann gegenüber, der ein ideologischer Gegenpol zu Erhard ist: Chef der Deutschen Wirtschaftskommission in Ostberlin ist der gelernte Stanzer und Metallpresser Heinrich Rau, ein KP-Veteran, der sich als Dogmatiker und Apparatschik erweist. Er treibt den Aufbau Ost nach dem Muster der Sowjetunion voran.

Und er setzt auf klassisch sowjetische Propaganda: Im »Karl-Liebknecht-Schacht« nahe Zwickau hatte sich der Bergmann Adolf Hennecke bereit erklärt, eine vorbereitete Sonderschicht zu schieben, um zu zeigen: Mit sozialistischer Begeisterung ist der Westen leicht zu übertrumpfen.

Am 13. Oktober 1948 fördert Hennecke, wie er selbst sagt, »mit einem unbändigen Willen« statt der üblichen 6,3 Kubikmeter Steinkohle 24,4, er übererfüllt die Norm damit um 387 Prozent. Die Partei belohnt den Rekord mit 1,5 Kilogramm Fettzulage, drei Schachteln Zigaretten, einer Flasche Branntwein, 50 Mark und einem Blumenstrauß. Tausende Aktivisten versuchen, diesem Beispiel nachzueifern. Doch die Versorgungslage verbessert sich auch durch Akkordarbeit nicht.

Unter dem Druck der Sowjets lehnen die Ostpolitiker es strikt ab, am großen amerikanischen Aufbauplan für Europa teilzunehmen: dem European Recovery Program, besser bekannt als Marshallplan, benannt nach seinem Erfinder, dem amerikanischen Außenminister George C. Marshall. Doch immer deutlicher wird: Die Planwirtschaft ohne Wettbewerb, orientiert »an den Erfolgen der Sowjetunion« (Hennecke), kann mit der erwachenden Marktwirtschaft im Westen nicht konkurrieren.

## Der Plan

Das Wiederaufbauprogramm, das 1948 in den Westzonen anläuft, sieht vor, die Wirtschaft mit Waren- und Rohstofflieferungen, aber auch mit billigen Hilfskrediten anzuschieben. Amerika will nicht auf Dauer Almosengeber eines darbenden Europas sein, es braucht die Länder als Absatzmarkt – und als Bollwerk gegen die Sowjetunion.

Bis 1951, als das Wirtschaftswunder richtig in Gang kommt, fließen gut 1,3 Milliarden Dollar in die Westzonen. Das Geld hat, so Wehler, eine »enorm belebende Wirkung« – und es vergrößert den Abstand zwischen Ost und West.

Doch die Finanzspritzen allein reichen auch im Westen nicht aus. Um die Wirtschaft richtig in Schwung zu bringen, brauchte es eine neue Währung. Weil der Alliierte Kontrollrat im Streit mit den Sowjets blockiert ist, entschließen sich die USA zum Alleingang.

Schon ab Herbst 1947 haben sie damit begonnen, in Washington und New York neues Geld zu drucken. Die Scheine haben sie streng geheim im Keller der früheren Reichsbankhauptstelle eingelagert.

In einem Omnibus mit undurchsichtigen Scheiben chauffieren sie im April 1948 etwa 25 deutsche Experten und Hilfskräfte in die Abgeschiedenheit einer Kaserne in Rothwesten nahe Kassel. Die Männer hatten gemeinsam mit Amerikanern, Briten und Franzosen die Durchführung des Währungsschnittes zu planen. Sie haben einige Bedenken angesichts der amerikanischen Pläne, doch die werden oft einfach vom Tisch gewischt. So legen die Experten Wert darauf, in der Schlusserklärung des sogenannten Konklaves festzustellen: Allein die Alliierten tragen die Verantwortung für die getroffenen Entscheidungen.

Im Frühjahr 1948 lebt die Bevölkerung der Westzonen in der Erwartung der Währungsreform. Jedermann versucht, seine Reichsmark noch loszuwerden. Geschäftsleute horten ihre Waren. Der oberfränkische Unternehmer Max Grundig etwa hat seine neueste Radioentwicklung, den »Weltklang«, schon im März vorgestellt, bringt ihn aber erst nach der Währungsreform in die Geschäfte.

Der Tag X wird am 18. Juni, einem Freitag, angekündigt. Mit Sondersendungen im Radio und per Aushang informieren die Militärgouverneure die Bevölkerung. Auch einige eingeweihte deutsche Politiker wenden sich an das Volk, so wie der Hamburger Erste Bürgermeister Max Brauer. Die Deutschen müssten »die Chance nutzen, um mit harter Arbeit wieder zu Wohlstand zu gelangen«, sagt er.

Die Reichsmark verfällt am Sonntag darauf. Jedem Einwohner der Westzonen bis hin zum Säugling steht ein »Kopfgeld« von 60 D-Mark zu, wie die neue Währung heißt, von denen 40 Mark sofort ausgezahlt wurden. Die Schulden des Reiches werden nicht umgestellt, letztlich erlöschen sie. Barbestände an Reichsmark können auf spezielle Konten eingezahlt werden, Bankguthaben oder private Schulden werden im Verhältnis 10:1 abgewertet: Für zehn Reichsmark gibt es nun eine D-Mark.

Reichsmarkmünzen und kleine Scheine bleiben zunächst im Umlauf, werden aber auf ein Zehntel des Nennwertes herabgesetzt. Alte Einmarkscheine haben nun den Wert von Zehnpfennigstücken, die alten Groschen sind die neuen Pfennige.

Drei Tage später zieht die Sowjetzone mit einer eigenen Währungsreform nach – nun ist quasi entschieden, dass sich Ost und West wirtschaftlich auseinanderentwickeln. Weil noch kein eigenes Geld gedruckt ist, bleibt in der Ostzone die Reichsmark im Umlauf, beklebt mit Wertcoupons. »Tapetenmark« heißt diese Währung im Volksmund.

## Die Wirkung

In den Westzonen sind schon am Montag die Schaufenster gefüllt, plötzlich gibt es wieder, worauf viele Menschen so lange verzichten mussten. Aber weil nun jeder die Taschen voller Geld hat, steigen die Preise rapide. Unmut ist die Folge, Steine fliegen, Hausfrauen marschieren protestierend durch die Straßen. Tumulte brechen aus. Die Münchner Stadtchronik etwa notiert am 29. Juli: »Die Bevölkerung ist in zunehmendem Maße über die steigenden Eierpreise empört … Heute musste das Überfallkommando am Viktualienmarkt einen Eierhändler vor einer aufgebrachten Menschenmenge schützen. Das Resultat der ›Revolte‹ ist eine Anzahl Brucheier.« In Nürnberg retten sich Obst- und Gemüsehändler vor einem wütenden Mob in die St.-Gumbertus-Kirche.

Im Windschatten der Währungsreform setzt Ludwig Erhard eine ganze Reihe Marktreformen ins Werk. So hebt er die meisten Preisbindungen auf – mit dem Resultat, dass die Unzufriedenheit immer weiter wächst.

Nachdem es in der ersten Zeit nach dem Krieg durchaus Debatten um Sozialisierungen auch in den Westzonen gegeben hatte, stellen die Gewerkschaften die Marktwirtschaft nun zwar nicht mehr grundsätzlich infrage. Sie fordern aber, sie sozialer auszugestalten: mit höheren Löhnen, härteren Strafen für »Wucherer« oder festgelegten Preisen für Energie oder Rohstoffe.

Im November folgen etwa neun Millionen Menschen einem gewerkschaftlichen Aufruf zu Arbeitsniederlegungen und Demonstrationen. Sie tragen Transparente mit Parolen wie: »Weg mit Professor Erhard«. Die nicht eben gewerkschaftsnahe »Welt« schreibt vom »größten Ausstand seit mehr als 20 Jahren«.

Es ist ein Protest der kleinen Leute, die sich im Nachteil sehen, weil die Währungsreform ihre Ersparnisse aufgefressen hat. Besitz an Grund, Immobilien oder Fabriken hingegen blieb unangetastet. Der Staat – so fordern die Demonstranten – solle dafür einen Lastenausgleich schaffen.

Erhard lässt sich von den Massen nicht aus der Ruhe bringen: »Dieser Prozess erfordert Zeit und gute Nerven«, schreibt er in seiner Biografie »Wohlstand für alle«.

Die Proteste ebben vergleichsweise rasch ab, die Gewerkschaften bemühen sich um einen ruhigen, friedlichen Verlauf. Zu groß ist ihre Sorge, die Besatzungsmächte zu provozieren – und zu rasch merken die meisten Menschen, dass die Lage sich tatsächlich deutlich verbessert.

Der Wohlstand für wirklich jeden wird zwar in der Bundesrepublik niemals erreicht. Doch schaffen Marshallplan, Währungsschnitt, Erhards Reformen und die wieder anziehende Weltkonjunktur die Bedingungen für das deutsche Wirtschaftswunder. Schon 1950 übertrifft das durchschnittliche Realeinkommen einer Arbeiterfamilie das Vorkriegsniveau. Das Kalkül der Amerikaner geht auf: Der wachsende materielle Wohlstand bindet die Westdeutschen an den Westen und imprägniert sie weitgehend gegen totalitäre Versuchungen. Der Historiker Hans-Ulrich Wehler schreibt: »Jedes Liebäugeln mit der Diktatur traf nach 1945 auf entschiedenen Widerstand.«

# ZEITZEUGEN

»Der Winter 1946/47 war sehr kalt und schneereich. Manchmal waren die Wände in unserem Schlafraum mit Raureif überzogen, und es glitzerte im ganzen Raum. Da wurde der Kanonenofen so stark geheizt, dass der Stahlmantel und Teile des Ofenrohres dunkelrot glühten.«

Ernst Hinke, Jg. 1944, damals Laubusch
bei Hoyerswerda

»Leere Konservendosen aus dem Müll der U. S. Army brachte ich zum Ausspülen nach Hause, um etwas Geschmack in unser karges Essen zu bringen.«

Andreas Weerth, Jg. 1938, damals Berlin

»Alle Welt verlängerte die geringen Fettreserven in Form von Margarine – gab es überhaupt noch Butter? – mit Grießbrei, was in Eschwege ›Streckfett‹ hieß.«

Horst G. Schäfer, Jg. 1936,
damals Eschwege

»Mein Vater bekam im Tausch für unseren Teppich einen Sack Weizen, den wir nach Hause trugen. Jeden Abend mahlte meine Mutter die Weizenkörner mit einer Kaffeemühle und kochte damit einen Brei mit Wasser. Sie hatte eine Art Stampfer, mit dem in einer Blechdose drei durchlöcherte Scheiben auf und ab bewegt wurden. So konnte der Brei wie Schlagsahne geschlagen werden und wurde schaumig. Das füllte unsere Bäuche besser, sodass wir den Hunger nicht so stark fühlten.«

Margot Heller, Jg. 1938, damals Berlin

»Im Haushalt meiner Pflegeeltern gab es einen hölzernen, erhaben geschnitzten Brotteller ›Unser täglich Brot gib uns heute‹. In einer verzweifelten Versorgungslage nahm Tante Lotte ein kräftiges Messer und zerstörte den Text.«

Mann, Jg. 1930, damals Hannover

»Wer jene Zeit als Kind erlebt hat, schmeckt noch heute den muffigen Geschmack getrockneter Kartoffel- und Möhrenstückchen, die wie Pommes frites aussahen und wie harte Wurzeln schmeckten, und er fühlt am Gaumen das Milchpulver, das dort wie eine Zementschale festsaß, bis es sich im Laufe des Tages oder der Nacht langsam löste.«

Heinrich Frickel, Jg. 1937, damals Berlin

»Tauschhandel war verboten, erfolgte aber auf offener Straße entlang einem Bretterzaun, an dem unzählige Zettel hafteten mit Angeboten und Nachfragen, beispielsweise ›Tausche Perserteppich gegen Sack Kartoffeln‹ oder ›Biete Silberarmband für ein Brot‹. Sowie sich Amis näherten, ertönte ein Warnpfiff; alle Zettel wurden im Nu abgerissen, und die Leute spazierten mit Unschuldsmienen umher, ohne einander zu kennen oder miteinander zu reden.«

Susanne Dockrell, Jg. 1937, damals Berlin

»Um es den Erwachsenen nachzutun, versuchten wir auch, Kupfer und anderes Buntmetall zu ›organisieren‹, um es bei einem Schrotthändler gegen wenige Pfennige einzutauschen. Bleirohre fanden wir in zerstörten Häusern, Messing in Form von Gewehr- und Granatpatronen auf einem Lagerplatz – und Kupfer in zerstörten Schaltkästen. Meinen größten Coup landete ich, als ich mich in ein Straßenbahndepot einschlich und aus einem der Wagen die Glühbirnen herausschraubte. Leider funktionierten sie mit dem normalen Haushaltsstrom nicht. Welch ein Reinfall!«

Gunther Massury, Jg. 1938, damals Bremen

»Eigentlich habe ich nicht die Erinnerung an eine schwere Zeit, wenn ich an die Kindheit denke – wir Kinder kannten nichts Anderes: leere Regale in den Geschäften, aber wir hatten einen großen Garten am Hang nach Heidelberg. Da musste man viel arbeiten, aber ich war anfangs noch zu klein und durfte spielen. Mit einem Stock machte ich Löcher in die Erde: Ameisenbunker! Mit Erdbollen konnte man sie einstürzen lassen. Der Garten gab uns Obst, Kartoffeln und Gemüse. Wenn ich Hunger hatte, konnte ich beim Nachbarn überm Hof Sau-Kartoffeln haben. Für die Schweine wurde dort jeden Tag ein großer Topf mit kleinen Kartoffeln, Sau-Kartoffeln, gekocht und mit

Hafer-Schrot vermischt und gefüttert. Ich konnte mir von den gekochten Kartoffeln welche nehmen und in Viehsalz tunken und essen. Das schmeckt lecker, bis heute. So hatte ich nie Hunger. [...]

Am Sonntag vor der Währungsreform ging ich mit Großvater zur Kirche. Er hatte Asthma und musste langsam bergauf zur Kirche gehen, und wir machten vor jedem Schaufenster der kleinen Handwerkerläden eine Pause. Die waren plötzlich voll von schönen Dingen. Und auch am Montag hingen Würste im Metzgerladen und Schinken wie in meinem Bilderbuch von den Kölner Heinzelmännchen, das ich immer so bestaunt hatte und mir nicht vorstellen konnte, dass so viele Würste und Schinken an der Wand hingen. Plötzlich war alles da, und es wurde immer besser.«

Gerhard Kraft, Jg. 1941, damals Dossenheim bei Heidelberg

»Eines Tages ging die Kunde durchs Dorf: Auf dem Güterbahnhof stehen Züge, hoch beladen mit Kohle. Männer und Frauen mit Fahrrädern und Schlitten zogen los. Die Menschen kletterten auf die Waggons und warfen Kohlestücke herunter, die eilig in Säcke gestopft und nach Hause transportiert wurden. Meine Mutter verbot meinem Bruder und mir, auch hinzugehen, man dürfe nicht stehlen. Aber ich holte unseren Schlitten heraus, nahm mir zwei Säcke aus dem Stall, und wir rannten zu den Zügen. Ich hob meinen Bruder hoch, sodass er auf den Güterwagen klettern und dicke Brocken Kohle herunterwerfen konnte, die ich schnell in die Säcke steckte. Dann ging es eilig nach Hause, stolz, mit zwei Säcken Kohle. Bei dem einen Mal ist es nicht geblieben.«

Käthe Benninghoff, Jg. 1934, damals Voerde

»Morgens gab es nur Trockenbrot oder allenfalls – sofern vorhanden – braunen Zucker dazu. Wenn kein Brot mehr im Haus war, aßen wir zum Frühstück Kaffee-Ersatz-Pulver, dem ein Löffel Zucker beigemischt wurde. Dieser Kaffee-Ersatz bestand zu einem guten Teil aus gebranntem Korn, war also nahrhaft. Abends bekamen wir Margarine oder Wurst oder Käse zum Brot.«

Christel Näfke, Jg. 1933, Lüneburg

»Meine Mutter war immer damit beschäftigt, etwas zu organisieren. Man hatte eine Kaserne ausgemacht, in der Uniformen zurückgeblieben waren und karierte Bettwäsche. Die Uniformen wurden aufgetrennt, gewaschen, gefärbt, blau und schwarz, und verwandelten sich unter den Händen meiner Mutter in Hosen und eine dicke Jacke für den Winter. Die karierte Bettwäsche wurde zu einfachen Sommerkleidchen. In der Kolonie bauten alle Tabak an. Mein Vater auch, obwohl er Nichtraucher war. Er hatte eine kleine Maschine gebaut, mit der man Tabak fein schneiden konnte. Nachdem der Tabak geerntet, aufgefädelt und getrocknet war, hat er ihn fermentiert. Mit dem fertigen Tabak ist meine Mutter hamstern gefahren. Außer mit Milch, Gemüse und ein paar Eiern kam sie auch mal mit einem Stück fetten Specks nach Hause. Dann gab es Erbsensuppe und dicke Bohnen oder Wibbelbohnen. – Das mochte ich nun gar nicht. Aber das Motto in der Zeit hieß: Was auf den Tisch kommt, das wird gegessen.«

Ilse Debus, Jg. 1934, damals Herringen
bei Hamm/Westf.

»Ich erinnere mich, dass ich einmal wegen eines Bedürfnisses in ein Trümmergrundstück ging. Dann brauchte ich etwas Papier. Als ich es fand, sah ich, dass es eine neue Lebensmittelkarte war. Also Hose hoch und nach Hause. Manchmal fälschte meine Mutter die Lebensmittelkarten mit Tusche. Ob der kleine Lebensmittelladen da mitspielte oder die Fälschung nicht erkannte, weiß ich nicht.«

Harry Baum, Jg. 1938, damals Köln

»Wenn mein Bruder aus der Schule kam, fuhr er mit seinem Rad über die Felder und hielt Ausschau, wo geerntet wurde. Nach dem Essen ging es dann zum Ährenlesen, Kartoffeln-stoppeln, Beeren- und Pilzesuchen, je nach Jahreszeit. Wenn die Bauern ein Feld abgeerntet hatten, gaben sie ein Kommando, und das Feld konnte von den umstehenden Menschen gestürmt werden. Es wurden einzelne Ähren aufgesammelt, die allen Erntemaschinen und Rechen entgangen waren. Jeder hatte eine Schürze mit einer großen Tasche über die ganze Breite. Zu Hause wurde die Ausbeute in Papiersäcke oder alte Bettbezüge umgeladen. Am Ende der Saison hatten die Bauern Dreschtage, an denen sie die mühevoll gesammelten Ähren in

ihren Maschinen gedroschen haben. Man bekam ein Beutel-
chen mit Körnern und einen Sack mit Stroh. Die Körner wurden
in der Kaffeemühle gemahlen, das Stroh bekamen die Hasen.«

Frau, Jg. 1939, Waldenburg, Sachsen


»Es war ein großes Glück, dass der Herbst 1945 ein gutes
Bucheckernjahr war. Stundenlang sammelten wir in den zum
Teil weit abgelegenen Buchenwäldern die fußhoch liegenden
Bucheln auf. Mit dem Handwagen fuhr ich die Ernte im schweren Sack zu der viele Kilometer entfernten Ölmühle, wo man
dafür eine Flasche mit kostbarem Öl bekam, das unsere Küche
wochenlang bereicherte.«

Gerlinde Schnittler, Jg. 1927, damals Bad Wimpfen


»Mein Körper und die meiner Geschwister waren durch den
Hunger mit Furunkeln übersät, hervorgerufen durch die man-
gelnde Ernährung. Rettichblättersuppe mit ein wenig Mehl
drin hat nicht satt gemacht. Selbst Kartoffeln hatten wir nicht,
denn wir hatten keine Verwandten auf dem Land. Ich wurde
dann sehr krank, hatte eine Gelbsucht und war erschreckend
schwach. Fast 10 Jahre alt, habe ich 25 kg gewogen. Mein Vater
hat mich am Morgen vom Oberstock heruntergetragen auf eine
Liege im Wohnzimmer und am Abend wieder hinauf. Ich war
zu schwach zum Gehen. Es gab weder Medikamente noch zu
essen. Ich war am Verhungern. Dann kam die Währungsreform.
Auch meine Eltern haben für sich und uns ihre 40,00 DM abgeholt, und – oh Wunder – sie haben Zucker gekauft und Eier,

und ich bekam regelmäßig ein verschlagenes Eigelb mit Zucker zu essen. Auch Zwieback war auf einmal möglich. So begann meine langsame Genesung.«

Ingrid Bergler, Jg. 1935, München

»Die Westalliierten richteten in ihren Sektoren sogenannte Tauschzentralen ein, wo man Wertvolles gegen ›Punkte‹ abliefern konnte. Für solche Punkte konnten dort Lebensmittel eingetauscht werden. Der Schwarzmarkt boomte. Der Vater eines Klassenkameraden handelte mit Fett. Sein Sohn hatte 1947 das erste Fahrrad von uns allen. Wir anderen durften darauf lernen. Der Preis dafür war ca. 1 Zentimeter Kaugummi für kurze Strecken.«

Gerd Gnewuch, Jg. 1934, damals Berlin

»Stundenlang musste man vor den Geschäften anstehen, und oft war die Zuteilung nicht eingetroffen oder bereits ausverkauft. Mutti und Tante Elfriede waren sehr erfinderisch: Die Mittagssuppe bestand aus heißem Wasser, einer geriebenen Kartoffel und einem Lorbeerblatt. Morgens gab es die übliche Mehlsuppe aus Wasser und Mehl, manchmal auch etwas Milch, die leicht anbrannte und in immer anderen Farben serviert wurde, gefärbt mit Holunder oder Lebensmittelfarben. Ein Feiertag, wenn man ein Stück Fett dazugeben konnte. Die kostbaren Kartoffeln wurden auf der Herdplatte geröstet, nachdem man sie in Scheiben geschnitten hatte. Es war ja kein Fett da, um sie in der Pfanne zu braten. Eine Einführung der Notzeit war auch die ›Schiebewurst‹. Eine einzige kostbare Scheibe Wurst wurde beim Zubeißen nicht mitgegessen, sondern bis zum Ende des Brotkantens weitergeschoben, immer den köstlichen Duft vor der Nase – und beim letzten Bissen war man schließlich am Ziel.«

Gisela Hermsen, Jg. 1938, Köttich bei Weißenfels

»Ich suchte auf einem abgeernteten Weizenfeld nach dem Fallloch des Feldhamsters. Mit einer Schaufel ein Loch gebuddelt, bis ein Haufen Körner, ca. 2 bis 3 Pfund, zum Vorschein kam. Der Wintervorrat des Tieres! Die Körner getrocknet, durch die Kaffeemühle gemahlen, das Ergebnis: grober Schrot oder Mehl? Wenigstens etwas zum Essen. Winter 46/47, 30 Grad Minus. Im Steigerwald am südlichen Stadtrand von Erfurt keine Tannenzapfen, keine Holzstücke, kein Reisig, nichts. Der Waldboden sah aus wie frisch gekehrt. Manche Leute gruben von den abgesägten Bäumen die Wurzeln aus, furchtbare Quälerei. Meine Mutter und ihre zwei Schwestern fällten auch einen Baum an der Gera, dem kleinen Fluss, der durch Erfurt fließt. Hunderte von Menschen taten dasselbe, das Flussufer wurde bald kahl.«

Heinz Zerwinsky, Jg. 1931, damals Erfurt

»Ich erinnere mich an Brotsuppe, manchmal mit Rosinen und mit ›englischem Gewürz‹. Das war schlicht eine hellbraune Milchsuppe, die mit Magermilch gekocht wurde und leicht anbrannte. Das ›englische Gewürz‹ war eine Erfindung unserer

249

Mutter, denn sie hatte Angst, dass wir die Suppe ablehnen könnten, und sie hatte doch nichts anderes für uns zum Essen. Kochtöpfe hatte sie keine, und so wurde die Suppe in ausgedienten großen Dosen gekocht. Meine Mutter verkaufte uns diese Milchsuppe als ganz etwas Besonderes. Wir haben sie genossen.«

Gudrun Sombrowski, Jg. 1938, damals Hamburg

»Was hatte ich, der Student, auf dem schwarzen Markt zu bieten? Eine Möglichkeit wurde mir durch einen Mann eröffnet, der um die Hand meiner Schwester bemüht war. Er war kaufmännischer Angestellter in einer Firma für medizinischen Laborbedarf. Er machte mich auf die Möglichkeit aufmerksam, alkoholische Getränke in Eigenproduktion herzustellen, und war in der Lage und bereit, mir die dafür erforderlichen Geräte zur Verfügung zu stellen. Eine Flasche selbst gebrannten ›Aquavits‹ von 35 % Alkoholgehalt erzielte auf dem Schwarzmarkt einen Erlös von 240 Reichsmark. Über die zugefrorene Außenalster hinweg und auf einem Kinderschlitten verladen versorgte er mich mit den für die Herstellung von Schnaps erforderlichen Geräten.«

Gerhard Nöthlich, Jg. 1925, Hamburg

»Da unsere Familie ihr Häuschen direkt neben dem Fliegerhorst der Luftwaffe hatte, haben wir Jungs uns mit begehrten Sachen versorgt. Organisieren sagte man, unter anderem mit Fallschirmen, Bettwäsche, Tischtüchern etc., wobei man sehr auf Draht sein musste – nicht vom Wachpersonal erwischt zu werden. Der Großteil der organisierten Sachen wurde den Bauern als Tauschobjekte gegen Lebensmittel angeboten. Dann kam der kalte Winter 1946/47, unsere Vorräte waren erschöpft, und wir mussten hamstern gehen sowie für Heizmaterial sorgen, das wir zum Teil aus abgestellten Güterwagen der Reichsbahn organisierten. Dazu haben wir die Holzböden der Waggons ausgebaut, denn die Bohlen bestanden aus echter Eiche und hatten eine gute Heizkraft. Es wurde an den Bahndämmen nach Koks gebuddelt, bis zu einem Meter und tiefer fanden wir die Kohlestücke, an guten Tagen hatte man am Abend zwei bis drei Wassereimer voller Kohle, das reichte für ca. 1 bis 2 Tage Wärme.«

Friedrich Otto, Jg. 1931, damals Schleswig-Holstein

# »Ich konnte nichts wiedererkennen«

*Aus der Idylle ins Trümmerchaos: Barbara Sieghart war während des Krieges in die beschauliche Nordpfalz evakuiert worden. Als sie 1945 ins zerstörte Ludwigshafen zurückkehrte, brach für die Neunjährige eine Welt zusammen.*

Von Katja Iken

*Das Kriegsende erlebt Barbara Sieghart (geborene Mothes), Jahrgang 1936, im Städtchen Kirchheimbolanden in der Nordpfalz. Als das Mädchen im September 1945 in ihre zu 80 Prozent zerstörte Heimatstadt Ludwigshafen zurückkehrt, erleidet sie einen Schock. Zum Trost wird eine kleine Metallschachtel: Die Neunjährige entdeckt das Relikt aus unbeschwerten Vorkriegstagen unter einem Trümmerberg.*

Die Schulen in Deutschland, die seit Kriegsende geschlossen waren, wurden im Herbst 1945 wieder für die Kinder geöffnet. Ich sollte in die vierte Klasse aufgenommen werden, auch meine kleine Schwester Rotraud sollte jetzt zur Schule kommen. Und unsere Familie musste natürlich wieder zurück in unsere alte Wohnung ziehen, die zwar beschädigt, aber noch bewohnbar war.

Wir Kinder ahnten noch nicht, welch ein Schock es für uns sein würde, aus der heilen und geschützten Welt des unbeschädigten kleinen Städtchens Kirchheimbolanden in die Trümmerlandschaft Ludwigshafen zu kommen.

Laut Anordnung hatten sich alle Kinder am ersten Schultag in ihrer alten Schule zu melden. Die Familie beschloss, mich allein auf den Weg zu schicken – meine Mutter und Schwestern sollten per Lastwagen mit ein paar Möbeln und Hausrat nachkommen. Ich würde sie dann zu Hause vorfinden, wenn ich aus der Schule zurückkäme.

Ich frage mich heute noch, wie ich es damals, als gerade neunjähriges kleines Mädchen, fertiggebracht habe, diese Fahrt von Kirchheimbolanden nach Ludwigshafen zu bewältigen. Einmal angekommen, musste ich in der mir völlig fremden Trümmerlandschaft den Weg zu meiner Schule suchen, die tatsächlich den Krieg überstanden hatte. Das war mühsam – mehr als zwei Jahre waren seit meinem letzten Schulbesuch vergangen.

Es ging vorbei an vielen Ruinen. Die Trümmer waren inzwischen weggeräumt, aber die Straßen hatten ihr Aussehen stark verändert. Als wir Kinder in der Wittelsbachschule ankamen, stellten wir fest, dass kaum noch Fensterscheiben in den Fenstern waren, stattdessen waren die Fenster mit »Pappendeckeln« verklebt. Die Wände des Klassenzimmers waren beschädigt – die vielen Luftangriffe hatten ihre Spuren hinterlassen. Es war ein großer Raum mit über 50 Kindern.

Da es keine funktionierende Heizung mehr gab, behielten alle ihre Mäntel und Schals an, teilweise auch die Mützen. Der Lehrer war noch der Herr Weyand, den wir in der ersten Klasse gehabt hatten. Aber jetzt sagte er: »Guten Morgen, Kinder«, und nicht mehr »Heil Hitler«, wie damals.

Mindestens ein Drittel der Schüler waren Flüchtlingskinder aus Schlesien, Ostpreußen und anderen deutschen Ostgebieten. Man hörte das sofort an der Sprache. Nach kürzester Zeit brachten wir Läuse und Flöhe nach Hause, später kam auch noch Krätze dazu, ebenso wie alle möglichen Sorten von Würmern. Kurz: Ich erinnere mich an diese Zeit nur mit großem Schaudern. Es hat Monate gedauert und unangenehmste Therapiemethoden mit sich gebracht, bis wir diese Seuchen alle überstanden hatten.

Nur mühsam gewöhnten wir uns an das Leben in der Trümmerstadt. Allzu viel hatte sich verändert: Früher war unser Viertel ein angenehmer Ort gewesen, ein schattiger Platz, breite Straßen, auf denen wir Kinder Rollschuh fahren konnten. Viele Bäume, breite Trottoirs, auf denen wir Ruderrenner-Wettkämpfe austrugen. Es war schön, damals. Aber wie sah Ludwigshafen jetzt aus! Ich konnte nichts wiedererkennen. Ruinen, überall Ruinen und Schutthaufen.

Als wir die Wohnung betraten, waren wir entsetzt. Fast alle Fenster waren kaputt, die fehlenden Scheiben, durch den Luftdruck zerstört, waren durch Pappe ersetzt und verklebt. Es sah sehr unschön aus. Und dann die schönen Möbel im Herrenzimmer, der Bücherschrank, der Schreibtisch, die Kommode – poliertes kaukasisch Nussbaum, auf das Mutti so stolz gewesen war –, alle waren sie mit Granatsplittern gespickt. »Gespickt, wie ein Rehrücken«, sagte Mutti.

Nach einer kurzen Eingewöhnungszeit in unserer alten Wohnung in der Lisztstraße wollten wir Kinder endlich die Ruine unseres Großelternhauses ansehen. Welche schönen Erlebnisse hatte ich dort gehabt! Alle meine Lieblingsspielsachen und Kinderbücher hatten sich dort befunden, auch mein wunderschöner uralter Kaufladen und meine alte Kinderküche mit den kleinen Porzellanpuppen.

Eines Tages marschierten wir also mit unserem Vater dorthin. Das Haus war von einer Brandbombe getroffen worden. Das Dachgeschoss, alle Fensterrahmen und Türen sowie das hölzerne Treppenhaus waren ausgebrannt, der ganze Vorgarten glich einer einzigen Schutthalde. Und dieser entsetzliche Brandgeruch, der dort überall wahrnehmbar war!

Der Anblick war für uns Kinder ein furchtbarer Schock. Wir hatten ja zwei Jahre lang in einer heilen Welt gelebt, und solche schlimmen Bilder waren uns gottlob erspart geblieben. Ich brach in Tränen aus, als ich die ganze entsetzliche Wirklichkeit begriff. Wir Kinder fingen an, in den Schuttbergen zu wühlen, ob denn nicht doch irgendetwas von unseren Schätzen in den Trümmern zu finden sei.

Und wirklich – es grenzte fast an ein Wunder – sah ich, als die Sonne plötzlich ein paar Strahlen schickte, dass unter verschiedenen verkohlten Brocken etwas blinkte.

Ich wühlte so lange, bis ich das blinkende Etwas in der Hand hielt: Es war eine metallene Zigarettenschachtel, von der Hitze etwas blau verfärbt, aber nicht verformt.

Ich konnte das Schächtelchen öffnen – es befanden sich die schönsten Perlen darin, die meine Großmutter für ihre Bastel- und Stickarbeiten gesammelt hatte! Ich weinte vor Freude, dass wenigstens dieses kleine Andenken an schöne frühere Zeiten erhalten geblieben war.

Als 1946 endlich der Sommer ins Land kam, trauten wir uns zum ersten Mal seit vielen Jahren, unsere geliebten Kieselstrände am Rheinufer der Park-Insel aufzusuchen. Die Strände waren allerdings nicht wiederzuerkennen: Das ganze Rheinufer war zerwühlt von Minenlöchern und Bombentrichtern. Es war eine absolute Kraterlandschaft – und doch gab es genügend freie Flächen, auf denen man ein Badetuch ausbreiten konnte.

Meine Mutter und ihre Freundin suchten aber gerne die Bombentrichter auf, um sich dort ein Plätzchen einzurichten, wo sie sich »oben ohne« von der Sonne bescheinen lassen konnten. Dort konnte man sie nicht ohne Weiteres einsehen, nur wir Kinder wussten, wo sie waren.

Zu Hause gab es eines Tages große Aufregung. Meine kleinen Schwestern Rotraud und Birgit hatten in unserem ehemaligen Sandkasten im Hof gespielt, der von allen Mietparteien genutzt werden konnte. Rotraud wollte einen tiefen Graben mit ihrer kleinen Sandschaufel graben. Dabei stieß sie plötzlich auf etwas Metallenes.

Sie grub weiter und förderte noch mehr davon zutage. Schließlich holte sie ein komisches »Ding« heraus und brachte es zu unserem Papa. Das Ding war eine Pistole: In unserem Sandkasten lagerte eine ganze Waffensammlung.

Unsere Lebensmittelversorgung war eine einzige Katastrophe. Hier in der Stadt gab es etwas »Ordentliches« nur für die Leute, die Beziehungen hatten. Wir gehörten nicht dazu. Papa brachte aus der Fabrik ausgelaugtes Zuckerrübengemüse mit, aus dem der Rübenzucker zuvor extrahiert worden war. Wir aßen das wochenlang, es schmeckte schauderhaft, und ich bekam manchmal Brechreiz davon.

Zwar hatte der Schularzt dafür gesorgt, dass ich eine »Sonderkarte« bekam. Aber ich erhielt nie meine Extrarationen, obwohl ich genau wusste, was mir zustand. Mutti bat mich flehentlich um mein Verständnis, dass Papa die Extraration bekam – weil er sie nötiger als ich hätte. Vielleicht habe ich deshalb jetzt, im Alter, solche Probleme mit meinen Knochen.

Einen Schultag werde ich nie vergessen: Es war der Tag, an dem jedes Kind ein (schätzungsweise) 40-Gramm-Täfelchen Hershey's Milk Chocolate überreicht bekam: Ich war vom Glück überwältigt! Seit vielen Jahren schon hatte keiner von uns auch nur ein Stück Schokolade gesehen, geschweige denn gegessen. Ich brach nur ein kleines Stückchen ab, um zu kosten. Es war Bitterschokolade, zunächst ungewohnt für ein Kind – ich konnte mich durchaus noch an den Geschmack von Milchschokolade erinnern.

Mit geschlossenen Augen ließ ich mein Stückchen im Munde zergehen, den Rest brachte ich nach Hause, um es dort an meine kleinen Schwestern und an Mutti zu verteilen. Daheim erfuhr ich, dass meine Schwester Rotraud in der Volksschule ebenfalls bei der Schulspeisung Schokolade bekommen hatte. Die hatte sie aber – sofort vertilgt.

# »Leben, nicht vegetieren«

*In Stuttgart randaliert eine aufgebrachte Menge*
*gegen Wucherer und Währungsgewinnler.*
*Die Amerikaner setzen sogar Panzer ein.*

Am Modehaus Stahl fliegen die ersten Steine, Schaufenster gehen zu Bruch. Der Inhaber wird mit Bierflaschen beworfen. Auch am Kaufhaus Luxus kommt es zu Tumult. Ein Angestellter dort soll sich lustig gemacht haben über die »Kleinverdiener«, die über die Stuttgarter Königstraße ziehen. Nun explodiert die Wut. Es sind Arbeiter von Bosch und Daimler darunter, einige Zehntausend insgesamt, die Wutbürger vom 28. Oktober 1948. So berichtet es der Wirtschaftshistoriker Jörg Roesler.

Sie kommen gerade von der großen Kundgebung am Karlsplatz. Dorthin hatten die Gewerkschaften gerufen, denn die Zeiten sind schlecht. Im Juni hatten Ludwig Erhard, Chef der bizonalen Wirtschaftsverwaltung, und die drei Besatzungsmächte des Westens den Geldschnitt vollzogen.

Die Reichsmark verschwand, die D-Mark kam. Doch das war vor allem für Lohnarbeiter schmerzhaft.

Sie warfen Einzelhändlern wie den Besitzern des Kaufhauses Luxus vor, im Vorfeld der Währungsreform Waren gehortet zu haben, um sie nicht für wertlose Reichsmark losschlagen zu müssen. Schon am Tag danach füllten die Händler ihre Geschäfte wieder – und verlangten hohe Preise. Löhne und Gehälter verloren deshalb zunächst real an Wert.

Die Stimmung gärte: »Es fiel der Arbeiterschaft schwer, in den Schaufenstern dringend benötigte Gebrauchsgüter zu sehen, die ihre Kaufkraft überstiegen, und es war für sie nicht leicht zu begreifen, dass die deutsche Wirtschaft noch keinen normalen Lebensstandard gewähren konnte«, so schildert es der amerikanische Militärgouverneur Lucius D. Clay.

»Wir wollen leben, nicht vegetieren« oder »Herunter mit den Preisen«, solche und ähnliche Parolen sind auf den Transparenten der Menge am Stuttgarter Karlsplatz zu lesen. Als Redner tritt der Gewerkschafter Hans Stetter auf, ein Sozialdemokrat und Mitglied des Stuttgarter Gemeinderates: »Diese Kundgebung ist als eine letzte Warnung an alle diejenigen zu betrachten, die kaltschnäuzig aus der Not des Volkes neuen Reichtum scheffeln wollen«, ruft er der Menge zu. Und fordert, ein »radikaler Kurswechsel« müsse her, feste Verkaufspreise für die wichtigsten Bedarfsartikel sowie höhere Löhne und Gehälter.

Die deutsche Polizei drängt die rebellierenden Massen in der Königstraße ab. Doch das stachelt die Wut der Demonstranten, vom SPIEGEL damals »Radaubrüder« genannt, eher noch an: Steine und Ziegel fliegen von den umliegenden Dächern auf die Beamten. Autos – damals

ein Luxus, den sich nur die wenigsten leisten können –
gehen in Flammen auf.

Schließlich kommt die amerikanische Military Police
zu Hilfe, treibt die Menge mit aufgepflanztem Bajonett
und Tränengas auseinander, es gibt Verletzte auf beiden
Seiten.

Am Abend hat sich die Lage beruhigt. Die Polizei ist
aufgeschreckt und verbleibt in »höchster Alarmstufe«. General Clay verhängt aus Angst vor einem Aufstand eine
Ausgangssperre bis vier Uhr morgens. 38 Deutsche werden gleich in der ersten Nacht festgenommen, weil sie
sich auf der Straße haben erwischen lassen. Um wilde
»Zusammenrottungen« zu verhindern, fahren die Amerikaner sogar Panzer auf. Clay bestellt den Gewerkschafts-
führer Stetter ein und ermahnt ihn. Solche Protestkund-
gebungen, so fürchtet Clay, könnten den Kommunisten
Auftrieb geben.

Das wollen auch die Gewerkschaften vermeiden, denn
dann stünden sie als weniger konsequente Kämpfer für
die Arbeiterrechte da. Auch weil er nicht weiter angesta-
chelt wird, verpufft der Unmut der Menschen verblüffend
rasch. Der Stuttgarter Aufstand bleibt eine Ausnahme.
Und in der Begeisterung über die zunehmend prosperie-
rende Wirtschaft gerät schnell in Vergessenheit, dass auch
in Westdeutschland einmal Panzer gegen unzufriedene
Bürger in Stellung gebracht wurden.

Jan Puhl

# Betreutes Schreiben

*Wer nun eine Zeitung herausbringen wollte,*
*brauchte eine Lizenz der Besatzer. Auch mit Zensur*
*musste man rechnen – selbst im Westen.*

Von Carmen Eller

»Es gab kein Telefon, es fuhr noch keine U-Bahn, keine Stadtbahn. Strom gab es erst in wenigen Stadtteilen, Leitungswasser in noch wenigeren, Gas nirgends.« 1945 durchstreift Rudolf Herrnstadt, der spätere Chefredakteur der »Berliner Zeitung«, Innenbezirke der ehemaligen Hauptstadt. Vorbei an »rauchenden, noch oft in sich zusammenstürzenden Trümmerhaufen«. Seine Mission: der Aufbau einer neuen Zeitung und die Suche nach antifaschistischen Journalisten.

Auf dem Balkon einer halb zerbombten Wohnung wird er fündig. Der Kandidat kocht gerade an einem offenen Feuer Erbsensuppe. Als er von der geplanten Zeitung erfährt, sagt er spontan zu, so schildert es der Autor und Journalist Fritz Erpenbeck. Und Herrnstadts Tochter, die Schriftstellerin Irina Liebmann, schrieb später über diese Zeit, ihr Vater bekam »eine riesige Chance: die erste deutsche Zeitung nach Hitler«.

Mit dem Ende des Krieges in Europa schlug auch für die Presse die Stunde null. Die Alliierten schlossen Druckereien, lösten Redaktionen auf und verboten vorübergehend die Herausgabe von Zeitungen. Ihr Ziel war eine komplette Neugestaltung der deutschen Presse. So hatten es Briten und Amerikaner bereits im April 1945 in einem »Handbook for the Control of German Information Services« festgelegt. Die Sowjetunion hatte sogar noch während des Krieges damit begonnen, Kader für den Aufbau eines neuen deutschen Mediensystems zu schulen.

Den Westalliierten ging es darum, mit den neuen Medien die Bevölkerung für die Demokratie zu gewinnen, sie friedlich in Europa einzubinden. Im Osten hingegen sollte die sozialistische Weltanschauung in die Köpfe getragen werden.

Um möglichst viel Kontrolle über die Presse zu behalten, gaben alle Siegermächte zunächst Heeresgruppenzeitungen selbst heraus. Zentrales Organ der sowjetischen Besatzungszone war die »Tägliche Rundschau«. Sie startete mit einer Auflage von 150 000 Exemplaren, Chefredakteur war ein russischer Offizier, die Nachrichten kamen von einer sowjetischen Nachrichtenagentur. Doch auch antifaschistische Autoren fanden hier wieder eine Plattform, zu den Mitarbeitern zählten Wolfgang Leonhard, der spätere Autor des Buchs »Die Revolution entlässt ihre Kinder«, und der Schriftsteller Stefan Heym, der im Krieg als US-Soldat diente.

Die sowjetischen Besatzer enteigneten die alten Verleger, um den Weg für einen Neuanfang frei zu machen. Die erste Zeitung in deutscher Verantwortung, die »Berliner Zeitung«, gab der Magistrat der Stadt heraus. Herrnstadt, ein jüdischer Kommunist, der 1939 nach Moskau emigriert war, musste die Redaktion unter denkbar ungünstigen Bedingungen aufbauen: Er hatte Fieber, spuckte Blut. Die Redakteure arbeiteten in einem windschiefen Raum, die Fenster mit Pappe vernagelt, Kalk und Mörtel rieselten von der Wand. Fotos wurden in einem Kleiderschrank entwickelt. Von der Setzerei ging es zum Zensor der Besatzungsmacht, von dort wieder zurück in die Setzerei. Am 21. Mai war es dann so weit. Die erste »Berliner Zeitung« erschien als vierseitiges Blatt mit der Schlagzeile: »Berlin lebt auf«.

Bis 1948 genehmigte die sowjetische Militärverwaltung insgesamt 21 Zeitungen in ihrer Zone. Schlagzeilen aus den ersten Jahren der »Berliner Zeitung« zeigen, was die Menschen damals umtrieb: »Die Kaffeezuteilung hat begonnen«, »Die erste U-Bahn-Teilstrecke ab heute wieder in Betrieb«, »Neukölln hat wieder Wasser«. Allerdings vergaben die Sowjets Lizenzen nur an politische Parteien, die KPD und später die SED wurden bevorzugt: Sie erhielten mehr vom stets knappen Papier.

Auch im Westen Deutschlands informierten zunächst Heeresgruppenzeitungen die Bevölkerung. Einige von ihnen wurden später in deutsche Hände übergeben. Amerikaner und Briten enteigneten die Altverleger allerdings nicht, häufig wurden die Zeitungen sogar in deren Druckereien gedruckt. Doch eine gezielte Lizenzpolitik sollte zumindest vermeiden, dass sie publizistisch Einfluss nehmen konnten.

Dabei verfolgten die westlichen Besatzungsmächte unterschiedliche Strategien. Die Amerikaner setzten auf den Pluralismus innerhalb jeder Redaktion. Auch deshalb vergaben sie Lizenzen zunächst an Gruppen von Verlegern, erst ab 1948 genehmigten sie Parteiblätter.

Als erste deutsche Zeitung in der US-Zone erhielt Ende Juli 1945 die »Frankfurter Rundschau« das Okay. Ende September machte der »Tagesspiegel« der amerikanischen Militärverwaltung der »Berliner Zeitung« Konkurrenz. Und ab Oktober ging die in München von der amerikanischen Besatzungsbehörde herausgegebene »Neue Zeitung« an den Start. Es war »eine amerikanische Zeitung für die deutsche Bevölkerung«, wie der Untertitel lautete, mit einer Startauflage von 2,5 Millionen.

Sie entwickelte sich zur bedeutendsten Zeitung der unmittelbaren Nachkriegszeit. Ihr Erfolgsrezept waren ein vergleichsweise hohes Niveau und prominente Autoren. Das Kulturressort leitete zeitweise der Schriftsteller Erich Kästner, dessen Bücher die Nazis noch verbrannt hatten. Beiträge stammten etwa von Thomas Mann oder auch Bertolt Brecht. Ein gefragter Arbeitgeber war die »Neue Zeitung« nicht zuletzt durch ihre Redaktionskantine: In einer Zeit des Mangels verspeisten Besiegte mit Besatzern dort deftige Suppen, Corned Beef und Donuts.

Die Briten hingegen wählten einen anderen Weg als die Amerikaner: Sie lizenzierten zunächst parteinahe und erst später auch überparteiliche Publikationen. Vergleichbar mit der »Neuen Zeitung« war in der britischen Zone »Die Welt«. Sie sollte der Prototyp einer deutschen Zeitung sein, nach dem Vorbild der englischen »Times«: unparteilich und überregional, mit einer klaren Trennung von Nachricht und Kommentar. Die erste Ausgabe erschien Anfang April 1946 in Hamburg mit einer Auflage von 160 000 Exemplaren. Chefredakteur wurde der ehemalige Widerstandskämpfer und Sozialist Rudolf Küstermeier, der 1945 aus dem Konzentrationslager Bergen-Belsen befreit worden war.

Stetig wuchs die Zahl der Zeitungen und Zeitschriften. Bis Ende 1948 entstanden allein in der amerikanischen Zone 56 deutsche Zeitungen und mehr als 500 deutsche Zeitschriften. Doch jede Gründung stand unter der Aufsicht der Alliierten. Anfangs kontrollierten sie die Presse vor allem über die Vorzensur, später über die Personalpolitik. Eine eigenständige Presse trauten sie den Deutschen noch nicht zu. In seinen Erinnerungen beklagte der amerikanische Militärgouverneur General Lucius D. Clay die »deutsche Unfähigkeit, demokratische Freiheit wirklich zu erfassen«.

Die wachsenden Spannungen zwischen den Siegermächten wirkten in die Redaktionen hinein. Das bekam auch Chefredakteur Herrnstadt bei der »Berliner Zeitung« zu spüren. Die zunehmende Instrumentalisierung der Presse bereitete selbst kommunistischen Journalisten wie ihm Probleme. Herrnstadt habe das offizielle Schweigen über die Barbarei der Roten Armee gebrochen, berichtet seine Tochter Liebmann. Und er habe auch von »Russen« gesprochen, nicht von »Sowjetsoldaten«, wie die offizielle Sprachregelung im Osten lautete. Sein Bluthusten hielt an, sein Gesundheitszustand verschlechterte sich rapide.

Seit der Berlin-Blockade 1948/49 gerieten die deutschen Journalisten im Osten zunehmend unter Druck. »Das große Kofferpacken« begann, wie es Liebmann ausdrückt. Die meisten Mitarbeiter, die sich Herrnstadt für die »Berliner Zeitung« geholt hatte, gingen in den Westen.

Die Presseorgane der Besatzungsmächte, vor allem die Berliner Lizenzpresse, dienten nun beiden Seiten als Sprachrohre. »Ein dicker Nebel von Propaganda liegt über diesen Jahren«, schreibt Herrnstadts Tochter: »Propaganda in Ost, Propaganda in West, und mein Vater ist einer derjenigen, die ihr Schwert in der ersten Reihe schlagen, verknotet in fremde Arme und Beine.«

Symptomatisch für das Klima dieser Zeit war die Einstellung der in Ostberlin erscheinenden kulturpolitischen Zeitschrift »Ost und West« Ende 1949, die sich von Anfang an um Neutralität bemüht hatte. Alfred Kantorowicz, ein deutscher Jurist, Schriftsteller, Publizist und Literaturwissenschaftler jüdischer Herkunft, gab sie heraus. 1946 war er aus der Emigration aus den USA nach Deutschland zurückgekehrt. In seinem Antrag für die Lizenz hatte er geschrieben: »Deutschland in seiner gegenwärtigen Situation kann weder die amerikanische Lebensform noch die Entwicklung des Sozialismus in der Sowjetunion schematisch adoptieren.« Vielmehr sei das Land eine mögliche »Brücke zwischen den Mächten«. Eine solche Haltung sorgte in einer Zeit, in der die Presse zwischen die Fronten des Kalten Kriegs geriet, für Ärger.

Auch im freien Westen stieg der Druck auf die Redaktionen. Sanktionen gab es etwa für die erstmals im August 1946 in München erschienene linke Zeitschrift »Der Ruf«. Im April 1947 wurde die Nummer 17 nicht genehmigt. Die Herausgeber Alfred Andersch und Hans Werner Richter mussten ihre Posten verlassen. Schon in der ersten Nummer hatte Andersch über die Jugend im »zerstörten Ameisenberg Europa« geschrieben, sie vertrete »wirtschaftliche Gerechtigkeit« und wisse, »dass diese sich nur im Sozialismus verwirklichen lässt« – Wörter, die die Amerikaner nun nicht mehr gedruckt sehen wollten.

Doch Abmahnungen und Verbote richteten sich nicht nur gegen linksgerichtete und kommunistische Blätter. Der SPIEGEL geriet mit einem kritischen Bericht über das niederländische Königshaus vom 28. August 1948 in die Schusslinie; eine Ausgabe des Nachrichtenmagazins durfte nicht erscheinen. Selbst die Redaktion der »Neuen Zeitung« kollidierte mit Beginn des Kalten Kriegs aufgrund ihrer vergleichsweise undogmatischen Haltung mit der offiziellen Pressepolitik der Amerikaner. Weil die Zeitung nach der Währungsreform nur noch Organ der Militärregierung sein sollte, kündigten am 31. März 1949 gleich sieben Redakteure.

Die Pressepolitik der Alliierten im Westen war in sich widersprüchlich: Freier Journalismus sollte sich durch beaufsichtigtes, betreutes Schreiben entwickeln. Und auch der ursprüngliche hehre Plan, alle Verleger und Journalisten aus dem Nationalsozialismus aus den neuen Zeitungen herauszuhalten, einen kompletten Neuanfang zu machen, scheiterte im Westen. Weil es an unbelastetem Personal fehlte, wurden vielerorts doch Redakteure eingestellt, die bereits im Nationalsozialismus tätig gewesen waren, auch im SPIEGEL. Und selbst im Osten stiegen vereinzelt ehemalige Nazis in den Zeitungen auf.

Die Presse in der Ostzone blieb von oben gesteuert, auch als die Besatzungszeit zu Ende ging und die DDR gegründet war. Rudolf Herrnstadt, der Chefredakteur der »Berliner Zeitung«, übernahm 1949 das »Neue Deutschland«, das sich als Zentralorgan der SED zu einem der wichtigsten Propagandawerkzeuge entwickelte. Strikt folgte er dem von Moskau vorgegebenen Kurs, wurde aber 1954 nach Konflikten mit Walter Ulbricht aus der SED ausgeschlossen und geriet in Vergessenheit.

Im Westen galt nach der Gründung der Bundesrepublik eine »Generallizenz«, jeder konnte nun Zeitungen und Zeitschriften gründen. Viele regionale und überregionale Lizenzblätter der Besatzungszeit aber hielten sich erfolgreich bis heute, darunter die »Zeit«, die »Süddeutsche Zeitung«, die »Aachener Nachrichten« und auch der SPIEGEL.

# Aus den Trümmern in die Manege

*Eine Zeitungsanzeige veränderte sein Leben:*
*Mit 15 büxte Gerd Siemoneit-Barum von daheim*
*aus und heuerte beim Zirkus an. Für den Flüchtling*
*aus Ostpreußen ging ein Traum in Erfüllung.*

Von Katja Iken

Der Teenager traut seinen Augen nicht. Da ist sie, die Chance, auf die er so lange gewartet hat. Schwarz auf weiß. »Täglich: The Great Williams Circus Show. Hamburg am Dammtor-Bahnhof« – ein Inserat in der Tageszeitung, wie für ihn gemacht.

Für Gerd Siemoneit-Barum, 15, steht fest: Da muss er hin. An einem Morgen im Mai 1946 stopft er seine Siebensachen in einen Seesack und verlässt klammheimlich das Haus seiner Tante, bei der er gerade wohnt. Fährt zum Zirkus, stellt sich vor.

Doch der Personalchef wimmelt ihn ab. Er solle es lieber bei einem Bauern probieren, der habe mehr zu essen für ihn. Keine Option für den Jungen: Er kauft sich eine Eintrittskarte für die Vorstellung, schleicht sich ins Stallzelt, setzt sich vor den Pferden auf seinen Seesack und wartet einfach ab. Felsenfest davon überzeugt, seinen

Traum in die Tat umzusetzen und beim Zirkus anzu-
heuern. Er hat Glück – und darf bei Williams als Küchen-
junge anfangen.

»Ich konnte nicht mal einen Handstand. Aber der Di-
rektorin blieb gar nichts anderes übrig, als mich aufzunehmen«, erzählt Siemoneit-Barum und lacht. Der 87-Jährige,
rotes Halstuch, rosa Hemd, gehörte zu den berühmtesten
Tierbändigern Europas. Knapp 40 Jahre lang leitete er den
Circus Barum, sein eigenes Unternehmen. Von seinem
rechten Zeigefinger fehlen zwei Glieder, die hat ihm Löwe
Darius 1958 abgebissen.

In die Manege drängte es Siemoneit-Barum, als
Deutschland in Schutt und Asche lag. Inmitten der Trümmer erschien ihm der Zirkus wie eine glitzernde Traum-
welt, in der alles möglich schien. Lichtjahre entfernt von
Tod und Trauer, Flucht und Hunger.

Schon als kleiner Junge schwärmte Simoneit-Barum für
Akrobatik, Shows und Tiere, vor allem Pferde. Geboren
wurde er 1931 im ostpreußischen Gumbinnen und wuchs
als Kind eines Zeitsoldaten die ersten Lebensjahre in einer
Kaserne auf, jede freie Minute verbrachte er in den Ställen.
Bis ihn ein Pferd trat.

1943 gastierte ein Zirkus in seiner Stadt. Fasziniert von
dem fröhlich-exotischen Treiben, ließ der Zwölfjährige
die Schule sausen und rannte zum Festplatz. Fürs Schwän-
zen setzte es Hiebe mit dem Rohrstock. Egal. »Die An-
ziehungskraft war von erotischer Wirkung wie der erste
Kuss«, schrieb Siemoneit-Barum 2012 in seinen Memoiren »Viel riskiert für einen Traum«.

Als der Zirkus weiterzog, brach es ihm schier das Herz. Verzweifelt ließ er die Sägespäne der verlassenen Manege durch die Finger rieseln und schwor sich: »Wenn es mir mal schlecht geht, schließe ich mich einem Zirkus an.« In seinen Träumen schlüpfte Siemoneit-Barum in die Rolle seines großen Idols, des Raubtierdompteurs Peter, im Zirkusfilm »Die große Nummer« (1943) verkörpert von Rudolf Prack.

Doch bald holte ihn die tödliche Realität ein: Im Sommer 1943 fiel sein Vater, Stabsfeldwebel Franz Siemoneit, an der Ostfront. Ein Jahr später rissen Soldaten den Jungen am 21. Oktober 1944 aus dem Tiefschlaf, alle Glocken läuteten Sturm.

Der Krieg hatte Siemoneit-Barums Heimat erreicht, Hals über Kopf musste die Familie fliehen. Was er trotz der Eile mitnahm: die »Meister der Manege« von Franz Xaver Dworschak. »Meine Fibel«, sagt Siemoneit-Barum, er besitzt das Buch noch heute.

Mit seinem kleinen Bruder Ernst klammerte er sich auf dem Dach eines Opel-Blitz-Kastenwagens der Feuerwehr fest und rollte Richtung Westen, in Panik, wie viele Tausend andere Flüchtlinge auch. Was er auf der Flucht erlebt hat, spart Siemoneit-Barum aus und sagt nur knapp: »Furchtbar war es.« Und dass der Mensch sich an den Anblick von Leichen gewöhnen könne wie an schlechtes Wetter.

Die Familie Siemoneit – Mutter, Großmutter, zwei Söhne – durfte nicht zu Verwandten nach Hamburg ziehen, sondern bekam eine Gartenlaube in Dresden zugewiesen. Noch am Bahnhof erspähte Gerd ein Werbeplakat des Zirkus Sarrasani: »Plötzlich konnte ich wieder durchatmen, das Chaos war wie weggewischt.«

Jede freie Minute verbrachte er auf dem Carolaplatz, wo Sarrasani in einem prachtvollen Theater untergebracht war, dem ersten festen Zirkusbau Europas. Eine Sensation mitten im Krieg. Und eine Ersatzfamilie für den Jungen aus Gumbinnen.

Am 13. Februar 1945, kurz nach der Abendvorstellung, traf eine Sprengbombe das Gebäude. Als Siemoneit-Barum am nächsten Tag durch das brennende Dresden rannte und tote Pferde am Elbufer liegen sah, wusste er: Seine heile Welt war ausgelöscht, ein weiteres Mal.

Mit der Ankunft der Russen begann für Siemoneit-Barum die entbehrungsreichste Zeit seines Lebens. Morgens um drei stellte er sich beim Bäcker in die Schlange, kurz vor Schulbeginn löste ihn die Mutter ab. Der schmale Junge robbte im zerbombten Dresden durch Kellerfenster, um halb verkohlte Kartoffeln rauszuholen.

»Wir fantasierten von Braten und Torte, es ging nur noch ums Essen«, sagt er. Im Winter 1945/46 vegetierten die Siemoneits mehr dahin, als dass sie lebten, dicht aneinandergedrängt im Doppelbett, bibbernd vor Kälte und Unterernährung. Der Familie war klar: Sie muss in die Westzone.

Als Tante Luise aus Wesermünde, dem heutigen Bremerhaven, ein Telegramm schickte mit einer geschwindelten Botschaft (»Könnt kommen, Zuzug gesichert«), erhielten die Siemoneits den ersehnten Passagierschein.

273

Mit dem Handwagen tippelten sie im April 1946 über die Zonengrenze.

Mutter und Sohn Ernst gingen nach Marburg, der 15-jährige Gerd kam bei Tante Minna in Hamburg unter. Wo er die Zirkus-Annonce in der Zeitung entdeckte – sie sollte sein Leben verändern. »Wer will, den führt das Schicksal«, zitiert Siemoneit-Barum den römischen Philosophen Seneca.

Vier Tage nach seiner Ankunft beim Zirkus Williams spürte Mutter Emmy den Ausreißer auf. Siemoneit-Barum sah seine Artistenkarriere vor dem Aus, bevor sie begonnen hatte. »Doch die Zirkusdirektorin versicherte meiner Mutter, dass aus mir noch was werden könne«, erzählt er.

Sie behielt recht: Vom Laufburschen arbeitete Siemoneit-Barum sich hoch bis zum Pferdeakrobaten, später wurde er Raubtierdompteur. Eine lebensgefährliche Passion. In Ankara wäre Siemoneit-Barum 1954 während einer Vorstellung um ein Haar vom eigenen Löwen zerfleischt worden. Er überlebte nur, weil der Bärendompteur Susi einen Schlag versetzte – worauf die Raubkatze von Siemoneit-Barum abließ.

»Die Tiere riechen, ob du Angst hast«, sagt der international ausgezeichnete Artist. Statt auf Zwang und Unterdrückung setzte er auf Respekt bei der Dressur. 2007 hat Siemoneit-Barum ein Buch geschrieben über die »Kunst, mit dem Tier im Menschen umzugehen«. Ex-Kanzler Gerhard Schröder und Queen Elizabeth II. sind für ihn typische Löwen, Angela Merkel ist ein Elefant (und die Interviewerin ein Eichhörnchen).

Und er selbst? Sieht sich als »Adler, der über sein Revier streicht und wacht, mit konstanter Energie seinen Besitz unter Kontrolle hält«. Auch jetzt noch, wo der Circus Barum längst Geschichte ist. Denn 2008 endete die Ära des großen deutschen Wanderzirkus: Weder Tochter Rebecca – bekannt als Lindenstraßen-Serienstar Iffi Zenker – noch Sohn Maximilian führten das Familienunternehmen weiter.

Siemoneit-Barum erinnert sich noch genau, wie sich am 26. Oktober 2008, einem Sonntagabend, zum letzten Mal der Vorhang für ihn öffnete. Die schmissige Musik, in seinen Ohren erklang sie damals wie ein Trauermarsch.

»Abschied von der Manege zu nehmen schmerzt«, sagt der Zirkus-Altmeister, »weil es zugleich ein Abschied von meinen Jugendträumen bedeutet.« Ohne seine Tiere seien die Tage nüchterner, »ohne Schmuck und Glanz, ohne Freud, aber auch ohne Leid«. Seine geliebten Raubkatzen, er hat sie einem Tierpark in Norddeutschland vermacht.

# Kein einig Volk von Brüdern

*Die Teilung Deutschlands war die politisch wohl
folgenschwerste Entscheidung der Besatzungszeit.
Sie war nicht geplant. Im Wettstreit der Großmächte
entwickelte sie sich Zug um Zug.*

Von Markus Flohr

## Dienstag, 1. Mai 1945

Eine russische Transportmaschine hat Walter Ulbricht
zurück nach Deutschland gebracht, im Schutze sowjetischer Soldaten fährt er durch die Straßen Berlins. In
einigen Vierteln wird noch gekämpft. Häuser brennen,
umgestürzte Bäume versperren den Weg, Bombenkrater,
Tote. Nach zwölf Jahren in der Emigration kehrt der KPD-
Funktionär zurück.

Ulbricht kommt als Gehilfe der Sieger heim: Er wird
Stalins erster Mann im Reich der Besiegten. Er soll die
Kommunistische Partei Deutschlands (KPD) wiederauf-
bauen, als Stütze der Besatzungsmacht. Gleich in den ersten Tagen teilt Ulbricht deutschen Genossen sein Motto
mit: »Es muss demokratisch aussehen, aber wir müssen
alles in der Hand haben.«

## Freitag, 4. Mai 1945

Weil noch keine Brücke passierbar ist, nimmt Konrad Adenauer eine Fähre über den Rhein nach Köln. US-Oberstleutnant John Patterson hat ihn gebeten, wieder Oberbürgermeister zu werden. Eine Weile hat Adenauer sich geziert, aber an diesem Tag kehrt er in das Amt zurück.

Die Nazis hatten ihn 1933 aus dem Rathaus gejagt, ihm sein Haus genommen und ihn später ins Gefängnis gesteckt. Freunde halfen ihm freizukommen; er baute sich in Rhöndorf bei Bonn ein neues Zuhause. Er zog sich zurück, bis Naziherrschaft und Krieg vorbei waren.

Köln liegt in Trümmern. Adenauer muss aus einem zugigen Versicherungshaus am Kaiser-Wilhelm-Ring den Wiederaufbau leiten. Oberstleutnant Patterson ist beeindruckt von diesem beinahe 70 Jahre alten Rheinländer mit dem zerfurchten Gesicht und dem starren Blick. Adenauer, schreibt Patterson an seine Vorgesetzten, ist »die Nummer eins auf unserer Weißen Liste für Deutschland«.

## Mittwoch, 25. Juli 1945

In der Konferenzhalle des Cecilienhofs in Potsdam sitzen der britische Ministerpräsident Winston Churchill, der russische Staatschef Josef Stalin und der amerikanische Präsident Harry S. Truman zusammen. Bereits seit einer guten Woche verhandeln sie über die Nachkriegsordnung.

Nachdem die Siegermächte Deutschland im Mai 1945 in die Knie gezwungen hatten, teilten sie das Land in vier Besatzungszonen auf und stellten es unter militärische Verwaltung. Die oberste Gewalt in Deutschland übernimmt der Kontrollrat mit den vier alliierten Oberbefehlshabern. Nun planen sie, das Land zu dezentralisieren, zu demilitarisieren, zu demokratisieren, zu dekartellisieren und zu entnazifizieren. Alle Sieger fordern Reparationen – aber keiner hat den Plan, das Land zu zerstückeln. Man will es als politische und wirtschaftliche Einheit erhalten.

### Samstag, 28. Juli 1945

Alle Teilnehmer der Konferenz sind einverstanden, dass die deutschen Gebiete östlich der Oder von der Sowjetunion annektiert oder von Polen »verwaltet« werden. Die Deutschen aus Polen, der Tschechoslowakei und aus Ungarn sollen in die Besatzungszonen westlich der Oder »umgesiedelt« werden.

Churchills Konservative haben die Wahl verloren. Darum ist es nicht er, sondern der neue Premierminister Clement Attlee von der Labourpartei, der das Übereinkommen für die Briten in Potsdam verhandelt. In seiner ersten großen Rede als Oppositionsführer warnt Churchill vor den Folgen. Er sieht »einen Eisernen Vorhang, der Europa gegenwärtig entzweischneidet«.

## Ostersonntag, 21. April 1946

Im Admiralspalast im Osten Berlins haben sich Funktionäre von KPD und SPD versammelt. Von links erklimmt Wilhelm Pieck, Vorsitzender der KPD, die Bühne; von rechts kommt Otto Grotewohl, Vorsitzender der SPD im Osten. In der Mitte reichen sie einander die Hand und schließen damit ihre Parteien auch symbolisch zusammen. Der Händedruck von Pieck und Grotewohl wird verewigt im Logo der neuen Partei, der »Sozialistischen Einheitspartei Deutschlands«, SED.

Ganz vorn sitzt Walter Ulbricht, der große Stratege. Er weiß, wie chancenlos seine KPD bei einer Wahl wäre, die Sozialdemokraten haben weit mehr Anhänger. Der Zusammenschluss der beiden Parteien ist erzwungen: Die Sowjetische Militäradministration in Deutschland (SMAD) arbeitet eng mit Ulbricht zusammen. Sie verbietet oder sabotiert seit Wochen die Veranstaltungen der Gegner einer Vereinigung. Man drängt sie aus ihren Posten oder verhaftet sie.

Ulbricht aber verkauft die neue Partei als Fortschritt: »Mit dem heutigen Tage gibt es keine Sozialdemokraten und keine Kommunisten mehr«, ruft er am zweiten Tag des Kongresses ins Plenum. »Mit dem heutigen Tage gibt es nur noch Sozialisten.«

## Mittwoch, 2. Oktober 1946

Konrad Adenauer zieht als Fraktionsvorsitzender der neu gegründeten CDU in den ersten, provisorischen Landtag des ebenfalls neuen Landes Nordrhein-Westfalen ein. Seine Zusammensetzung richtete sich an den Wahlergebnissen der Preußischen Landtagswahl und den beiden Reichstagswahlen des Jahres 1932 aus. Am 20. April 1947 aber wählt die Bevölkerung ihre eigenen Kandidaten in den Landtag. Adenauer ist wieder dabei.

## Donnerstag, 30. Januar 1947

Ulbricht, Pieck und Grotewohl fliegen nach Moskau. Ulbricht will die Sowjetführung dazu bringen, den Einfluss der formal gleichberechtigten früheren SPD-Politiker in den Gremien der SED zu minimieren. Doch als die SED-Führung Stalin am Abend des 31. Januar trifft, spricht dieser darüber, die SPD in der Ostzone wieder zuzulassen. Er sieht die Sozialdemokraten als Kraft, die sich für die Einheit Deutschlands einsetzt. Stalin will verhindern, dass durch eine Teilung der Westen zum Vorposten der USA wird.

## Donnerstag, 5. Juni 1947

Der bayerische Ministerpräsident Hans Ehard hat alle deutschen Kollegen mit einem flammenden Appell nach München gerufen. Die Alliierten sind auf mehreren Konferenzen daran gescheitert, ihre Vorsätze von Potsdam einzulösen und die Einheit Deutschlands zu erhalten. Das Treffen in München ist der Versuch deutscher Politiker, sich über die Zonen hinweg zu verständigen. Im Stile Schillers postuliert Hans Ehard: »Wir wollen in der Not ein einig Volk von Brüdern sein, in keiner Not uns trennen noch Gefahr.«

Bis kurz vor Beginn ist unklar, ob die Ministerpräsidenten aus dem Osten überhaupt kommen. Spät am Abend treffen sie ein – und verlesen eine Erklärung, die bereits bekannt geworden war. Sie fordern die »Bildung einer deutschen zentralen Verwaltung durch Verständigung der demokratischen Parteien und Gewerkschaften zur Schaffung des deutschen Einheitsstaats«. Vorher wollen sie über nichts anderes reden. Die Politiker der Westzonen lassen sich nicht darauf ein – die Kollegen aus dem Osten reisen am frühen Morgen des 6. Juni ab.

## Samstag, 6. Dezember 1947

In Berlin lädt die SED zum ersten Deutschen Volkskongress: Unter dem Vorsitz von Pieck, Ulbricht und Grotewohl versammeln sich über 2000 Delegierte, die jedoch keine demokratische Legitimation haben – so ist der Kongress vor allem eine inszenierte Kampagne gegen die Gründung eines Weststaates.

## Samstag, 20. März 1948

Mehrfach treffen sich in London im Frühling 1948 die USA und Großbritannien mit Vertretern der Benelux-Staaten sowie Frankreich zu einer »Sechsmächtekonferenz«. Die Sowjetunion bleibt außen vor.

Der Chef der Sowjetischen Militäradministration Wassilij Sokolowski verlässt im Streit den Alliierten Kontrollrat. Damit endet die gemeinsame Verwaltung Deutschlands durch die vier Siegermächte.

## Freitag, 18. Juni 1948

Die Deutschen hören es zuerst im Radio: Währungsreform! Am Montag, 21. Juni, verliert die Reichsmark ihre Gültigkeit. Die D-Mark löst sie ab.

Schon am Samstag kommt es zum Konsumausbruch. Die »Süddeutsche Zeitung« schreibt später: »Es wurden die unsinnigsten Einkäufe gemacht. In den Apotheken verlangten manche Kunden für Hunderte von Mark Kopfwehpulver, Badesalz, Einmachtabletten oder Rattengift. Samstagabend war in den Gaststätten kein Bier mehr zu haben.«

Die Führung der SED protestiert: Die Währungsreform sei »der furchtbarste Schlag gegen das deutsche Volk. Dieser Beschluss bedeutet die Vollendung der Spaltung Deutschlands«.

## Mittwoch, 23. Juni 1948

In der sowjetischen Zone muss man verhindern, dass wertlose Reichsmarkreste den Markt überfluten. In großer Eile ziehen die Entscheider mit einer eigenen Währungsreform nach. Neue Banknoten sind so schnell nicht zu bekommen, man lässt alte Reichsmarkscheine mit Coupons überkleben.

Mit scheppernder Rhetorik verkündet die SED: Das Geschehen im Westen sei »diktiert von den Herren der Wall Street«, eine »Offensive des Großkapitals«, ein »Mittel der Kolonisierung«, das die Verantwortlichen in der Sowjetzone zu »schnellen Maßnahmen zum Schutze der Wirtschaft und der werktätigen Bevölkerung« zwinge.

Die Berliner Stadtverordnetenversammlung beschließt, dass im Westen der Stadt die D-Mark gelten soll. Die SED versucht, mit organisiertem Tumult die Entscheidung zu beeinflussen.

Kurz vor Mitternacht reagiert die Sowjetische Militäradministration: kein Strom mehr für den Westen Berlins. Am Donnerstag, 24. Juni, ab sechs Uhr morgens wird auch der Bahnverkehr eingestellt, dann die Binnenschifffahrt. Westberlin ist nur noch durch die Luft zu erreichen.

Ohne schnelle Hilfe droht der Bevölkerung Hunger und Elend. Die Sowjetische Militäradministration macht das Angebot, den Westen zu versorgen.

## Samstag, 26. Juni 1948

Die Westalliierten trifft die Blockade unvorbereitet. Müssen sie Berlin aufgeben? General und US-Militärgouverneur Lucius D. Clay schiebt alle Bedenken beiseite und setzt auf die »Luftbrücke«: Dem Bürgermeister Ernst Reuter verspricht er, dass Westberlin mit Lebensmitteln, Kohle, Maschinen und Gütern des täglichen Bedarfs versorgt wird. Am 26. Juni starten die ersten US-Maschinen aus Frankfurt am Main und Wiesbaden. Etwas später beginnen auch die Briten, Güter nach Berlin zu fliegen. Bald landen die Flieger im Minutentakt. Es geht um die strategische und taktische Bedeutung Berlins; vor allem aber sollen die Westdeutschen sehen, dass die Amerikaner ihnen in der Not helfen.

## Dienstag, 10. August 1948

Auf der Herreninsel im Chiemsee versammeln sich rund 30 Fachleute, um eine Verfassung auszuarbeiten. Dem Konvent war ein Treffen der westdeutschen Ministerpräsidenten mit den westlichen Militärgouverneuren vorangegangen. Dort waren den Deutschen die Ergebnisse der

»Sechsmächtekonferenz« mitgeteilt worden: Sie sollen eine verfassungsgebende Versammlung einrichten und eine Nationalversammlung einberufen.

Aber die Ministerpräsidenten hatten eigene Ideen: Die neue Verfassung nennen sie lieber »Grundgesetz«, um ihren provisorischen Charakter zu betonen – und statt einer Nationalversammlung berufen sie den »Parlamentarischen Rat« ein, für den alle westlichen Länderparlamente Abgeordnete wählen sollen.

Der Konvent am Chiemsee erarbeitet auf Grundlage dieser Vorschläge einen Verfassungsentwurf, der sich deutlich von seinen Vorgängern unterscheidet: Die neue Demokratie soll wehrhaft sein und nicht aus sich selbst heraus abgeschafft werden können, wie es mit der Weimarer Republik passiert war. Die Macht des Präsidenten wird gegenüber der Weimarer Verfassung beschnitten, der Föderalismus ausgebaut. Als wachende Instanz über der neuen Ordnung schlägt man ein »Bundesverfassungsgericht« vor. Die Nationalflagge soll künftig die Farben Schwarz, Rot und Gold tragen.

## Mittwoch, 1. September 1948

Der Parlamentarische Rat, der das gerade entworfene Grundgesetz diskutieren und verabschieden soll, konstituiert sich in Bonn. Die 65 Abgeordneten aus den drei Westzonen, darunter vier Frauen, nehmen im Lichthof des naturkundlichen »Museum Koenig« Platz. Eine ganze Reihe großer ausgestopfter Tiere muss für die Politiker weichen. Lediglich eine Giraffe bleibt – wohl vollständig mit Stoff verhängt – im Lichthof. Der Rat wählt Konrad Adenauer zum Präsidenten.

### Donnerstag, 9. September 1948

Etwa 300 000 Berliner versammeln sich vor dem zerschossenen Reichstagsgebäude, um gegen die Berlin-Politik der SED zu demonstrieren. Aber die Kundgebung wendet sich auch gegen die Blockade der Stadt. Stalin hält sie aufrecht, weil er hofft, die Westalliierten aus Berlin verdrängen zu können. Oberbürgermeister Ernst Reuter, der 1947 von der Gesamtberliner Stadtverwaltung gewählt, aber von den Sowjets nicht bestätigt worden war, ruft: »Ihr Völker der Welt, ihr Völker in Amerika, in England, in Frankreich, in Italien! Schaut auf diese Stadt und erkennt, dass ihr diese Stadt und dieses Volk nicht preisgeben dürft und nicht preisgeben könnt!«

### Samstag, 16. Oktober 1948

Mit Gärtnerhut ziert Konrad Adenauer die Titelseite des SPIEGEL. Rudolf Augstein schreibt: Das ist »der Mann, der die beste Aussicht hat, Staatspräsident des neuen amerikanisch inspirierten westdeutschen Staates zu werden«.

### Samstag, 18. Dezember 1948

Stalin empfängt die SED-Politiker Pieck, Grotewohl und Ulbricht in Moskau. Sie bitten Stalin, mit dem Aufbau des Sozialismus in der Ostzone beginnen zu dürfen. Stalin reagiert zurückhaltend. Falls aber im Westen eine separate Regierung gebildet werde, sei auch im Osten Deutschlands eine Regierung zu schaffen. Er betont, dass ihm eine starke Polizei und die Staatssicherheit wichtig seien.

### Freitag, 28. Januar 1949

Auf der ersten Parteikonferenz beschließt die SED, die paritätische Besetzung von Posten zwischen ehemaligen Sozialdemokraten und Kommunisten aufzugeben – und ein »Politbüro« nach sowjetischem Vorbild zu installieren. Die SED wird zu einer »Partei neuen Typs«. Walter Ulbricht, Urheber dieser Änderungen, ist dort zwar nur eines von sieben Mitgliedern, aber er lenkt fortan den zentralen Parteiapparat.

### Rosenmontag, 28. Februar 1949

In Köln feiert man beim ersten Karnevalszug nach dem Krieg. Ein Schlager macht die Runde. Im Refrain heißt es: »Wir sind die Eingeborenen von Trizonesien / Hei-di-tschimmela-tschimmela-tschimmela-tschimmela-bumm!«

Das Lied kritisiert humorvoll das Besatzungsregime in den drei Westzonen – zusammengeschlossen zur »Trizone« – und wird rasch zu einer Ersatz-Nationalhymne.

### Sonntag, 8. Mai 1949

Wochenlang hat der Parlamentarische Rat debattiert, über Grundsätzliches und Kleinliches – und im letzten Moment wird die Zeit knapp: Um fünf Minuten vor zwölf am 8. Mai, auf den Tag genau vier Jahre nach Deutschlands Kapitulation, verabschiedet der Rat das neue Grundgesetz. Von 65 Abgeordneten stimmen 53 dafür; dagegen sind 12.

### Dienstag, 10. Mai 1949

Weil an dieser Staatsgründung alles provisorisch sein soll, muss es auch die neue Hauptstadt sein. Zum »vorläufigen Sitz der Bundesorgane« bestimmt der Parlamentarische Rat die Stadt, in der er tagt: Bonn. In geheimer Abstimmung, beantragt von der SPD, gewinnt das verschlafene Universitätsstädtchen links des Rheins mit 33 zu 29 Stimmen gegen Frankfurt am Main.

Die fehlende Größe ist dabei ein Vorteil: Frankfurt wäre eine echte Hauptstadt, als Ort der Paulskirchenversammlung auf Augenhöhe mit Berlin. Bei Bonn hingegen geht jeder davon aus, dass die Regierung bald wieder umzieht.

Ein noch radikaleres Provisorium hatte der SPD-Politiker Carlo Schmid vorgeschlagen: Er wollte den Regierungssitz in ein Barackendorf oder ein Zeltlager an der Zonengrenze verlegen.

## Donnerstag, 12. Mai 1949

Die Sowjetunion gibt die Blockade von Berlin auf. Ihr Ziel hat sie verfehlt: Der Westen hält die Stellung in Berlin. Auch die Gründung eines Weststaates ist nicht mehr aufzuhalten. Die Westalliierten stimmen dem Grundgesetz zu und verkünden ihr »Besatzungsstatut«. Es gesteht den Westdeutschen eine eingeschränkte Souveränität und Regierungsgewalt zu. Aber es schreibt auch bis auf Weiteres die Hoheit der Sieger fest, vor allem in der Außenpolitik und bei militärischen Fragen. Der Alliierte Kontrollrat wird im Westen durch die »Hohe Kommission« ersetzt, sie beaufsichtigt die Regierung.

Berlin aber bleibt geteilt.

## Sonntag, 15. Mai 1949

In der sowjetische Zone und in Ostberlin sind die Menschen an diesem und am folgenden Tag aufgerufen, die Mitglieder des »Dritten Volkskongresses« zu wählen. Der Stimmzettel besteht aus einer Liste mit 77 Namen, über denen zwei Sätze stehen: »Ich bin für die Einheit Deutschlands und einen gerechten Friedensvertrag / Ich stimme darum für die nachstehende Kandidatenliste zum Dritten Deutschen Volkskongress.« Laut offiziellem Ergebnis kreuzen 66,1 Prozent »Ja« an. Der Kongress wählt am 29. Mai den »Zweiten Deutschen Volksrat«. Einen Tag später billigt dieser den Entwurf einer Verfassung für die Deutsche Demokratische Republik.


## Montag, 23. Mai 1949

Konrad Adenauer unterzeichnet das Grundgesetz in Bonn als Vorsitzender des Parlamentarischen Rates als Erster, die Abgeordneten, die Ministerpräsidenten und die Präsidenten der elf Landtage folgen. Nur zwei Delegierte der KPD unterschreiben nicht. Mit einer kurzen Ansprache beendet Adenauer die Gründungsstunde der »Bundesrepublik Deutschland«. Er sagt: »Wir sind der festen Überzeugung, dass wir einen wesentlichen Beitrag zur Wiedervereinigung des ganzen deutschen Volkes und auch zur Rückkehr unserer Kriegsgefangenen und Verschleppten leisten.«


## Sonntag, 14. August 1949

Erstmals seit Beginn der Nazidiktatur dürfen die Menschen in den Westzonen wieder ein Parlament frei wählen: Mehr als 24 Millionen Bürger geben ihre Stimme

ab, das sind knapp 80 Prozent der Wahlberechtigten.
CDU und CSU gewinnen mit 31 Prozent vor der SPD mit
29,2 Prozent. Dahinter die FDP mit knapp 12 Prozent,
die KPD mit knapp 5,7 Prozent. Die Bayernpartei erhält
4,2, die Deutsche Partei (DP) 4 Prozent. Mehrere kleinere
Parteien und Einzelbewerber ziehen ebenfalls in den ersten Bundestag ein, eine allgemeine Sperrklausel gibt es
noch nicht.

## Sonntag, 21. August 1949

Konrad Adenauer lädt die Spitzen von CDU und CSU zu
Kaffee, Wein und kaltem Büfett nach Rhöndorf ein. Man
diskutiert über eine Große Koalition, die schließlich ver-
worfen wird. Vorstellbar erscheint der Runde eine Koalition mit FDP und DP. Dann verkündet Adenauer der
Runde, dass er – nach Rücksprache mit seinem Hausarzt –
als Bundeskanzler kandidieren wird. Theodor Heuss von
der FDP soll Bundespräsident werden.

## September 1949

Die Bundesversammlung wählt Theodor Heuss am
12. September zum Bundespräsidenten, der Bundestag
macht drei Tage später mit einer Stimme Mehrheit – seiner eigenen – Konrad Adenauer zum Bundeskanzler. In
seiner Regierungserklärung spricht er von einer »Hinwen-

dung zum Westen«, er sehe »keinen anderen Weg, als mit den Alliierten wieder in die Höhe zu kommen«.

Im Osten arbeitet man in enger Abstimmung mit der Sowjetführung fieberhaft an der Gründung eines eigenen Staates.

## *Freitag, 7. Oktober 1949*

Im ehemaligen Reichsluftfahrtministerium in Berlin erklärt sich der Volksrat zur »Provisorischen Volkskammer«. Sie setzt die Verfassung der »Deutschen Demokratischen Republik« in Kraft; Otto Grotewohl wird mit der Bildung einer Regierung beauftragt und es wird die Einrichtung einer Länderkammer verabschiedet. Auch die Sowjetische Militäradministration löst sich nun auf, an ihre Stelle tritt eine »Kontrollkommission«, ähnlich der »Hohen Kommission« im Westen.

Volkskammer und Länderkammer wählen Wilhelm Pieck einstimmig zum Staatsoberhaupt der DDR. Walter Ulbricht ist offiziell einer der drei Stellvertreter von Ministerpräsident Grotewohl. Tatsächlich ist er das Machtzentrum der DDR.

Stalin lässt per Telegramm ausrichten: »Die Gründung der Deutschen Demokratischen friedliebenden Republik ist ein Wendepunkt in der Geschichte Europas.«

## Freitag, 21. Oktober 1949

In seiner offiziellen Stellungnahme zur Gründung der
DDR verurteilt Bundeskanzler Adenauer die Entstehung
eines zweiten Deutschlands im Osten mit scharfen Worten: Die DDR sei »zustande gekommen auf Befehl Sowjet-
russlands und unter Mitwirkung einer kleinen Minderheit
ihm ergebener Deutscher«. Was dort, in der »Sowjetzone«,
passiere, werde nicht von der Bevölkerung getragen. »Die
Bundesrepublik Deutschland ist somit bis zur Erreichung
der deutschen Einheit die alleinige legitimierte staatliche
Organisation der Deutschen.«

Die Darstellung Adenauers ist parteiisch. Er selbst und
die Westmächte waren in den vergangenen Monaten zu
Taktgebern der Teilung geworden. Aber auch die Führung
der SED verfolgte ihre eigene Agenda; Zug um Zug gab der
Gegensatz der beiden Großmächte den Lauf der Dinge vor.


## Mittwoch, 21. Dezember 1949

Kurz vor Weihnachten gratuliert das »Neue Deutschland«
Josef Stalin zum 70. Geburtstag. Staatspräsident Wilhelm
Pieck nennt Stalin den »größten und besten Freund des
gesamten deutschen Volkes«.

Die deutschen Staaten erkennen einander gegenseitig
nicht an und sprechen sich die Existenzberechtigung ab.
Beide erheben den Anspruch, im Namen aller Deutschen
zu sprechen.

Die Geschehnisse im Sommer und Herbst dieses Jahres haben die Teilung des Landes auf unabsehbare Zeit zementiert.

# Welches Lied für Deutschland?

*Warum es mehr als zwei Jahre dauerte, bis die*
*Bundesrepublik eine Nationalhymne bekam*

Von Dietmar Pieper

Wenige Jahre nach Kriegsende hatten die Deutschen im Westen des Landes fast alles, was zu einem richtigen Staat dazugehört. Sie hatten eine Verfassung, ein Parlament, einen Präsidenten, eine Regierung und eine Flagge. Nur eine Nationalhymne hatten sie noch nicht.

Im Parlamentarischen Rat, der 1948/49 das Grundgesetz formulierte, trafen die Delegierten zwar eine Entscheidung über die Bundesflagge. Über das schwierigere Thema einer Hymne gingen sie aber hinweg.

In der Flaggenfrage war die Sache einfach, hier konnte man zum schwarz-rot-goldenen Nationalsymbol der Weimarer Republik zurückkehren. Sie war in der NS-Zeit verpönt. Die Weimarer Hymne jedoch, deren drei Strophen der freiheitlich gesinnte Dichter Heinrich Hoffmann von Fallersleben 1841 geschrieben hatte, war unter Hitler zumindest teilweise in Gebrauch. Nach der ersten Strophe des Deutschlandlieds (»Deutschland, Deutschland über alles«) hatte man bis zur Kapitulation bei offiziellen An-

lässen das nationalsozialistische Horst-Wessel-Lied gesungen (»Die Fahnen hoch, die Reihen dicht geschlossen«).

Ein demokratischer Neubeginn mit denselben Ver-
sen? Schwierig, vielleicht unmöglich, so dachte man zunächst. Die Amerikaner hatten das Deutschlandlied 1945
in ihrer Besatzungszone verboten, wie auch etliche Lieder
und Symbole der NS-Diktatur. Der Alliierte Kontrollrat
setzte das Werk, dessen Melodie Joseph Haydn schon im
18. Jahrhundert komponiert hatte, allerdings nicht auf den
Index. Viele Deutsche waren deshalb unsicher, ob ihre alte
Hymne verboten oder bloß unerwünscht war.

Als der Parlamentarische Rat im Mai 1949 das Grundgesetz verkündete, sangen seine Mitglieder ein patrioti-
sches Lied von 1820: »Ich hab mich ergeben / mit Herz
und mit Hand / dir, Land voll Lieb' und Leben, / mein
deutsches Vaterland!« Dasselbe Lied stimmten auch die
Abgeordneten des ersten Deutschen Bundestages in ihrer
konstituierenden Sitzung an.

Eine Gruppe rechtskonservativer Abgeordneter scheiterte im September 1949 im Bundestag mit dem Antrag,
das Deutschlandlied »in seiner ursprünglichen unverän-
derten Form« zur Hymne zu erklären. Auch Franz Josef
Strauß, der 34 Jahre alte CSU-Generalsekretär, wandte
sich in den Debatten gegen eine abermalige Aufwertung
des Deutschlandlieds durch den Staat: Man habe »noch
immer das Gefühl, es müsse in unmittelbarer Folge das
›Horst-Wessel-Lied‹ erklingen«, sagte der spätere Vertei-
digungs- und Finanzminister.

So begann das westdeutsche Wirtschaftswunderjahrzehnt ohne Nationalhymne.

Die DDR hingegen hatte mit ihrer Hymne zunächst keine Probleme. Das neue Werk für den neuen Staat dichtete der Schriftsteller Johannes R. Becher im Herbst 1949. Becher hatte in der Weimarer Zeit dem Zentralkomitee der KPD angehört und war im März 1933 ins Exil gegangen. Sein vom Komponisten Hanns Eisler vertontes Gedicht beginnt in der amtlichen Fassung mit den Zeilen: »Auferstanden aus Ruinen / und der Zukunft zugewandt, / lass uns dir zum Guten dienen, / Deutschland, einig Vaterland.« Nachdem das SED-Politbüro sein Plazet erteilt hatte, erklärte der Ministerrat der DDR das Werk am 5. November 1949 zur »Deutschen Nationalhymne«. Schwarz, Rot, Gold waren bereits seit Oktober die Farben der Nationalflagge, das Wappen mit Hammer, Zirkel und Ährenkranz kam zehn Jahre später hinzu.

Probleme mit der Hymne gab es in der DDR erst später. Denn wie Hoffmann von Fallerslebens Deutschlandlied beschwört auch die Becher-Hymne die Einheit des Landes. In der DDR-Verfassung von 1974 tauchte die Vokabel »Deutschland« nicht mehr auf, der Ostberliner Politik ging es jetzt darum, die Zweistaatlichkeit unwiderruflich zu machen. Bechers Text verschwand aus der Öffentlichkeit, selbst Olympioniken der DDR durften die Hymne nur noch summen.

In der Westrepublik zog sich der Streit bis 1952. Kanzler Adenauer ließ keinen Zweifel daran, dass er die dritte Strophe des Deutschlandlieds für die beste Lösung hielt.

Aber die Entscheidung kam dem Bundespräsidenten zu, Theodor Heuss. Der FDP-Mann erlitt allerdings »eine seiner schmerzlichsten Niederlagen«, wie der Historiker Clemens Escher schreibt.

1950 hatte Heuss den 72-jährigen Dichter Rudolf Alexander Schröder beauftragt, eine neue Hymne zu verfassen. Nach längerer gemeinsamer Arbeit am Text trug der Bundespräsident das Werk Ende des Jahres bei seiner Neujahrsansprache vor, um es als künftige Nationalhymne bekannt zu machen. Es begann mit den Zeilen: »Land des Glaubens, deutsches Land, / Land der Väter und der Erben«, und endete: »Schling um uns dein Friedensband, / Land der Liebe, Vaterland«.

Schröders Gedicht fiel in allen politischen Lagern durch. Die »Frankfurter Allgemeine« spottete über den »milden Herbergston des alten Mannes«. Adenauer und Heuss kamen schließlich überein, die leidige Angelegenheit in einem sorgfältig abgestimmten Briefwechsel zu regeln. Der Regierungschef ersuchte das Staatsoberhaupt am 29. April 1952, das Deutschlandlied »als Nationalhymne anzuerkennen«, also alle drei Strophen. Aber: »Bei staatlichen Veranstaltungen soll die dritte Strophe gesungen werden.«

Heuss stimmte zu und räumte seine Niederlage ein: »Ich habe den Traditionalismus und sein Beharrungsbedürfnis unterschätzt.«

# »Im Nebel verschwunden«

*Wie blicken die Deutschen auf die Nachkriegszeit?
Der Historiker Axel Schildt erklärt, wie sich die
Perspektive gewandelt hat, was Forscher inzwischen
wissen – und welche Legenden noch immer verbreitet
sind.*

**Axel Schildt,**

geboren 1951, war von 2002 bis 2017 Direktor der Forschungsstelle für Zeitgeschichte in Hamburg. Der Mitautor einer »Deutschen Kulturgeschichte« ist Experte für die deutsche Nachkriegszeit und die Alltagsgeschichte der frühen Bundesrepublik.

SPIEGEL: *In der Nachkriegszeit wurden die entscheidenden Weichen für die weitere Entwicklung der beiden deutschen Staaten gestellt. Doch wenn man über deutsche Geschichte spricht, gilt diese Zeit oft nur als Übergangszeit, die Jahre vorher und nachher sind weit präsenter. Wie blicken die Menschen heute auf die Jahre zwischen 1945 und 1949?*
Schildt: Die unmittelbare Nachkriegszeit ist im kollektiven Bewusstsein heute tatsächlich wie im Nebel verschwunden. Natürlich leben noch Menschen, die die Zeit damals schon bewusst erlebt haben. Diese Generation hat immer

unterschieden zwischen der »schlechten Zeit«, die zumindest im Westen mit der Währungsreform 1948 endete, und der »guten Zeit« nach dem Krieg, die dann begann. Man sagte umgangssprachlich auch »vor der Währung« und »nach der Währung«, wie Heinrich Böll 1961 in einem Aufsatz konstatierte.

*Wie hat sich das Bild von der Nachkriegsperiode denn im Laufe der Jahre verändert?*
In den Fünfzigerjahren waren die Leute froh, dass sie wieder eine eigene Wohnung hatten und nicht mit fremden Menschen zusammenleben mussten. Die wissenschaftliche Erkundung der Nachkriegsära begann erst in den Sechzigerjahren, einhergehend mit der 68er-Bewegung. Vor allem Politikwissenschaftler waren der Ansicht, nach 1945 seien Chancen für eine tiefer gehende Demokratisierung versäumt worden. Eine bereits 1949/50 geprägte These wurde neu entdeckt: In Westdeutschland hätten die alten Eliten ihre Macht mithilfe der Besatzungsmächte »restauriert«. Nun wurde dazu aufgerufen, das Versäumte nachzuholen – das war der Impuls für den Aufbruch von 1968.

*Wie ging es danach weiter?*
Nach 1980 begann die systematische Forschung über die Fünfzigerjahre. Sie widerlegte gründlich die simple Legende von der »Restauration«, die in die lange bleierne Zeit der Bundesrepublik mündete. Treffend ist für die westdeutschen Gründerjahre der Begriff der »Moderni-

sierung unter konservativen Auspizien«, so der Zeithistoriker Christoph Kleßmann. Es enthüllte sich die Janus-
köpfigkeit einer Gesellschaft, in der sich wirtschaftliche
und soziale Strukturen mit hohem Tempo modernisier-
ten, während gleichwohl noch für einige Zeit konservative
Werte dominierten. Aber eine Wiederherstellung des Vor-
maligen war das ungeachtet aller personellen Kontinuitäten sicherlich nicht. Durch diese neue Perspektive auf die
Zeit ab 1950 hat sich auch der Blick auf die Nachkriegszeit verändert. Vor allem die Annahme, die Bevölkerung
sei von den alten Eliten an einem radikalen und demokratischen Neuanfang gehindert worden, überzeugt nicht
mehr. Die Deutschen wollten sich damals aus dem Elend
erlösen, sie wollten verlässliche staatliche und gesellschaftliche Verhältnisse.

*Und wie wurde in der DDR auf diese Zeit geschaut?*
Dort hieß es ziemlich platt, man habe einen erfolgreichen
Staat aufgebaut und stehe allein deshalb auf der Seite der
»Sieger der Geschichte«. Und die DDR betonte, der Westen habe die sowjetischen und ostdeutschen Vorschläge
für eine Wiedervereinigung abgelehnt, sei also verantwortlich für die Teilung Deutschlands.

*Die Alliierten blieben allein durch ihre Truppenpräsenz
ja lange im Bewusstsein der Menschen. Wie wurden sie
im Westen wahrgenommen? Galten sie als diejenigen, die
Wohlstand gebracht hatten?*
Es gibt gängige Vorstellungen wie jene vom amerikani-

schen Marshallplan oder den Care-Paketen; sie stützen den Eindruck, es seien vor allem die Besatzungsmächte gewesen, die dem Land wieder auf die Beine geholfen haben. Doch inzwischen weiß man, dass das Legenden sind. Im Rahmen des Marshallplans wurde nur wenig Geld investiert. Es gab einige Wohnungsbauprojekte, die mit Mitteln daraus finanziert wurden. Aber für den Gesamtumfang der Investitionen nach dem Krieg war das nicht maßgebend, das amerikanische Programm hatte eher psychologische Bedeutung. Zu den Care-Paketen gibt es Umfragen, die zeigen, dass nur sechs Prozent der Bevölkerung in den Genuss eines solchen Lebensmittelpakets gekommen sind.

*Waren die späteren Legenden also stärker als die unmittelbare Dankbarkeit?*
Die Menschen, die tatsächlich ein Care-Paket bekommen hatten, haben gern und noch lange davon erzählt, das zeigte Wirkung. Insgesamt gab es auch große regionale Unterschiede, wie stark jemand die Alliierten nach dem Krieg überhaupt wahrnahm. Die Menschen, die in der Nähe der amerikanischen Garnisonsorte in Süddeutschland lebten, hatten weit mehr unmittelbaren Kontakt mit den Soldaten als die Bewohner der französischen oder britischen Zone.

*Wirkte der Marshallplanmythos nicht auch im Osten Deutschlands? Man hört dort noch heute: »Ihr hattet nach dem Krieg ja den Marshallplan, wir aber mussten uns selbst helfen.«*

Dieser Topos wurde propagandistisch genutzt, um von der Ineffizienz des DDR-Systems abzulenken. Auch im Alltag hat er sich dann als eingängige These behauptet.

*Die Bundesrepublik Deutschland war bei der Gründung kein souveräner Staat und hatte kein Außenministerium. Die Bundesregierung musste ihre Beschlüsse von »Hohen Kommissaren« der Besatzungsmächte genehmigen lassen. Auch heute noch kursiert in rechten Kreisen die Behauptung, die Bundesrepublik sei ein »besetztes Land«. Sind da manche Leute in den Vierzigerjahren stecken geblieben?*

Wenn sie die Zeit damals schon bewusst erlebt haben, dann sind sie stecken geblieben. Aber eigentlich ist diese Mär vom besetzten Land ein neues Phänomen. Vor 20 Jahren hat davon niemand gesprochen. Da werden offenbar neue Geschichtsnarrative für ein Publikum im Internet erfunden, um gezielt Stimmung zu verbreiten. Es wäre zu untersuchen, wo die Wurzeln dafür liegen. Dass so etwas überhaupt auf Resonanz stößt, ist höchst verwunderlich. Jeder sollte in der Schule gelernt haben, dass 1955 mit dem NATO-Beitritt die Bundesrepublik ein souveräner Staat geworden ist.

*Können Sie erklären, warum gerade jetzt, nach dem Abzug der Besatzungstruppen, solche Thesen Verbreitung finden?*
Nein, nicht wirklich, mir scheint das auch zum Teil völlig irrational. Manche Rechtsextremisten, etwa die sogenannten Reichsbürger, behaupten, die Bundesrepublik sei nur eine Firma und das Deutsche Reich habe nie aufgehört zu bestehen. Eine einheitliche Argumentation gibt es in diesen Kreisen aber gar nicht.

*Lange Zeit wurde für die unmittelbare Nachkriegszeit der Begriff »Stunde null« verwendet. Was verband sich mit diesem Begriff, und was verdeckte er?*
Der Begriff stammte ursprünglich aus dem Film »Deutschland im Jahre null«, den der italienische Regisseur Roberto Rossellini 1947 im zerstörten Berlin drehte. Der Gedanke war: Es ist alles zerstört. Wir fangen wieder ganz neu an. Tatsächlich bedeutete das Jahr 1945 eine weltgeschichtliche Zäsur. Es entstanden mit dem Ostblock und den Westmächten völlig neue Rahmenbedingungen. Andererseits blendet der Begriff »Stunde null« gänzlich aus, dass es auch starke Kontinuitäten aus dem Nationalsozialismus in die Nachkriegszeit gab: Das gilt sowohl für Institutionen als auch für Personen – vieles fing eben nicht bei null an, sondern baute auf Bestehendem auf. Wenn man ein wirklich umfassendes Bild der Zeit erhalten will, muss man beides wahrnehmen, die Kontinuität und den Bruch.

*Bei Umfragen in den Westzonen in den Jahren 1945/46 be-*
*zeichnete rund die Hälfte der Befragten den Nationalsozi-*
*alismus als eine »gute Idee«, die »nur schlecht umgesetzt«*
*wurde. Wie erklärt sich diese Haltung?*

Viele Leute erinnerten sich weniger an den Krieg als an
die »Friedensjahre« bis 1939. Zahlreiche junge Deutsche haben in dieser Zeit einen sozialen Aufstieg erlebt,
das scheint mir eine Erklärung dafür zu sein. Die gleichen Umfragen 1949 und 1950 brachten übrigens noch
schlechtere Ergebnisse – offenbar sehnte man sich nach
einer heilen Welt zurück und fand die dann scheinbar in
der Zeit vor dem Krieg.

*Hatte das auch damit zu tun, dass sich die Deutschen selbst*
*eher als hilflose Objekte und nicht als Subjekte des politi-*
*schen Geschehens sahen?*

Das haben viele so empfunden. Man beklagte sich über
die angeblich mangelnden Mitbestimmungsmöglichkei-
ten in der Besatzungszeit – reflektierte aber nicht, dass es
im NS-Regime noch weit weniger Möglichkeiten gegeben
hatte. Auch die Entnazifizierung war extrem unpopulär,
bei der die Alliierten mit Fragebogen die Mitgliedschaft
in NS-Organisationen erhoben. Viele argumentierten, die
Alliierten hätten nach der Bombardierung Dresdens, bei
der so viele Unschuldige zu Tode kamen, kein Recht, den
Deutschen Verbrechen vorzuwerfen.

*Wie präsent war denn das Bewusstsein um die Verbrechen
des NS-Regimes?*

Das zeigte sich eher indirekt. Nach Kriegsende begingen
Zehntausende Menschen Selbstmord, vor allem aus Angst
vor der heranrückenden Roten Armee. Darunter waren NS-
Funktionäre, aber auch viele Frauen, die sich vor einer Vergewaltigung fürchteten. Das zeigt, dass man wusste oder
zumindest ahnte, welche Verbrechen die Deutschen im besetzten Osten Europas begangen hatten. Die westlichen Alliierten behandelten die Deutschen eher sehr nachsichtig.
Sehr viele wurden nur als »Mitläufer« eingestuft, bis 1950
kam die »Entnazifizierung« dann sogar völlig zum Erliegen.

*Nach dem Ende der NS-Zeit ging es auch darum, eine neue
gemeinsame Identität zu schaffen. Manche suchten Wurzeln
im »christlichen Abendland«, andere sahen sich als kosmo-
politische »Weltbürger«, wieder andere, vor allem im Osten,
wollten an die deutsche Klassik anknüpfen und die Nation
an Goethe und Schiller genesen lassen. Welches Selbstverständnis setzte sich durch und warum?*

Diese verschiedenen Strömungen waren zunächst nicht
eindeutig getrennt, sie alle waren eher rückwärtsgewandt,
eine Auseinandersetzung mit der unmittelbaren Vergangenheit fehlte auch hier. Sehr deutlich wird das im Dis-
kurs der konservativen Christen. Sie sahen die Ursache für
die Katastrophe des Nationalsozialismus in einer Abkehr
der Menschen von Gott und einer Säkularisierung. Damit
wurde die Moderne auf die Anklagebank gesetzt statt der
NS-Täter.

*Die westdeutsche Elite setzte auch auf die Kontinuität eines antikommunistischen Feindbildes, das war ja ebenfalls bereits vor 1945 eingeübt.*

Und das funktionierte wunderbar. Man konnte sich damit beruhigen, im Kampf gegen Russland schon immer auf der richtigen Seite gestanden zu haben.

*War die Teilung Deutschlands in zwei Staaten von den Besatzungsmächten von Anfang an geplant?*

Bei dieser Frage stehen sich in der Wissenschaft verschiedene Schulen gegenüber – die einen bejahen sie, die anderen verneinen sie. Ich neige zu der These, die Wilfried Loth in seinem Buch »Stalins ungeliebtes Kind« erläutert hat: Die sowjetische Führung hatte 1945 nicht den Masterplan zur Gründung der DDR. Es gab in Moskau auch die Option eines neutralen Gesamtdeutschland und nicht nur die eines Satellitenstaates DDR. Und auch die Amerikaner hatten 1945 noch nicht den Bauplan für die Bundesrepublik in der Schublade.

*Lässt sich eine Zäsur ausmachen, wann die Entwicklung zur Zweistaatlichkeit begann?*

1948 war die Sache entschieden, mit den beiden Währungsreformen im Juni nahm die kommende Zweistaatlichkeit Konturen an. Die Berlin-Blockade und die Luftbrücke waren dann weitere Schritte auf dem Weg in die Spaltung.

*Im Osten Deutschlands gab es einen radikaleren Elitenwan-*
*del. Durch Flucht und Abwanderung der Oberschichten ent-*
*stand in der späten DDR allmählich das, was der erste Leiter*
*der Ständigen Vertretung der Bundesrepublik in der DDR,*
*Günter Gaus, »das Staatsvolk der kleinen Leute« genannt*
*hat. War die politische Teilung Deutschlands auch eine so-*
*ziale?*

Man hat durchaus versucht, die Abwanderung der Eliten
in den Westen zu verhindern. So gab es etwa bei Lehrern,
Polizisten und Verwaltungsmitarbeitern eine Entnazifizierung, hingegen kaum bei den Ärzten der Charité in Ostberlin. Und überhaupt wurde in akademischen Kreisen
weit weniger entnazifiziert als in anderen Bereichen. Ganz
vollständig war der Elitenwandel dann auch nicht. Aber
insgesamt stimmt die These, dass im Osten die »kleinen
Leute« dominiert hätten.

*Bundeskanzler Konrad Adenauer verkündete bei der Grün-*
*dung der Bundesrepublik den Alleinvertretungsanspruch*
*der Bundesrepublik, die DDR wurde nicht anerkannt. Hat*
*diese Haltung womöglich Auswirkungen bis zum heutigen*
*Wahlverhalten in Ostdeutschland?*

Der Alleinvertretungsanspruch wurde mit dem Grundgesetz begründet. 1956 setzte er sich mit der Hallstein-Dok-
trin fort: Die Beziehungen zu Staaten, die die DDR aner-
kannten, sollten abgebrochen werden, außer im Fall der
Sowjetunion. Die SED-Propaganda hat deshalb jahrelang
von einer »Anmaßung« gesprochen. Zudem trug auch

gönnerhaftes Verhalten bei Besuchen im Osten dazu bei, dass Bundesdeutsche als anmaßend wahrgenommen wurden. Beides hat sicher bis heute Spuren hinterlassen.

*Herr Professor Schildt, wir danken Ihnen für dieses Gespräch.*

Das Gespräch führten Eva-Maria Schnurr und Uwe Klußmann.

# Autorenverzeichnis

Sebastian Borger arbeitet als freier Journalist in London.

Georg Bönisch war Redakteur in der SPIEGEL-Redaktionsvertretung Düsseldorf.

Markus Deggerich ist Redakteur im Ressort Sonderthemen des SPIEGEL.

Carmen Eller arbeitet als freie Journalistin.

Markus Flohr arbeitet als freier Journalist.

Alexandra Frank arbeitet als freie Journalistin.

Katja Iken ist Redakteurin im Ressort Einestages von SPIEGEL ONLINE.

Uwe Klußmann ist Redakteur im Ressort Sonderthemen des SPIEGEL.

Corina Kolbe arbeitet als freie Journalistin.

Joachim Mohr ist Redakteur im Ressort Sonderthemen des SPIEGEL.

Dietmar Pieper ist Reporter im Auslandsressort des SPIEGEL.

Jan Puhl ist Redakteur im Auslandsressort des SPIEGEL.

Judith Reker arbeitet als freie Journalistin.

Dr. Eva-Maria Schnurr ist stellvertretende Leiterin der Heftreihen SPIEGEL GESCHICHTE und SPIEGEL WISSEN.

Michael Sontheimer ist Autor beim SPIEGEL in Berlin.

Andreas Unger arbeitet als freier Journalist.

# Dank

Entstehen konnte dieses Buch nur, weil viele kluge und sorgsame Kollegen die Autoren unterstützt haben. Das von Dr. Hauke Janssen geleitete SPIEGEL-Dokumentationsteam prüfte alle Beiträge gewohnt sicher und umsichtig auf sachliche Richtigkeit; beteiligt waren Dr. Heiko Buschke, Renate Kemper-Gussek, Dr. Walter Lehmann-Wiesner, Rainer Lübbert, Sonja Maaß, Tobias Mulot, Andrea Sauerbier, Andrea Tholl, Ursula Wamser und Malte Zeller. Die Bibliothekare Johanna Bartikowski und Heiko Paulsen besorgten die umfangreiche Fachliteratur.

In der Schlussredaktion prüften Gartred Alfeis, Lutz Diedrichs, Dörte Karsten, Sylke Kruse, Katharina Lüken und Fred Schlotterbeck den Text noch einmal auf Stimmigkeit. Heike Kalb, Kathrin Maas und Elke Mohr im Sekretariat sorgten für den reibungslosen Ablauf. Antje Wallasch beim SPIEGEL sowie Anna Mezger beim Penguin Verlag haben das Buchprojekt betreut.

Ihnen allen – und ganz besonders den zahlreichen Zeitzeugen, die uns ihre Geschichte erzählt haben – gilt unser herzlicher Dank für die rundum erfreuliche Zusammenarbeit.

Katja Iken, Uwe Klußmann und Eva-Maria Schnurr

# Bildnachweis

Alba / Interfoto: Seite 4

Alice O'Swald-Ruperti / Vintage Germany: Seite 2 (oben)

David Seymour / Magnum Photos / Agentur Focus: Seite 1, 2 (unten), 8 und 9

Erich Lessing / AKG: Seite 16

Getty Images: Seite 6 und 15

Henry Ries / Deutsches Historisches Museum: Seite 12

Herbert List / Magnum Photos / Agentur Focus: Seite 3

Hulton Archive / Getty Images: Seite 10

Interfoto: Seite 11

Tony Vaccaro / AKG: Seite 5, 7 und 14

Walter Dick / BPK: Seite 13

# Wenn Menschen ihre Angst verlieren, können sie Unglaubliches bewegen

Leipzig, Ende der 1980er-Jahre: Sie sind jung, frech, verweigern sich dem System und fordern den Staat heraus. Sie wohnen in Abrisshäusern, planen in langen Nächten ihre nächsten Aktionen, drucken heimlich Flugblätter, feiern in ihrer illegalen Nachtbar, bis der Morgen anbricht, und demonstrieren am Tag in der ersten Reihe. Sie werden verfolgt, aber mit jeder neuen Aktion verlieren sie ein Stück mehr Angst und die Diktatur an Kraft.

Bestsellerautor Peter Wensierski erzählt spannend die wahre Geschichte einer Gruppe junger Leipziger, die furchtlos gegen das totalitäre System der DDR rebellierten.

Jetzt reinlesen auf www.penguin-verlag.de

# »Gebt Hassmails keine Chance!«

Täglich bekommt Hasnain Kazim hasserfüllte Leser-
post. Doch statt die Wutmails einfach wegzuklicken,
hat er beschlossen zurückzuschreiben – schlagfertig,
witzig und immer wieder überraschend. Dieses ebenso
unterhaltsame wie kluge Buch versammelt seine besten
Schlagabtäusche mit den Karlheinzen dieser Welt und
beweist, warum man den Hass, der im eigenen Postfach
landet, nicht unkommentiert lassen sollte. Denn, wie
Hasnain Kazim schreibt: »Wenn wir schweigen, beginnen
wir, den Hass zu akzeptieren. Also, reden wir!«

PENGUIN VERLAG